dtv

Eine junge »schwer erziehbare« Jüdin wird 1936 aus Palästina ausgewiesen und in ihr Herkunftsland Deutschland zurückgeschickt. Sie wird straffällig, und ihre Odyssee durch Gefängnisse und psychiatrische Anstalten endet angeblich »im Osten«, sehr wahrscheinlich aber wird sie Opfer der »Euthanasie-Aktion«. Ein Berliner Rentner kritzelt Sprüche gegen Hitler an eine Wand und wird hingerichtet. Der deutsche Generalkommissar in Weißrußland ist zutiefst in die Judenvernichtung verstrickt und kämpft zugleich um das Leben deportierter deutscher Juden. Einen kann er tatsächlich retten, der dann der umstrittene Leiter der jüdischen Ghettopolizei in Theresienstadt wird. Die direkt oder indirekt miteinander verwobenen Lebenswege lassen eine eindeutige Kategorisierung als Täter oder Opfer nicht zu. Tom Lampert hat sie aus den Akten rekonstruiert und zeigt eine Wirklichkeit, die phantastischer ist als jede Fiktion.

Tom Lampert, geboren 1962, studierte Politikwissenschaften in Stanford und promovierte an der Cornell University. Er lebt als Autor und Übersetzer in Berlin.

TOM LAMPERT

Ein einziges Leben

Geschichten aus der NS-Zeit

Deutscher Taschenbuch Verlag

Die vorliegende Taschenbuchausgabe wurde
um das Kapitel ›Licht und Schatten‹ (S. 186 ff.) erweitert

Erweiterte Ausgabe
September 2003
Deutscher Taschenbuch Verlag GmbH & Co.KG,
München
www.dtv.de
Umschlagkonzept: Balk & Brumshagen
Umschlaggestaltung: Kirstin Schäfer unter Verwendung
einer Fotografie von © akg, Berlin
Satz: Filmsatz Schröter GmbH, München
Druck und Bindung: Druckerei C. H. Beck, Nördlingen
Gedruckt auf säurefreiem, chlorfrei gebleichtem Papier
Printed in Germany · ISBN 3-423-34029-0

INHALT

NOTLÜGEN

Im September 1933 wandert Mirjam P. nach Palästina aus. Ihre Mutter, ahnend, daß die neuen Zeiten nichts Gutes versprechen, bestellt die Fünfzehnjährige schon im Sommer zu sich zurück nach Berlin. P., die die letzten ein-einhalb Jahre in einem Erziehungsheim und Jugendsana-torium bei Jena verbracht hat, gilt seit langem als schwer erziehbar. Nach der Scheidung ihrer Eltern Anfang der zwanziger Jahre war P. bei den Großeltern aufgewachsen, die sie sehr verwöhnten. Als die Mutter im Jahr 1929 wie-der heiratete, kehrte P. zu ihr zurück. Der Stiefvater, ein Rechtsanwalt, erwies sich als strenge Erziehungsinstanz. P. war davon überzeugt, daß er sie nicht mochte, obwohl er dies nicht zugeben wollte. Sie hatte ihn auch nicht gern und versuchte nicht, es zu verbergen. Nach einem Streit mit ihrer Mutter im Februar 1932 wollte sie von zu Hause fort. Sie nahm Geld aus der Tasche ihrer Mutter, lief dann doch nicht weg, gab einen Teil des Geldes an ihre Freun-dinnen und verschenkte den Rest auf unsinnige Weise. Man schickte sie in die Trüper'sche Anstalt auf der So-phienhöhe bei Jena. Als sie achtzehn Monate später wie-der in Berlin ankommt, sind die Vorbereitungen für eine Auswanderung schon im Gang. Kurz danach reisen Toch-ter, Mutter und Stiefvater nach Tel Aviv.

Gelobtes Land

In der neuen Heimat fühlt sich P. nicht besonders wohl. Die Hitze, nicht selten über 40 Grad im Schatten, findet sie unmenschlich, nur frühmorgens und spätabends ist es einigermaßen erträglich. Statt grüner Landschaften ist hier braune Wüstensteppe. Auch die Straßen sehen anders aus: Man fährt sie nicht, sondern springt von einem Loch zum anderen. Neue Sprachen sind zu lernen: Hebräisch und Arabisch. Trotzdem ist P. entschlossen, ein neues Leben anzufangen und keine Schwierigkeiten mehr zu machen.

Fehlversuch. P. wohnt bei der Mutter, arbeitet in einem Kinderheim als Küchenhilfe. Am Anfang läuft alles gut. Nach einer Weile fängt sie an, die Arbeit, die an sich nicht sehr interessant ist, zu vernachlässigen. Sie wird entlassen, findet in einem Privathaushalt eine neue Stelle, die sie dann auch verliert. Die Mutter läßt sich von dem Anwalt scheiden, die Beziehung zu P. wird jedoch nicht besser. Im Herbst 1934 entwendet P. der Mutter Geld und Kleider und fährt nach Haifa zu ihrem leiblichen Vater, der auch nach Palästina ausgewandert ist. Nach einigen Tagen kehrt sie nach Tel Aviv zurück, mietet ein Hotelzimmer und begeht eine Reihe kleiner Betrügereien: Sie kauft unter Vorspiegelung falscher Tatsachen in verschiedensten Läden teure Kleider. Die Schulden, die P. im Namen ihrer Mutter macht, werden entdeckt, der Fall kommt aber nicht vor Gericht. Die Mutter wendet sich an die Jugendfürsorgestelle Tel Aviv, die eine eingehende Prüfung, einschließlich Untersuchungen durch zwei Fachärzte, veranlaßt.

Die Fachmänner nehmen den Fall sehr ernst.
  – Erstes Gutachten (Dr. med. Ernst K., Tel Aviv): »Die 16jährige P. bietet jetzt im Pubertätsalter in gesteigertem Maße das Bild einer schweren Psychopathie, vorwiegend

mit Defekten auf ethischem Gebiet. Sie lügt, macht Schulden, bestiehlt fortgesetzt die Mutter und auch schon Freunde, hat sich wiederholt aus dem Haus entfernt, zuletzt unter Mitnahme von Geld und Kleidern der Mutter aus erbrochenen Schränken, treibt sich in den Straßen umher und läuft infolge starker Erotik Gefahr, sittlich zu verwahrlosen. Sie bedarf auch zur Vermeidung krimineller Konflikte einer möglichst sofortigen Aufnahme in einer geeigneten Anstalt. Da es eine solche hier nicht gibt, ist ihre beschleunigte Überführung nach Deutschland dringend erforderlich. Ich empfehle, sich nach der Ankunft in Berlin mit diesem Zeugnis an Professor Seligmann, den Leiter des Gesundheitsamtes der jüdischen Gemeinde, zu wenden.«

– Zweites Gutachten (Dr. med. H. H., ärztlicher Leiter der Irrenanstalt »Esrath Nachim«, Jerusalem): »Die P. bietet das Bild einer Psychopathin mit starken ethischen Defekten und mangelhaft entwickelter Urteilskraft. Sie neigt zu Diebstählen und zum Vagabondieren, macht Schulden und entwickelt hochstaplerische Züge. Andererseits ist sie intellektuell recht gewandt, weiß sich gut in Szene zu setzen und ist zuweilen sehr zutraulich und auch in gutem Sinne beeinfluß- und erziehbar; nach eigenen Angaben und Angaben der Mutter arbeitet sie zeitweise sehr fleißig. Sie bedarf, um vor allem auch die drohende Gefahr sittlicher Verwahrlosung von ihr abzuwenden, dringend der Unterbringung in einem heilpädagogisch geleiteten Erziehungsheim. Auf Grund meiner $10^{1}/_{2}$jährigen Erfahrungen im Lande hier weiß ich, daß ein derartiges Institut in Palästina und in den Nachbarländern nicht existiert. Es ist daher *absolut notwendig*, die Patientin unverzüglich nach Europa zu dem oben dargestellten Zwecke zurückzusenden, da sonst schwere Schädigungen der Patientin selbst, ihrer Familie und der Gesellschaft unvermeidbar sein dürften.«

Zweite Chance. Die Jugendfürsorgestelle in Tel Aviv kann erwirken, daß P. bei einer Heilpädagogin in Jerusalem privat untergebracht wird. Später kommt sie in ein kleines Heim, wo sie unter steter Aufsicht ist und heilpädagogisch behandelt wird. P. ist bemüht, sich einzupassen, was ihr jedoch nicht gelingt. Die Heimleiterin schickt sie zurück zu ihrer Mutter. In Tel Aviv arbeitet P. wieder in einem Privathaushalt, beginnt aber schon nach einigen Wochen, sich in der Stadt herumzutreiben, im Hotel zu wohnen und Schulden zu machen. Sie wird verhaftet, kommt vor Gericht, wird auf Bewährung entlassen, wird nochmals verhaftet, kommt wieder vor Gericht und wird diesmal des Landes verwiesen. Ihr Vater versucht vergeblich, die Ausweisung zu verhindern. Im Oktober 1936 fährt P. zurück nach Deutschland. Beim Abschied weint die Mutter. P. glaubt ihr nicht.

Allein unterwegs

Zu Hause. In Berlin wohnt P. bei der Großmutter. Es werden Pläne gemacht, mit Verwandten nach London auszuwandern, die sich aber zerschlagen. Nach drei Wochen verläßt P. Berlin, da sie fürchtet, die Geheime Staatspolizei werde sie in ein Schulungslager bringen.

Auf der Suche. Von Berlin geht P. nach Luxemburg, wo sie nach Arbeit sucht. Durch die jüdische Fürsorge findet sie eine Stelle, die sie aber nach 3 Monaten aufgeben muß. Als deutsche Staatsangehörige erhält sie keine Aufenthaltsbewilligung oder Arbeitserlaubnis. Von Luxemburg reist P. nach Belgien. Auf der Suche nach Arbeit begegnet sie in Antwerpen einem jungen Mann, zu dem sie eine Beziehung aufnimmt. Nach kurzer Zeit geht die Verbindung auseinander. Von Belgien fährt P. nach Holland, wo sie drei Wochen lang nach Arbeit sucht, aber nichts findet. Von Holland macht sich P. auf in die Schweiz, wo sie gar nicht nach Arbeit sucht.

Mit anderen Mitteln. Ende März 1937 kommt P. völlig mittellos in Zürich an. In einem Touring-Hotel mietet sie ein Zimmer, borgt von dem Besitzer des Hotels 10 Schweizer Franken. Sie erzählt, eine Bekannte habe ihr 100 Franken entwendet, verspricht, das geliehene Geld zurückzuzahlen, wenn ihr Bräutigam angekommen sei, und hinterläßt als Pfand einen Ring von unbedeutendem Wert. Vier Tage später verläßt P. das Hotel, ohne ihre Schulden beglichen zu haben. Sie geht zu einer Pension, wo sie unter dem Namen Frau Bühlmann ein Zimmer mietet, überredet den Ehemann der Pensionsbetreiberin, ihr 15 Franken zu leihen. Sie sei mit ihrem 8-Zylinder-Fordwagen nach Zürich gekommen und wolle mit dem Geld Benzin kaufen. Sie verspricht, es in den nächsten Tagen zurückzugeben, täglich erwarte sie ihren Gatten, der Filmschauspieler sei. Nebenbei erwähnt sie, sie habe ab Mitte April ein Engagement bei der neuen Revue im Corso-Theater. Nach einigen Tagen verläßt P. die Pension mit einer offenen Rechnung von 53 Franken. Sie wird angezeigt und am nächsten Tag von der Polizei verhaftet. Zwölf Tage lang sitzt sie im Bezirksgefängnis Zürich. Am 28. April wird sie aus der Schweiz ausgewiesen. Ein Polizist fährt sie zur deutschen Grenze. Zwei Monate später befindet das Jugendgericht Zürich P. des wiederholten einfachen Betruges für schuldig, verurteilt sie zu einer zwölftägigen Gefängnisstrafe, welche als durch die erlittene Untersuchungshaft verbüßt gilt.

Wahrheitswidrig

Ein deutscher Polizist holt P. an der Grenze ab, fährt sie zum Bahnhof in Singen, wo er sie freiläßt. In der Nähe des Bahnhofs begegnet P. dem 28jährigen Wilhelm R., der auf Geschäftsreise ist. P. fragt ihn nach einem Hotel, er lädt sie zu einer Fahrt nach Konstanz ein. Da P. keine bestimmten Absichten bezüglich ihrer Zukunft äußert, nimmt er sie auf Geschäftsfahrten mit, bei denen sie Werbearbeit für ihn versieht. Die persönlichen Beziehungen werden bald enger. Nach zehn Tagen kommen die beiden in Schwenningen an, wo sie eine Woche lang im Hotel »Kurhaus« wohnen. P. möchte nicht in Deutschland bleiben, will nach Ungarn oder Frankreich ausreisen. R. verspricht, mit ihr ins Ausland zu gehen. Sie sind geschäftlich in Stuttgart, dann wieder für kürzere Zeit in Schwenningen, bevor sie nach München fahren. Dort gibt R. ihr Geld, läßt sie im Hotel. Sie soll auf ihn warten. R. kommt aber nicht wieder. Bald ist das Geld alle. P. fährt nach Stuttgart, um R. in seiner Wohnung aufzusuchen. Auf dem Weg begeht sie kleine Betrügereien. In Stuttgart findet sie nicht R., sondern seine Ehefrau, die sie auch bestiehlt. In Baden-Baden, immer noch auf der Suche nach R., mietet P. unter falschem Namen und als verheiratet ein Hotelzimmer, fährt am nächsten Tag weiter, ohne die Rechnung zu bezahlen. In Karlsruhe trifft sie R. wieder, der halb und halb zusagt, ihr nach Frankreich zu folgen. Wenig später wird P. wegen der zwischenzeitlich verübten Vergehen verhaftet.

Im August 1937 befindet das Bezirksschöffengericht in Karlsruhe die P. des Diebstahls und fortgesetzten Betruges in München, Baden-Baden und anderen Orten für schuldig und verurteilt sie zu einer achtmonatigen Gefängnisstrafe, welche P. in der Frauenstrafanstalt Aichach in Oberbayern verbüßt.

Im Laufe der Gerichtsverhandlungen in Karlsruhe gibt P. an, mit R. Geschlechtsverkehr vollzogen zu haben, was dieser entschieden bestreitet. Daraufhin leitet der Oberstaatsanwalt in Rottweil Ermittlungen gegen R. wegen Rassenschande ein. Ende September wird er verhaftet. Erneut vernommen, bestreitet R., den Beischlaf vollzogen zu haben, räumt aber gewisse Unzuchtshandlungen ein, die bereits an sich den Begriff des Geschlechtsverkehrs im Sinne des Blutschutzgesetzes erfüllen.[1] Offen bleibt nur die subjektive Seite des Tatbestandes: die Frage, ob R. bei der Ausübung des Geschlechtsverkehrs gewußt hat, daß P. eine Jüdin ist. P. selbst gibt an, dies vor den Unzuchtshandlungen gesagt zu haben. R. soll auch vorher Papiere, insbesondere den Paß und Geburtsschein, gesehen haben. Dies wird von R. vehement bestritten. Der Oberstaatsanwalt hat jedoch Gründe, an R.'s Glaubwürdigkeit zu zweifeln: R. versicherte seiner Ehefrau, daß er nichts mit P. gehabt habe, P. gegenüber gab er sich als unverheiratet aus. Verdächtig ist auch die Tatsache, daß R., nachdem er bereits erfahren hatte, daß P. Jüdin ist, sie noch in dem Kraftwagen nach München mitnahm und ihr Geld gab. Der Oberstaatsanwalt: Hierzu hatte er wirklich keine Veranlassung, wenn er sich durch die angebliche Lüge der P., sie sei Arierin, getäuscht sah. Strafbar wäre schon, wenn er nur mit der Möglichkeit rechnete, daß sie Jüdin sei und ohne

---

[1] Leitsatz des Großen Senats für Strafsachen vom 9. Dezember 1936: »Der Begriff Geschlechtsverkehr im Sinne des Gesetzes zum Schutze des deutschen Blutes und der deutschen Ehre umfaßt nicht jede unzüchtige Handlung, ist aber auch nicht auf den Beischlaf beschränkt. Er umfaßt den gesamten natürlichen und naturwidrigen Geschlechtsverkehr, also außer dem Beischlaf auch alle geschlechtlichen Betätigungen mit einem Angehörigen des anderen Geschlechts, die nach der Art ihrer Vornahme bestimmt sind, an Stelle des Beischlafs der Befriedigung des Geschlechtstriebes mindestens des einen Teils zu dienen.«

Rücksicht darauf mit ihr den Geschlechtsverkehr ausgeführt hätte.

Im Dezember 1937 findet der Prozeß vor dem Landgericht Rottweil statt. In den Hauptverhandlungen gibt R. zu, doch den Beischlaf mit P. vollzogen zu haben. P., die als Hauptzeugin im Prozeß erscheint, bekundet nochmals, daß sie bereits am ersten Tag der Bekanntschaft dem R. mitgeteilt habe, daß sie Jüdin sei. Dies habe sich folgendermaßen begeben: Im Wirtschaftslokal des Hotels in Singen, wo R. ein Zimmer gemietet hatte, habe der Polizeibeamte gesessen, der P. von der Grenze abgeholt hatte. Dieser habe sie gegrüßt. Auf die Frage R.'s nach der Bekanntschaft habe P. ihm die Tatsache ihrer Ausweisung aus der Schweiz mitgeteilt, bei der weiteren Unterhaltung über ihre Pläne in Deutschland habe sie erklärt, daß es für sie als Jüdin schwer sei, hier Arbeit zu finden. Sie habe R. gleich in den ersten Tagen ihren Paß gezeigt und auf dessen Vorhalt, daß aus diesem ihre Religions- bzw. Rassenzugehörigkeit nicht zu ersehen sei, erklärt, daß diese sich aus der doppelten Unterstreichung ihres Geschlechtsnamens ergebe. R. zieht diese Darstellung in Abrede. Er gibt an, auf P.'s Rassenzugehörigkeit erst beim zweiten kurzen Aufenthalt in Schwenningen, also nach dem Geschlechtsverkehr mit ihr, aufmerksam geworden zu sein. Zufällig habe er P.'s Geburtsschein gesehen, der den Vermerk enthielt: »Religion mosaisch«. P. habe erklärt, dies stimme nicht, sie habe es nur aufnehmen lassen, um in Palästina eine Stellung als Schauspielerin zu bekommen. Darauf habe sie den Geburtsschein zerrissen. Die Sache sei ihm aber trotzdem verdächtig geblieben, und er habe diesen Verdacht auch einigen Bekannten mitgeteilt – was diese vor Gericht bestätigt hätten. Danach habe er die Beziehungen zu P. allmählich gelöst. Nur um von ihr loszukommen, habe er sie nach München gebracht.

Die Darstellung P.'s erscheint dem Gericht nicht unglaub-haft. Auch die Tatsache, daß sie sich gleich nach der An-kunft in Schwenningen die bis dahin dunkelblonden Haare auf R.'s Kosten hellblond hatte färben lassen, stütze ihre Aussage. P.'s Erklärung, daß dies auf R.'s Wunsch gesche-hen sei, ihre Rassenzugehörigkeit zu verbergen, kommt dem Gericht sehr wahrscheinlich vor. Letzteres wird von R. zwar bestritten, die Tatsache, daß diese Veränderung vorgenommen wurde, sei aber immerhin sehr auffällig. Das Gericht stellt fest, daß die Rassenmerkmale bei P. so aus-geprägt seien, daß sie als Jüdin auch zu erkennen ist. So muß R. zugeben, daß er bei gelegentlichen Begegnungen mit Bekannten darauf hingewiesen wurde, seine Begleiterin sei jüdisch. Trotz der genannten schweren Verdachtsmomen-te hat das Gericht jedoch Bedenken, P. vollen Glauben zu schenken. Man könne nicht zu der Überzeugung gelangen, daß diese sehr intelligente und gerissene Person, die zur fraglichen Zeit auf fremde Hilfe angewiesen und auch be-reit war, sich dem Nächstbesten anzuschließen, gleich nach dem Grenzübertritt einem ihr bisher unbekannten Mann die äußerst hinderliche Tatsache mitgeteilt hätte, daß sie Jüdin ist. Dafür, daß R. diese Kenntnis vor der Ausübung des Geschlechtsverkehrs aus anderen Umständen erlangt hätte, ist nach Meinung des Gerichts kein ausreichender Beweis vorhanden. Zwei Tage vor Weihnachten wird R. freigesprochen.

Unter Kollegen

Das jüdische Wohlfahrtsamt in München erhält den Auf-trag, P. nach der Entlassung aus dem Gefängnis in Aichach zu betreuen. Im Dezember 1937, als P. noch ihre Strafe ab-sitzt, wendet sich das Wohlfahrtsamt in München an die Jugendfürsorgestelle in Tel Aviv und bittet um Auskunft.

Am 23. Dezember 1937 wird aus Tel Aviv ausführlich Bericht erstattet. Schlußwort: »Im Laufe der Betreuung hier haben wir das Mädchen kennengelernt. Sie macht auf uns den Eindruck eines leicht debilen, psychopathischen und haltlosen Menschen. Sie ist in ihrer geistigen Entwicklung weit zurück; sie hat im Laufe der Jahre die Sprache nur mangelhaft erlernt, dagegen ist sie manuell sehr geschickt und für Hausarbeit sehr brauchbar. Die Mutter und die Verwandten, die hier leben, gaben sich die größte Mühe, P. positiv zu beeinflussen und durch verschiedene Maßnahmen ihre Lebensweise zu ändern. Aber alle Versuche schlugen fehl. Die Mutter, bei der P. zeitweise wohnte und die berufstätig ist, bot dem Mädchen keinen genügenden Halt. Zur Ergänzung unseres Berichtes ist es notwendig, die ärztlichen Gutachten von Herrn Dr. H. und Herrn Dr. K. aus diesen Jahren heranzuziehen.«

Die Fürsorgerin beim jüdischen Wohlfahrtsamt, Frau Dr. Anne R., kann erwirken, daß P. nach Verbüßung ihrer Strafe zur Beobachtung in die Heckscher Nervenheil- und Forschungsanstalt in München kommt. Erst danach soll entschieden werden, was mit dem Mädchen passiert. Einen Tag vor P.'s Entlassung aus Aichach sendet Dr. R. den Bericht aus Tel Aviv samt der ärztlichen Atteste an die Heckscher Klinik.

Am 18. Februar 1938 wird P. in die Heckscher Nervenheil- und Forschungsanstalt eingewiesen. Bei der Aufnahme wird eine ärztliche Untersuchung vorgenommen. Körperlicher Befund: Großes Mädchen in gutem Ernährungs- und Kräftezustand. Psychisches Verhalten: P. ist freundlich, sehr gesprächig und redegewandt. Erzählt ziemlich ungeniert intime Verhältnisse. Adäquater Affekt. Bei der Unterhaltung keine eigentlichen intellektuellen Defekte nachweisbar.

Nach einer Woche wird eine Intelligenzprüfung vorgenommen, bei der P. nicht besonders gut abschneidet. Auszüge:

Schulwissen:
- Wer war Luther? Antwort: Reformator der christlichen Kirche.
- Wer war Bismarck? Antwort: Deutscher Fürst.
- Welche Staatsform haben wir jetzt? Antwort: (Keine)
Rechnen:
$(1)\ 7 \times 9 = 63$ $(2)\ 51 - 16 = 32$ $(3)\ (x - 3) = 14$
Antwort: $x = 17$

Allgemeines Lebenswissen (Teil I):
- Warum baut man Häuser in der Stadt höher als auf dem Lande? Antwort: Wegen Raummangel.
- Warum gehen Kinder in die Schule? Antwort: Damit sie etwas lernen.
- Wozu sind die Gerichte da? Antwort: Damit die Gesetze eingehalten werden.

Allgemeines Lebenswissen (Teil II):
Unterschiede zwischen:
- Irrtum – Lüge? Antwort: Unbewußt – Bewußt.
- Borgen – Schenken? Antwort: Beim Borgen bekomme ich es wieder – beim Schenken bleibt es dem anderen.

Sittliche Allgemeinvorstellungen:
- Warum lernt man? Antwort: Damit man weiterkommt im Leben.
- Weshalb darf man auch sein eigenes Haus nicht anzünden? Antwort: Weil es Brandstiftung ist.
- Was darf man mit gefundenen 5 – 20 – 500 RM machen? Antwort: 5 M behalten, 500 M abgeben.
- Wie denken Sie sich ihre Zukunft? Antwort: Erst lernen, dann den Beruf ausüben.
- Was würden Sie tun, wenn Sie das große Los gewönnen? Antwort: Nach Brasilien fahren.

Diktat:

»Der Adler und die Schildkröte. Eine Schildkröte beschwerte sich bei den Vögeln darüber, daß keiner sie fliegen lehren wolle. Nun denn, sagte der Adler, ich will Dich fliegen lehren und nahm sie hoch mit bis fast in die Wolken, dann ließ er sie plötzlich fallen und sie zerschmetterte auf den Felsen.« Wiedererzählen: Adäquat. P. kann keine befriedigende Bestimmung einer Fabel abgeben, kann aber das Diktat vom Standpunkt der Tiere aus deuten.

Psychologischer Befund (erstellt von Frau Dr. Gräfin von J. aufgrund der Intelligenzprüfung): »Es besteht eine durchschnittliche, nicht allzu hohe Allgemeinbegabung, eine mäßig durchschnittliche Merkfähigkeit für theoretische, neue und ungewohnte Inhalte. Höhere, logische und kombinatorische theoretische Denkleistungen werden nicht durchweg selbständig durchgeführt; der Umfang der psychischen Leistungsfähigkeit ist beschränkt, Debilität besteht jedoch nicht. Es zeigt sich das Vorwiegen der triebhaften, emotionalen Sphäre; Wünsche und Lebensziele sind affektbetont und übersteigen die faktischen Möglichkeiten; Voraussicht und Vorausberechnung der zukünftigen Betätigungen werden den triebhaften Wünschen angepaßt, erwünschte Erfolge schon als Realitäten angenommen. Während der Untersuchung stark betonte äußere Korrektheit; die eigene Stellungnahme zur inneren Haltlosigkeit erscheint flüchtig, oberflächlich, nicht ganz einsichtsvoll.«

Krankengeschichte

Erste Woche. P. fügt sich im allgemeinen in die Hausordnung der Klinik ein, wird aber von der Pflegeschwester etwas kurzgehalten, da sie ihrer Meinung nach ziemlich viele Ansprüche stellt. P. will unten bei den Kindern Radio hören, telefoniert lange mit dem jüdischen Wohlfahrtsamt, ist jedoch gesprächig und freundlich, bemüht sich, einen guten Eindruck zu machen.

Zweite Woche. P. beschäftigt sich etwas mit Näharbeiten, bringt ihre Wäsche und Kleider in Ordnung. Sie wird allmählich ungeduldig, möchte hinaus, will sich nicht länger ihrer Freiheit berauben lassen. Einen Beruf möchte sie lernen, sich in Schreibmaschineschreiben, Stenographieren und Sprachen ausbilden lassen. Sie will Auslandskorrespondentin werden. Wenn man sie nichts lernen lasse, dann gehe sie auf keinen Fall mehr in ein Heim. Sie ist überzeugt, in wenigen Tagen eine gutbezahlte Stelle in einem jüdischen Haushalt finden zu können. Doch liege ihr die Hausarbeit nicht.

Frau Dr. Gräfin von J. reicht ihre fachpsychologische Beurteilung ein: »Es handelt sich bei der P. um eine haltlose Psychopathin, die sich sehr von ihren Trieben beherrschen läßt. Ihre Urteilskraft ist beschränkt, doch besteht kein Schwachsinn. Da die Prognose sehr ungünstig erscheint, wird man sie am besten in einer geschlossenen Anstalt unterbringen und vor allem auch rechtzeitig entmündigen.«

Dritte Woche. P. will sich nicht mehr in der Anstalt halten lassen. Sie versucht, von der Pflegeschwester und von Mitpatientinnen Geld für Telefon, Schreibzeug und Obst zu borgen. Die Schwestern klagen über P.'s oft sehr unfeine Redensarten und daß sie ungehalten und heftig wird, wenn man ihr etwas versagt. Eine Krankenschwester (weiter): P. spreche immer davon, daß sie sich nach der Arbeit sehne, sei aber in der Klinik ziemlich faul, halte kaum ihr Zimmer richtig in Ordnung, beschäftige sich meist nur mit Schönheitspflege und liege stundenlang auf dem Balkon in der Sonne, um schön braun zu werden. P. gebe zwar ihre

Fehler zu, suche aber die Schuld auf ihre Angehörigen und die Verhältnisse abzuschieben. Trotz der schlechten Erfahrungen beurteile sie ihre Lebenslage sehr optimistisch, überschätze ihre Fähigkeiten und mache phantasievolle Zukunftspläne.

Ein Bericht der Heckscher Klinik über P. wird an das jüdische Wohlfahrtsamt in München geschickt: »Unseres Erachtens handelt es sich bei der P. um eine mäßig, aber noch normal begabte, willensschwache, haltlose und asoziale Psychopathin. Hervorstechend ist ihre Triebhaftigkeit, ihre geringe Urteilskraft und Einsicht, vor allem aber ihr Mangel an ethischen Vorstellungen, moralischen Hemmungen und die Unfähigkeit zu verantwortungsbewußter, zielstrebiger Lebensgestaltung. Es ist daher fast mit Sicherheit zu erwarten, daß die P. in der Freiheit ihrer Arbeitsscheu und ihren ungeordneten Wünschen und Trieben nicht widerstehen kann und von neuem straffällig wird; vielleicht auch andere Jugendliche schlecht beeinflußt. Um dies zu verhüten, erscheint die Verwahrung in einer geschlossenen Anstalt mit entsprechender Arbeitsmöglichkeit dringend notwendig. Auch wäre allein durch eine derartige strenge Maßnahme vielleicht noch zu erreichen, daß dem Mädchen der Ernst ihrer Lage bewußt wird und sie sich zunächst unter äußerem Zwang allmählich wieder an geregelte und ausdauernde Arbeit und eine geordnete und ehrliche Lebensführung gewöhnt. Wir empfehlen die Einweisung in die Arbeitsabteilung der Heil- und Pflegeanstalt Taufkirchen an der Vils.«

Vierte Woche. P. verlangt dringend freien Ausgang. Sie will zum jüdischen Wohlfahrtsamt und zur jüdischen Stellungsvermittlung. Da sich das Wohlfahrtsamt doch nicht um sie kümmere, wolle sie selbst eine Stelle suchen. Sie habe es satt, sich noch länger hier einsperren zu lassen. Wenn man sie nicht freilasse, könne sie ja nicht beweisen, daß sie jetzt keine Dummheiten mehr mache. Und das tue sie bestimmt nicht, denn sie habe zu schlechte Erfahrungen gemacht. P. wird geraten, ihre Angelegenheit mit dem Leiter der Klinik, dem nichtarischen Professor Dr. I., zu besprechen. Dieser gibt ihr die Erlaubnis zum Ausgang. Seine Begründung: Man sei eine offene Anstalt, könne nicht auf Dauer eine Patientin gegen ihren Willen festhalten. P. entfernt sich gleich nach dem Mittagessen mit der Absicht, ins jüdische Wohlfahrtsamt und zum Arbeitsamt zu gehen. Das Wohlfahrtsamt wird davon informiert. Es teilt der Heckscher Klinik mit, daß eine Vorsprache der P. an diesem Tag nicht zweckmäßig und erwünscht sei. P. ist jedoch schon auf dem Weg. Das jüdische Wohlfahrtsamt, auch davon unterrichtet, veranlaßt irrtümlicherweise die polizeiliche Festnahme der P., macht diese dann aber nach Absprache mit der Heckscher Klinik rückgängig. P. kommt am Abend in höchster Erregung wieder in die Klinik zurück, erzählt, sie habe vom Arbeitsamt eine Stelle bei einer jüdischen Rechtsanwaltsfamilie erhalten, müsse sich morgen dort vorstellen. Am nächsten Tag wird P. als Hausgehilfin angestellt. Sie ist selig, äußert die besten Vorsätze.

Fünfte Woche. P. wird die Stelle abgesagt. Das jüdische Wohlfahrtsamt hat ohne Angabe näherer Umstände die Familie vor P. gewarnt. P. ist ziemlich bestürzt, faßt aber rasch wieder Mut, äußert die Absicht, sich um eine andere Stelle zu bewerben. Sie ahnt sofort, daß das Wohlfahrtsamt dahintersteckt. Sie ist sehr entrüstet darüber, daß man von ihr Aufrichtigkeit verlange, um sie dann derart zu hintergehen. In den nächsten zwei Tagen ist P. ständig unterwegs, kommt nicht einmal zum Mittagessen in die Klinik. Am Abend behauptet sie, daß sie eine Stelle als Köchin in einer jüdischen Pension in Aussicht habe und sich morgen dort vorstellen müsse. Am nächsten Tag kommt sie angeregt zurück, schwärmt einer Mitpatientin von einem Mann vor, den sie kennengelernt habe. Dieser habe am selben Tag nach Frankfurt abreisen müssen. Sie möchte nun auch dorthin, habe jedoch für die Reise nicht genügend Geld. Sie wisse aber, wie sie sich welches verschaffen könne, dazu müsse die Mitpatientin nur einen Brief schreiben, in dem sie sich als P.'s Mutter ausgebe. Als die Patientin sich weigert, dies zu tun, wird P. sauer: »Sind Sie wirklich so dumm, oder sind Sie infantil?« Am nächsten Morgen will P. fort, wird jedoch von der Stationsschwester zurückgehalten, sie solle die Visite abwarten. Kurz vor dem Mittagessen bekommt P. die Erlaubnis, an den Briefkasten zu gehen. Sie entfernt sich von der Klinik und kehrt nicht zurück.

Auf der Flucht

P.'s letzte Tage in der Klinik sind sehr hektisch gewesen. Es ist ihr seit langem klar, daß das Leben in einem Heim für sie unmöglich wäre. Die Stelle als Hausgehilfin betrachtet sie von vornherein nur als vorläufig. Sogar an dem Tag, als die Zusage kommt, sucht sie immer noch nach einer besseren Lösung. Nur sind ihre Möglichkeiten ziemlich begrenzt. In der Zeitung liest sie die Anzeige einer Heiratsvermittlerin. Abends verfaßt sie in ihrem Zimmer in der Klinik heimlich einen Brief (27. März 1938): »Sehr geehrte gnädige Frau! Ich bin durch Ihre Annonce aufmerksam geworden und habe nun den Wunsch, mich so bald wie möglich zu verheiraten. Ich bin Berliner, lebe aber momentan in München. Am liebsten möchte ich ins Ausland heiraten, und zwar einen Mann, der gut situiert und auch einigermaßen intelligent ist. Der Betreffende kann bis Ende 30 sein und muß einigermaßen gut aussehen. Ich selbst bin 20 Jahre alt, 1,68 Meter groß, braun, schlank, fesche Erscheinung, sehr musik- und sportliebend, intelligent und lebenstüchtig, spreche Englisch und Französisch, und kann perfekt Hebräisch und Arabisch. Ich möchte einen Mann, den ich wirklich glücklich machen kann und dem ich in dieser schweren Zeit ein guter Lebenskamerad und Hausfrau sein kann. Ich bin Reichsdeutsche Jüdin, würde aber auch gerne einen Ausländer heiraten. Ich denke, daß Sie, gnädige Frau, sich nun ein Bild von meiner Person und meinen Wünschen machen können. Leider habe ich eines nicht, und das ist ›Vermögen‹, aber ich denke doch, daß die gegenseitige Sympathie ausschlaggebend ist. Sollten Sie es für nötig finden, eine Fotographie von mir in Händen zu haben, so werde ich eine anfertigen lassen. Ich bitte Sie nun recht herzlich, mir doch so bald wie möglich ausführlich zu antworten, da ich nur noch eine Woche unter meiner jetzigen Adresse zu erreichen bin. Ich hoffe sehr, daß Sie mit Erfolg etwas für mich finden können und verbleibe hochachtungsvoll Ihre Mirjam P.«

Selbsttätig. Als P. die Stelle als Hausgehilfin durch das jüdische Wohlfahrtsamt verliert, weiß sie, daß sie nicht in der Klinik bleiben kann und auf sich allein gestellt ist. In einem Café in der Nähe der Klinik lernt sie einen ägyptischen Medizinstudenten kennen. Sie spricht Arabisch mit ihm. Er will sein Deutsch verbessern. P. verspricht, ihm Nachhilfe zu geben, erzählt, daß sie Nervenärztin in der Heckscher Klinik sei. Sie gibt sich als katholisch aus. Ihr Vater sei Deutscher Konsul in Palästina, sie selbst solle im nächsten Monat in Frankfurt heiraten. Der Student ist angetan, gibt P. seine Telefonnummer. Ein paar Tage später ruft sie an, besucht ihn in seinem Zimmer in der Theresienstraße. Nach zwei Stunden verläßt der Student das Zimmer, um sich bei der Hausfrau nach der Post zu erkundigen. In seiner Abwesenheit entdeckt P. in einer Nachttischschublade seine Geldbörse. Als er zurückkommt, gibt sie an, sie müsse zurück in die Klinik. Auf der Straße stellt

P. fest, daß die Geldbörse etwa 120 RM enthält. Sie entschließt sich, sofort München zu verlassen. Sie geht zum Bahnhof und fährt in Richtung Mannheim. In Stuttgart steigt sie kurz aus, um einen kleinen Koffer und die nötigsten Toilettensachen zu kaufen.

Angezeigt. Am Nachmittag ruft die Vermieterin des Studenten bei der Heckscher Klinik an und erfährt, daß P. dort nicht Ärztin, sondern Patientin ist. Die Fürsorgerin der jüdischen Wohlfahrtsstelle wird benachrichtigt, meldet den Vorfall der Polizei: P., die in nächster Zeit in einer Arbeitsfürsorgeanstalt untergebracht werden solle, habe sich unerlaubt von der Heckscher Klinik entfernt und sei dringend verdächtig, einem Medizinstudenten seine Geldbörse entwendet zu haben. Beschreibung: 20 Jahre alt, ungefähr 1,70 groß, kräftig, glatte braune Haare nach rückwärts eingerollt, ausrasierte Augenbrauen, rundes Gesicht, gutes Aussehen, schielt etwas am rechten Auge; trägt dunkelblauen Mantel, schwarzes Kleid mit buntem Kragen, schwarze Pumpsschuhe; spricht nach der Schrift. Es wird vermutet, daß P. nach Frankfurt am Main oder Berlin gefahren ist.

Vogelfrei. In Mannheim wohnt P. privat bei einer jüdischen Familie, danach ordnungsgemäß fremdenpolizeilich gemeldet in einem Hospiz. Eine Woche lang sucht sie vergeblich nach Arbeit. Von Mannheim fährt sie mit dem Bus nach Frankfurt am Main und dann am gleichen Tag weiter nach Mainz. In Mainz wohnt sie wieder privat bei einer jüdischen Familie, sucht wieder erfolglos nach Arbeit. Nach vier Tagen in Mainz fährt P. nach Darmstadt, wo sie unter ihrem richtigen Namen ein Hotelzimmer mietet. Sie erzählt dem Hotelbesitzer, sie arbeite mit Drogerien, fragt, ob der Hausdiener morgen ihren schweren Koffer abholen könne. Als der Hotelbesitzer am nächsten Tag nichts mehr von dem Koffer hört, schöpft er den Verdacht, daß P. ihn betrügen will. Am Abend durchsucht er in P.'s Abwesenheit das von ihr mitgebrachte Gepäck, stellt fest, daß sie nur ein kleines Köfferchen mit wertlosem Inhalt bei sich hat. Er erteilt den Auftrag, P. sofort die Rechnung zu geben. Als der Angestellte dies am nächsten Morgen tut, erklärt P. ihm, sie werde natürlich bezahlen, man solle ihr auch noch eine vierte Nacht dazuschreiben. Am dritten Tag stellt der Hotelbesitzer P. zur Rede, als sie ihr Zimmer verlassen will. P. verspricht, daß sie um 16 Uhr zurückkommen werde, um die Rechnung zu begleichen. Zu der angegebenen Zeit erscheint sie nicht. Der Hotelbesitzer meldet dies der Polizei.

Enttäuscht

Am Abend gegen 23.30 Uhr, als P. vor einem Hotel an der Rheinstraße steht, wird sie von dem 28jährigen Gustav H. aus dem PKW heraus angesprochen. Er gibt an, in ihr eine Bekannte vermutet zu haben, und entschuldigt sich. Sie kommen ins Gespräch. Er ist Kaufmann. P. erzählt, daß sie bei der I. G. Farben angestellt sei und Lackwaren vertreibe. Zu dieser Tätigkeit stehe ihr ein Ford Eifel zur Verfügung, der zur Zeit in Reparatur bei der Firma Haas und Bernhardt sei. H. lädt sie zu einem Kaffee ein. Den Abend verbringen sie gemeinsam in mehreren Darmstädter Lokalen. Beim Betreten der Kneipen erhebt P. die Hand zum Deutschen Gruß. Sie gibt sich als Maria Schneider aus. Sie sei Witwe, ihr Mann bei einem Autounfall tödlich verunglückt. Anschließend nächtigt P. bei H. in dessen Wohnung. Am nächsten Tag lädt er sie ein zum Mittagstisch, dann fahren sie zusammen nach Frankfurt am Main. P. will zum Café Esplanade. Dort bemerkt H., daß an verschiedenen Tischen Juden sitzen. Ihm wird unwohl. Er fragt P., warum sie gerade dieses Lokal ausgesucht habe. P. erwidert, es seien auch Arier anwesend, man brauche die Juden schließlich nicht anzusehen. Erst als der Kellner ihm versichert, daß es sich hier um ein arisches Café handle, ist H. beruhigt. Beim Verlassen des Lokals hebt P. die Hand.

P. verbringt eine zweite Nacht mit H. Gegen 10 Uhr morgens steht sie auf, während H. noch im Bett liegt, und macht sich zum Ausgehen fertig. P. fordert H. auf, im Treppenhaus nachzuschauen, damit sie seine Wohnung ungesehen verlassen könne. Während er im Treppenhaus ist, nimmt sie seine auf dem Bücherregal liegende Brieftasche. Im Gehen verabredet sie sich mit ihm für den Nachmittag, sie wollen in ihrem Auto zusammen nach Köln fahren, wo sie Geschäftliches zu tun habe. H. bemerkt sofort den Verlust der Brieftasche, kann P. aber nicht folgen, weil er noch nicht ausgehfertig ist. Auf der Straße stellt P. fest, daß kein Geld in der Brieftasche ist. Sie spricht ein kleines Mädchen an der Ecke an, beauftragt es, die Börse zurückzubringen. Bekleidet und wieder im Besitz seiner Brieftasche eilt H. zur Rheinstraße, wo er P. vor erst zwei Tagen begegnet ist. Durch Zufall entdeckt er sie in einer Nebenstraße. Er winkt ihr zu. Sie läuft weg, verschwindet in einem Bürohaus. H. kann sie im Hausflur einholen, macht ihr Vorwürfe wegen der Brieftasche. P. erklärt, sie sei in größter Not, wolle ihm später eingehend davon erzählen. H. fragt P., ob sie überhaupt arisch sei. P. bestätigt dies, kann aber keinen Ausweis vorzeigen, übergibt ihm statt dessen zwei Notizbücher, die sie bei sich hat. In den Notizbüchern findet H. mehrere jüdische Namen mit Adressen. Er macht P. erneut Vorhaltungen, daß sie nichtarisch sei, was P. wieder in Abrede stellt. Auf H.'s Drängen gibt P. schließlich zu, daß sie Jüdin ist. Sie fleht ihn an, keine Anzeige zu erstatten.

Verhaftet. Bei der Polizei ist P. geständig. Sie gibt zu, in München den Medizinstudenten angelogen und die Geldbörse gestohlen zu haben. Letztere habe sie immer noch, das Geld sei aber schon verbraucht. P. gesteht auch, daß sie mittellos war, als sie das Hotelzimmer in Darmstadt mietete. Sie erklärt, sie wollte das Geld hierzu bei Bekannten – die sie nicht nennen will – borgen, beteuert, niemals die Absicht gehabt zu haben, den Hotelier zu betrügen, was die Polizei nicht glaubt. P. gibt auch zu, den H. getäuscht und seine Brieftasche genommen zu haben. An dem betreffenden Abend, als sie H. kennenlernte, hatte sie eigentlich vorgehabt, zum Hauptbahnhof zu gehen, um mit Bekannten in Frankfurt telefonisch zu klären, ob diese sie abholen oder ihr Geld schicken sollten. Sie habe sich schließlich von H. überreden lassen und sei bei ihm geblieben. Auch gestern in Frankfurt habe sie die Absicht gehabt, dazubleiben. H. habe sie dann aber dazu bewegt, mit ihm nach Darmstadt zurückzufahren.

Verraten. Bei der Vernehmung durch die Polizei gibt H. an, ursprünglich im Besitz größerer Geschäftsgelder – 600 bis 700 RM – gewesen zu sein, die er einem Arbeitskameraden zur Aufbewahrung übergeben habe. Er vermute, P. hätte es auf dieses Geld abgesehen gehabt und nicht gewußt, daß es nicht mehr in seinem Besitz war, was P. entschieden bestreitet. Auf Befragen erklärt H., er sei erst am Vormittag auf den Gedanken gekommen, daß die angebliche Maria Schneider eine Jüdin sein könnte. In seiner Wohnung habe sie ihm verschiedene Bilder gezeigt, u. a. von ihrem verstorbenen Mann und von einem Freund, der Araber sei. Ferner habe sie ein kleines Bild ihrer Mutter gehabt, welches sie nicht so recht hatte zeigen wollen. Da die Bilder ein gewisses jüdisches Aussehen gehabt hätten, habe er vermutet, daß er es möglicherweise mit einer Jüdin zu tun habe. Auf weiteres Befragen: Er könne es mit seinem Gewissen nicht vereinbaren, daß eine Jüdin, mit der er im Geschlechtsverkehr stünde, deutsche Volksgenossen auf so schnöde Art und Weise hinter das Licht führe und schädige. Auf Vorhalt: Es sei ihm bekannt, daß ein Deutscher nicht mit einer Jüdin Geschlechtsverkehr ausüben dürfe. Wenn er gewußt hätte, daß die angebliche Schneider eine Jüdin ist, hätte er sich überhaupt nicht mit ihr eingelassen, schon gar nicht mit ihr geschlechtlich verkehrt. Unaufgefordert: Wenn er auch finanziell nicht durch die angebliche Schneider geschädigt worden sei, so habe er es für seine selbstverständliche Pflicht gehalten, andere deutsche Volksgenossen vor solch einem Frauenzimmer zu schützen. Deshalb habe er die Polizei verständigt und dieser die Betrügerin übergeben.

Verurteilt

In Untersuchungshaft wird P. aufgefordert, einen Lebenslauf zu verfassen.

Auszug (22. Mai 1938): Ich bin ein Mensch, der immer mal jemand braucht, der ihm mit Rat zur Seite steht und der einen auch noch seelisch unterstützt. Da mir all das fehlte, ging es mit mir bergab. Wenn ich sagen soll, wie ich mir mein weiteres Leben denke, so weiß ich nur eins: In Deutschland kann und will ich nicht bleiben, weil ich es in der heutigen Zeit als Jüdin zu nichts bringen kann. Ich wäre dem Deutschen Staate *dankbar*, wenn er mich ausweisen würde. Denn ich will unbedingt nach Verbüßung meiner Strafe aus Deutschland heraus. Ich will mich natürlich nicht wieder von Land zu Land schieben lassen, sondern will nach Hause zu meinem Vater in Palästina fahren, worüber ich momentan noch korrespondiere. Meine letzte Straftat ist wohl mehr in der Verzweiflung geschehen, denn da ich erst 2 Monate frei war, hatte ich bestimmt keine Sehnsucht danach, wieder hinter Gittern zu sitzen. Ich hätte mich unbedingt mehr zusammennehmen müssen. Wenn man sich aber in meine Situation hinein versetzt, so ist sie zwar nicht zu entschuldigen, aber vielleicht doch zu verstehen.

P.'s Rechtsanwalt teilt dem Landgericht Darmstadt mit, daß der Vater für seine Tochter eine Einreiseerlaubnis nach Palästina bekommen hat. Er erhebt die Frage, ob die Taten seiner Mandantin, die seit ihrer Kindheit an psychischen Krankheitserscheinungen leide und noch minderjährig sei, nicht unter die Amnestie fielen. Er fügt hinzu, daß die Einreiseerlaubnis nur knapp befristet sei und nach Ablauf der Frist nicht verlängert werde.

Das Staatliche Gesundheitsamt des Kreises Darmstadt wird von der Staatsanwaltschaft beauftragt, ein Gutachten über P.'s Geisteszustand zu erstellen. Der zuständige Arzt, Obermedizinalrat Dr. V. (1. Juni 1938): Bei der Untersuchung gab P. gut und flott Auskunft. Für sie ungünstige Dinge aber überging sie und hielt sich nicht an die Wahrheit. Intelligenzdefekte sind bei der Unterhaltung nur insofern hervorgetreten, als uns die Urteilslosigkeit und mangelnde Selbstkritik auffallen mußte. P. mißt alle Schuld ungünstigen äußeren Verhältnissen bei. Ihre Zukunftspläne sind sehr unklarer Art. Sie erklärte, sie werde ihren Vater veranlassen, sie wieder nach Palästina zurückreisen zu lassen. Daß sie um eine Strafe nicht herumkomme, sei ihr klar. Mit der jüdischen Wohlfahrt wolle sie aber nichts zu tun haben. Am liebsten ginge sie allerdings ins europäische Ausland, Arbeit werde sie schon finden.

Geistiger Befund: In den Gefängnisbetrieb hat P. sich im allgemeinen gut eingefügt, neigt aber doch dazu, Ansprüche zu stellen. Die Stimmung ist indifferent und kann als sorglos bezeichnet werden. Eine gewisse Selbstgefälligkeit ist oft nicht zu verkennen. Irgendwelche Anzeichen einer bestehenden Geisteskrankheit finden sich nicht.

Körperlicher Befund: Keine Besonderheiten, abgesehen von einer oberflächlichen Verletzung am linken Handgelenk. P. gibt zu, sich diese Verletzung in selbstmörderischer Absicht beigebracht zu haben. Auf Befragen gibt sie an, schon früher mit Veronal einen Selbstmordversuch vorgenommen zu haben.

Gutachten: Es handelt sich um eine haltlose Psychopathin, die zwar nicht schwachsinnig ist, deren geringe Urteilskraft aber doch betont werden muß. Im Hinblick auf das jugendliche Lebensalter ist die P. als gemindert zurechnungsfähig im Sinne des § 51, Abs. 2, anzusehen. Wir schließen uns der Folgerung des Heckscher Gutachtens insofern an, als wir eine Anstaltsunterbringung für erforderlich halten.

Ermittlungsergebnis der Staatsanwaltschaft (4. Juni 1938): »Die Beschuldigte ist gemeingefährlich. Nicht nur, daß sie eine hemmungslose Diebin und Betrügerin ist, stellt sie es darauf ab, die Rassengesetze des Nationalsozialistischen Deutschlands in jeder Weise zu sabotieren und bringt gutgläubige Arier in den Verdacht des Verbrechens der Rassenschande. Unter solchen Umständen erscheint es geboten, neben der exemplarischen Strafe die Unterbringung in einer Heil- und Pflegeanstalt auszusprechen, um so der Beschuldigten ihr verbrecherisches Treiben für die Zukunft unmöglich zu machen.«

Am 7. Juli 1938 verurteilt das Landgericht Darmstadt P. zu einer Gefängnisstrafe von 1 Jahr und 2 Monaten. Da sie geständig ist, werden die 2 Monate und 2 Wochen Untersuchungshaft angerechnet. Das Gericht entscheidet, daß P. eine Gefahr für die öffentliche Sicherheit darstelle (§ 42 b

StGB)[2] und es deshalb erforderlich sei, sie nach Strafverbüßung in einer Heilanstalt zu überwachen. Aus dem
Schlußwort des Urteils: »Bei ihrer hemmungslosen und
außerordentlich leichtsinnigen Veranlagung wird sie in der
Freiheit voraussichtlich der Prostitution verfallen und erneut straffällig werden. Die Angeklagte ist auch nach Verbüßung der heute erkannten Strafe nicht in der Lage, durch
geregelte Tätigkeit ihren Lebensunterhalt zu bestreiten.
Sie wird vielmehr bis zu späteren Jahren, wo nach Ansicht
des Sachverständigen vermutlich eine geistige Nachreife
eintritt, die Freiheit zu weiteren strafbaren Handlungen
mißbrauchen und damit die öffentliche Sicherheit erheblich gefährden. Dieser Gefahr muß in Deutschland durch
Unterbringung in einer Heilanstalt begegnet werden.«

Hinter Gittern

P. verbüßt ihre restliche Strafe im Hessischen Landgerichtsgefängnis Mainz (Abteilung IV, Zelle 463). Das Leben in
der Strafanstalt ist ziemlich eintönig. P.'s einziger Trost:
Sie ist in Gemeinschaft mit sechs Frauen und arbeitet als
Papiertütenkleberin, was an sich auch ziemlich eintönig
ist, aber immerhin besser als nichts.

Schriftverkehr. Nur alle vier Wochen darf ein Strafgefangener einen Brief absenden und einen Brief empfangen.

---

[2] § 42 b StGB, Bestandteil des »Gesetzes gegen gefährliche Ge-
wohnheitsverbrecher und über Maßregeln zur Sicherung und
Besserung«: »Hat jemand eine mit Strafe bedrohte Handlung im
Zustand der Zurechnungsunfähigkeit (§ 51 Abs. 1) oder der ver-
minderten Zurechnungsfähigkeit (§ 51 Abs. 2) begangen, so ordnet das Gericht seine Unterbringung in einer Heil- und Pflegeanstalt an, wenn die öffentliche Sicherheit es erfordert.«

Nur das vorgefertigte Formular der Strafanstalt darf dazu verwendet werden. Beim Schreiben sind die vorgedruckten Linien einzuhalten. Briefe ungehörigen Inhalts oder Briefe, die sonst zu Beanstandungen Anlaß geben, werden nicht abgesandt und nicht ausgehändigt. Gefangene, die solche Briefe schreiben und die vorgedruckten Linien nicht einhalten, setzen sich disziplinarischer Bestrafung aus. Auch die an die Gefangenen gerichteten Briefe sind mit Tinte und deutlich zu schreiben.

Menschenverkehr. Besuche von Angehörigen sind einmal monatlich gestattet. Besuchszeiten: Freitags von 8–11 oder 15–16 Uhr. Kinder unter 14 Jahren sind bei Besuchen nicht zugelassen. Jede Zuwendung von Lebensmitteln und dergleichen bei Besuchen ist aus Gründen der Gleichheit verboten. Besucher werden dringend davor gewarnt, den Erzählungen Strafgefangener Glauben zu schenken.

Führung. Im Gefängnis wird P. dreimal wegen Ordnungswidrigkeiten bestraft.

Erstes Vergehen. Im Dezember 1938 wird P. im unbefugten Besitz einiger Zwiebeln »zwecks des Verzehrens« gefunden. Strafe: Ein Tag Kostabzug.

Zweites Vergehen. Im Februar 1939 beobachtet der Gefängniswärter, wie P. an das Fenster ihrer Zelle klettert und hinaussieht. Strafe: Drei Tage Arrest.

Drittes Vergehen. Im Mai 1939 wird P. nochmals beim Klettern ans Fenster ihrer Zelle erwischt. P. gibt an, sie müsse auf den Tisch klettern, weil die Fensterstange allein nicht lang genug sei, gibt aber zu, dabei kurz aus dem Fenster hinausgeschaut zu haben. Eine Besichtigung des Fensters ergibt jedoch, daß dieses mittels der Stange genügend weit zu öffnen ist. Strafe: Ein Verweis.

Eigensinnig. Gemäß der zweiten Verordnung zur Durchführung des Gesetzes über Familien- und Vornamen muß P. ab dem 13. Januar 1939 den zusätzlichen Namen »Sara« führen, um sich deutlich als Jüdin zu kennzeichnen. (»Eine Gefängnisstrafe bis zu sechs Monaten – im Falle der Fahrlässigkeit bis zu einem Monat – ist zu gewärtigen, wenn der Zusatzname weggelassen wird.«) Beim eigenhändigen Unterschreiben der diesbezüglichen Urkunde unterläßt P. das Nennen des neuen Vornamens, muß ihn nachträglich einfügen.

Brief (I) 5. Februar 1939: Mein lieber Papa! Deinen Brief habe ich erhalten. Weil ich Dir wichtiges mitzuteilen habe, schreibe ich dieses Mal nicht nach Tel-Aviv. Sage mal, warum teilst Du mir trotz wiederholter Fragen nie mit, wie Du Dir das alles nach meiner Entlassung denkst. Ich habe in diesem Punkt keine Ruhe, ich glaube, Du weißt gar nicht, was mir bevorsteht, wenn Du Dich nicht sehr dahinter klemmst. Die Zeiten sind für Juden hier nicht mehr so rosig, das wirst Du auch wissen. Was wird nun mit meinem Papa werden, was hast Du denn auf dem Konsulat in Jerusalem erreicht? Ich bin vor Sorgen bezüglich dieser Frage Tag und Nacht gequält und habe keine Ruhe, bis ich positiven Bescheid habe. Beschäftige Dich bitte mit dieser Frage mal etwas eingehender, und schreibe mir genau Bescheid auf alle meine Fragen und übergehe sie nicht wieder. Wie Du siehst, bin ich bald nicht mehr fähig, einen ordentlich sauberen Brief zu schreiben, meine Nerven sind völlig kaputt. Teile Mutti mit, daß ich ihr nicht zum Geburtstag schreibe, weil ich so wichtiges mit Dir zu besprechen habe. Ich lasse ihr gratulieren, sie möchte mir bitte schreiben. Schreib mir bitte diesmal etwas früher, ich war sehr beunruhigt. Lege bitte einen Rückantwortschein bei. Und beantworte jede Frage. Sei innigst geküßt und bleibe gesund. Deine Mirjam

Das Schreiben wird auf Anordnung der Gefängnisverwaltung nicht abgeschickt.

Brief (II) 18. April 1939. P.'s Vater schreibt aus Haifa an den Oberstaatsanwalt in Darmstadt: »Mirjam Sara P. ist meine Tochter. Sie verbüßt zur Zeit eine Gefängnisstrafe in Mainz, welche Ende Juni des Jahres beendet sein wird. Ich bitte ergebenst, davon Kenntnis zu nehmen, daß ich eine Auswanderungsmöglichkeit für meine Tochter erwirken und durch einen Rechtsanwalt oder Konsulenten den Antrag stellen werde, von der verhängten Zwangsunterbringung in einer Anstalt nach Strafverbüßung abzusehen. Mit vorzüglicher Hochachtung Erich Israel P.«

Eingewiesen. Mitte Juni 1939 ordnet das Landgericht Darmstadt an, daß P. nach Verbüßung ihrer Strafe in der Landes- Heil- und Pflegeanstalt »Philippshospital« bei Goddelau unterzubringen ist.

Letzte Chance

Im Philippshospital beschäftigt sich P., soweit es ihr noch möglich ist, mit ihrer Auswanderung. Am 3. Oktober 1939 schreibt sie an die Staatsanwaltschaft Darmstadt:
»Nach meiner Strafverbüßung in Mainz befinde ich mich seit drei Monaten hier in der Heil- und Pflegeanstalt Goddelau. Wie Ihnen bekannt sein dürfte, ist es mein größtes Bestreben, so schnell wie nur irgend möglich aus Deutschland auszuwandern. Da ich keinerlei Angehörige mehr in Deutschland habe, so kümmert sich niemand darum, daß meine Ausreise erfolgen kann. Das, was ich von hier aus schriftlich unternehmen kann, ist so gut wie zwecklos. Wenn man sich nicht persönlich um diese Angelegenheit kümmern kann, so kommt die Sache nie in Schwung,

außerdem hat keine zweite Person, die mir das eventuell erledigen könnte, wie z. B. ein Rechtsanwalt, ein wirkliches Interesse daran, und so kommt meine Auswanderungsangelegenheit völlig ins Einschlafen. Trotz der momentan so ernsten politischen Lage gibt es für mich Möglichkeiten, in ein neutrales Ausland zu kommen; und von dort aus kann ich mich an meine Eltern wenden, die dann gewillt sind, mir zu sich zu helfen; denn von hier aus ist mir seit einiger Zeit jeglicher Postverkehr mit meinen Eltern, die in Palästina leben, abgeschnitten. Meine Bitte an Sie ist nun folgende: Nachdem ich jetzt eineinhalb Jahre hinter Schloß und Riegel bin, mich doch wieder frei zu lassen, ich kann in Frankfurt in dem jüdischen Mädchenheim Unterkunft und Verpflegung finden, außerdem stehe ich schon seit einiger Zeit mit dem jüdischen Hilfsverein in Frankfurt in Verbindung. Ich glaube mit Bestimmtheit sagen zu können, daß ich binnen vier Wochen aus Deutschland heraus bin, wenn ich die Möglichkeit habe, mich wirklich intensiv um meine Angelegenheit zu kümmern. Daß bei mir kein Rückfall zu befürchten ist, dürfen Sie mir glauben, dazu war meine Strafe zu lang und ich habe am eigenen Leib zu viel schweres und hartes erfahren, um mich auch nur im geringsten jemals wieder an den Gesetzen des Reiches zu vergehen. Ich bitte Sie nun nochmals darum, mich doch auf freien Fuß zu lassen, d. h. daß ich von der jüdischen Gemeinde in Frankfurt abgehen werde, um endlich meine Auswanderung in die Wege zu leiten, um somit wieder ein neues und geregeltes Leben beginnen zu können. In Erwartung Ihrer baldigen Antwort zeichne ich Hochachtungsvoll Mirjam Sara P.«

Ende des Monats richtet die Reichsvereinigung der Juden in Deutschland eine Anfrage bezüglich der Ausreise P.'s an das Polizeipräsidium Frankfurt am Main. Das Polizeipräsidium leitet das Schreiben weiter an den ärztlichen Direktor des Philippshospitals in Goddelau, Dr. S., und bittet um eine Äußerung. Dr. S. (1. November 1939): »Die P. wurde durch Beschluß der zweiten großen Strafkammer des Landgerichts in Darmstadt zu einer Gefängnisstrafe von 1 Jahr und 2 Monaten verurteilt, außerdem wurde die Unterbringung in einer Heilanstalt angeordnet. Sie befindet sich seit 1. Juli dieses Jahres in meiner Anstalt und betreibt seitdem vor allem bei der Reichsvereinigung der Juden in Deutschland (Abteilung Wanderung) ihre Entlassung mit dem Ziel, Deutschland zu verlassen. Ich würde im Fall, daß die P. unmittelbar ins Ausland geschoben werden könnte, die Aufhebung ihrer Unterbringung nach § 42 befürworten; andernfalls käme eine solche meines Erachtens in absehbarer Zeit nicht in Betracht, da die Gründe für die Einweisung (Gefahr für die öffentliche Sicherheit) nach so kurzer Zeit naturgemäß nicht behoben sind. Ich glaube annehmen zu dürfen, daß auch der Herr Oberstaatsanwalt die Ermöglichung einer Ausreise begrüßen und in diesem Falle den Einweisungsbeschluß außer Kraft setzen würde. Nach einer Mitteilung obengenannter Reichsvereinigung an die P. ist zur Auswanderung nach Belgien ein Devisenbetrag von einigen hundert Dollar erforderlich, dessen Beschaffung für die P. sehr schwierig ist. Falls die ganze Angelegenheit nicht von einer amtlichen Stelle in die Hand genommen wird, besteht wenig Aussicht für die Ermöglichung einer Auswanderung.«

Redlich bemüht. Ein Jahr später sucht die Reichsvereinigung für Juden in Deutschland immer noch nach einer anderweitigen Unterbringung für P. Im Dezember 1940 teilt die Bezirksstelle Mainz der Reichsvereinigung (Abteilung Fürsorge, Horst-Wessel-Straße 2) dem Direktor des Philippshospitals, Dr. S., mit, daß eine konkrete Möglichkeit in Aussicht stehe. Dr. S. empfiehlt, sich erst an den Oberstaatsanwalt in Darmstadt zu wenden. Am 24. Januar 1941 schreibt die Bezirksstelle Mainz nochmals an Dr. S.: »Es ist von uns beabsichtigt, bei dem Herrn Oberstaatsanwalt beim Landgericht Darmstadt erst dann vorstellig zu werden, wenn die Möglichkeit einer anderweitigen Unterbringung der P. festgestellt ist. Als geeignete Anstalt kommt unseres Erachtens das Heim der Reichsvereinigung der Juden in Deutschland in Neu-Isenburg in Betracht. Dieses Heim ist auch bereit, P. aufzunehmen, sobald durch ein eingehendes psychiatrisches Gutachten der Gesundheitszustand festgestellt ist. Wir bitten daher, den beiliegenden Aufnahmefragebogen auszufüllen und auch die Fragen in dem weiter beigefügten Fragebogen zu beantworten. Sobald die Heimleitung endgültig der Aufnahme zugestimmt hat, werden wir uns entsprechend der Anregung in Ihrer Zuschrift vom 23. 12. 40 an den Herrn Oberstaatsanwalt in Darmstadt wenden.«

Verpaßt. Am 3. Februar 1941 schreibt Dr. S. zurück: »Das von Ihnen gewünschte Gutachten kann von mir nicht ausgestellt werden, bevor der Herr Oberstaatsanwalt zur Möglichkeit der Aufhebung des Einweisungsbeschlusses Stellung genommen hat. Inzwischen ist Fräulein P. am 1. Februar auf Anordnung in eine für Juden vorgesehene Anstalt verlegt worden.«

In wissentlich unwahrer Weise

»Euthanasie«. Im Oktober 1939 unterschreibt Hitler den geheimen, auf den 1. September 1939 zurückdatierten Führer-Erlaß, der den »Gnadentod« für »unheilbare Kranke« anordnet. Der Erlaß dient als offizielle Grundlage für die Vernichtung »lebensunwerten Lebens«, die schon seit einiger Zeit in Vorbereitung ist. Von einer Villa in der Tiergartenstraße 4 in Berlin aus wird die systematische Tötung von Anstaltspatienten (Deckname: Aktion »T4«) organisiert. Die Verlegung von Patienten in Mordanstalten wird als »planwirtschaftliche Maßnahme« getarnt, auch die daran beteiligten höheren Beamten und Ärzte benutzen Decknamen.

Der Zentraldienststelle in der Tiergartenstraße unterstehen folgende Tarnorganisationen:

- Die »Reichsarbeitsgemeinschaft Heil- und Pflegeanstalten«, zuständig für die Verschickung von Meldebögen und deren formelle Begutachtung (letztere fällt bei jüdischen Patienten weg).
- Die »Gemeinnützige Stiftung für Anstaltspflege«, Arbeitgeber des Personals; tritt im Verkehr mit Behörden als offizielle Trägerin der Aktion »T4« auf.
- Die »Gemeinnützige Krankentransportgesellschaft mbH« (kurz: Gekrat), zuständig für den Transport von Anstaltspatienten.

Die sechs T4-Todesanstalten – Grafeneck, Brandenburg, Hartheim, Sonnenstein, Bernburg und Hadamar – werden mit Gaskammern ausgerüstet und tragen den Namen »Landespflegeanstalt«. Die Patienten werden kurz nach ihrem Ankommen durch Kohlenmonoxyd getötet. Später werden Todesurkunden mit falscher Todesursache ausgestellt, um Angehörige nicht mißtrauisch zu machen, sowie mit falschem Todesdatum, um Pflegegeld weiter abrechnen zu können.

Nach Beendigung der ersten Phase der Ermordung von »Geisteskranken« im August 1941 werden viele der an der Aktion T4 Beteiligten bei der Vernichtung von Juden in Sobibor, Treblinka und Belzec (Deckname: Aktion »Reinhard«) eingesetzt.

Jüdische Anstaltspatienten. Anfang 1940 werden die ersten »geisteskranken« Juden und Jüdinnen in Deutschland ermordet. Ab Sommer 1940 werden jüdische Patienten dann systematisch in bestimmten Anstalten konzentriert und von dort aus zu einem unbenannten Ziel weiterverlegt. Im Herbst 1940 werden jüdische Patienten aus einer Sammelanstalt zur T4-Anstalt Brandenburg deportiert und sofort ermordet. Einige Monate später werden in Berlin gefälschte Todesmitteilungen mit der Deckadresse »Irrenanstalt Cholm, Post Lublin« gefertigt und an die Angehörigen und zuständigen Behörden geschickt.

Hessen. Am 10. Januar 1941 wird durch den Reichsminister des Inneren angeordnet, daß jüdische Patienten aus den hessischen Anstalten in die Landes- Heil- und Pflegeanstalt Heppenheim zu deportieren sind, um sie »mittels eines Sammeltransports in eine für Juden vorbehaltene Anstalt zu verlegen«. Am 1. Februar werden die 29 jüdischen Patienten des Philippshospitals in Goddelau samt Kranken- und Verwaltungsakten von einem Bus der Gemeinnützigen Krankentransportgesellschaft (Gekrat) abgeholt und nach Heppenheim transportiert. Im Philippshospital gelten sie offiziell als »entlassen«. Drei Tage später, am 4. Februar 1941, werden 67 jüdische Patienten, einschließlich der 29 Patienten aus Goddelau, von einem Gekrat-Bus in Heppenheim abgeholt und zu einem nicht benannten Ziel weitertransportiert. In einem »Notizkalender« der Mordanstalt Hadamar sind für denselben Tag 67 neu eingetroffene Patienten aus Heppenheim aufgeführt. Ihre Namen werden nicht notiert.

Drei Monate später richtet die Staatsanwaltschaft Darmstadt eine schriftliche Anfrage an die Direktion des Philippshospitals in Goddelau: Man möchte wissen, in welche Anstalt die Patientin P. verlegt worden ist. Der Leiter des Philippshospitals, Dr. S., antwortet (6. Mai 1941): »Auf Ihr Schreiben vom 3. des Monats empfehle ich Ihnen, sich bezüglich Ihrer Anfrage an die ›Gemeinnützige Krankentransportgesellschaft m.b.H.‹ in Berlin W9, Potsdamerplatz 1, zu wenden.« Einen Monat später erhält die Staatsanwaltschaft Darmstadt folgende Nachricht von der »Irrenanstalt Cholm«: »Wir bestätigen den Eingang Ihres obigen Schreibens, das uns von der Gemeinnützigen Krankentransport G.m.b.H. zuständigkeitshalber übersandt wurde und teilen Ihnen mit, daß die Patientin Mirjam Sara P. am 27. Mai 1941 hier verstorben ist. Heil Hitler!«

Bewältigt

Am 10. Juli 1946 schreibt P.'s Vater aus Haifa an die Leitung der Landes- Heil- und Pflegeanstalt in Goddelau: Sehr geehrte Herren! Meine Tochter Mirjam P., geb. am 28. Juni 1918 in Berlin, war vor Kriegsausbruch auf richterliche Anordnung im Philippshospital interniert. Ich wäre Ihnen sehr dankbar, wenn Sie mir etwas über ihr Schicksal mitteilen würden. Hochachtungsvoll Erich P.

Eine Woche später, am 18. Juli 1946, beantwortet der vorübergehende Leiter des Philippshospitals, Dr. B., das Schreiben. Obwohl er schon von 1939 bis 1942 in Goddelau gearbeitet hat, scheint die Gekrat eine ihm nicht bekannte Organisation zu sein: »Sehr geehrter Herr P.! In Beantwortung Ihrer Anfrage vom 10. 7. 46 teilen wir Ihnen mit, daß Ihre Tochter Mirjam P. am 1. 2. 41 auf Anordnung des Herrn Reichsinnenministers zur Aufnahme in eine Sammelanstalt für jüdische Patienten zunächst in die Landes- Heil- und Pflegeanstalt Heppenheim verlegt wurde. Über ihr weiteres Schicksal ist hiesiger Anstalt nichts bekannt. Sie scheint jedoch von dort in eine hier nicht bekannte Anstalt im sogenannten Generalgouvernement weiterverlegt

worden zu sein, denn aus einem Vermerk in den hiesigen Akten vom 19. 5. 41 geht hervor, daß ein hier einge-
laufener Brief an eine ›Gemeinnützige Krankentransport
G.m.b.H.‹ in Berlin W9, Potsdamerplatz 1, weitergeleitet
wurde mit der Bitte, ihn der Patientin in der zuständigen
Anstalt zu übergeben.«

Der erwähnte Vermerk und ebenso – mit nur einer Ausnahme – sämtliche Schreiben der Gemeinnützigen Krankentransportgesellschaft sind heute in den Akten des Philippshospitals nicht mehr zu finden.

EIN EINZIGES LEBEN

Am 13. November 1887 wird Wilhelm K. in einer Kaserne in Schlesien geboren als Sohn des Richard K., Sergeant und Verwalter der Kammer des 58. Infanterie-Regiments in Glogau, und dessen Ehefrau Ida K., geborene Kad., unklarer Abstammung, der nachgesagt wurde, daß sie Tschechin und der deutschen Sprache nie richtig mächtig gewesen sei, was Wilhelm K. später heftigst bestreiten wird.

K. schlägt keine soldatische, sondern eine humanistische Laufbahn ein. Ab 1899 besucht er das Gymnasium »Zum Grauen Kloster«, das älteste Berlins, wo einst der Eiserne Kanzler selbst Schüler war. 1908 ist K. der dreizehnte unter einunddreißig Abiturienten, immatrikuliert sich in demselben Jahr an der Königlichen Friedrich-Wilhelms-Universität zu Berlin. Dort studiert er Geschichte, Staatswissenschaft, Philosophie und Theologie. Zu seinen Lehrern zählen Dietrich Schäfer, Eduard Meyer, Otto Hintze und Adolf von Harnack.

Von Natur aus Aktivist

Das reine Wissen genügt K. nicht, sein Wesen strebt nach praktischem Leben. Die politischen Ansichten stehen schon früh fest. Angespornt durch die Wahlen der Berliner Freistudenten Ende November 1909 treffen sich national und völkisch gesinnte Studierende, darunter K., und gründen in bewußtem Gegensatz zu der kosmopolitischen Freistudentenschaft den Deutschvölkischen Studentenbund. Der Verband fördert und pflegt das Nationalbewußtsein der Studierenden und – für den standesbewußten K. nicht unerheblich – strebt einen Ausgleich zwischen nichtinkorporierten und korporierten (farbentragenden und nichtfarbentragenden, schlagenden und nichtschlagenden) Studenten an. Nicht Schemamenschen wollen sie werden, sondern echte deutsche Persönlichkeiten. K. wird zweiter, dann erster Vorsitzender.

1910 kommt K. ein Stipendium von 650 M aus der Moses-Mendelssohn-Stiftung zu. Die Stiftung, gegründet von dem Geheimen Kommerzienrat Franz Mendelssohn, unterstützt bedürftige, würdige und tüchtige Studierende der philosophischen Fakultät der Berliner Universität (Angehörige des deutschen Reiches, ohne Unterschied des religiösen Bekenntnisses)[1]. Im Sommersemester wird K. im »Verein deutscher Studenten« aktiv, dem ersten antisemitischen Korporationsverband Deutschlands. 1911 wird das Moses-Mendelssohn-Stipendium für ein Jahr verlängert. Im selben Jahr ist K. Mitbegründer einer Zeitschrift für den Deutschvölkischen Studentenbund, der inzwischen in mehreren deutschen Städten, u. a. Breslau, Greifswald, Leipzig, Königsberg, agiert: Die »Deutschvölkischen Hochschulblätter«, die Front gegen volksfeindliche Parteien (Polen, Sozialdemokraten) machen, unterrichten über Wert und Wichtigkeit der deutschen Kolonien, rollen die Stammes- und Rassenfrage auf und wenden sich gegen das Ausländertum an deutschen Hochschulen und die zu große und zersetzende Rolle der Juden im öffentlichen und politischen Leben Deutschlands. Wilhelm K., stud. hist., schreibt

---

[1] 1938 wird die Stiftung in »Studien-Stiftung der Philosophischen Fakultät« umbenannt, Stipendien werden nur an deutschblütige Studenten vergeben.

Artikel und Rezensionen und ist für das Abonnement zuständig.

1912 ist K. Mitbegründer des »Verbandes gegen Überhebung des Judentums«.

Rhetorische Leistungen

Nach acht Semestern bricht K. das Studium ab, verläßt das Elternhaus und macht sich selbständig. Er nimmt zuerst eine Stelle als Hauslehrer in der Oberlausitz (Schloß Petershain bei Mücka) an, bevor er sich, den eigentlichen Neigungen entsprechend, als Journalist betätigt. Er läßt sich in Breslau nieder und arbeitet als Redakteur bei der »Schlesischen Morgenzeitung« (Breslau) und als verantwortlicher Redakteur der Zeitungskorrespondenz des »Schlesischen Boten«. Durch Vermittlung des Deutschkonservativen Hauptbüros Albrecht von Graefes wird er auch als Hauptschriftleiter bei Graefes Zeitung, der »Mecklenburgischen Warte« (Wismar), eingestellt. Nebenbei bleibt K. politisch tätig. Er begründet und leitet den Schlesischen Verband Deutschvölkischer Akademiker, dessen Ziele sich mit denen des Deutschvölkischen Studentenbundes decken (Haupttätigkeitsgebiete: die Rassenfrage, Kampf für das Volkstum), und arbeitet sich hoch bei den Deutschkonservativen. In dieser Zeit findet K. zum bürgerlichen Leben, gründet Familie. Am 8. November 1913 heiratet er die Tochter des Staatsanwaltschaftssekretärs Schm., Margarethe (Hansi) Schm., ein Jahr später kommt der erste Sohn, Horst, fünf Jahre danach der zweite, Wulf-Dieter.

»k.v.« Vom Krieg wird das Leben zunächst wenig beeinträchtigt. Erst im Juli 1917 wird K. als ungedienter Landsturmpflichtiger zum Rekrutendepot des 1. Ersatz-Bataillons des Infanterie-Regiments 51 eingezogen. Obwohl bei der Untersuchung für kriegsverwendungsfähig befunden, wird K. im selben Monat – infolge Reklamation wegen seiner Tätigkeit als Generalsekretär der Deutschen Konservativen Vereinigung – ohne Anspruch auf Versorgung entlassen und bis zum 30. September 1917 zurückgestellt. Später wird K. dies mit einem Herzfehler, den er sich aus Übereifer bei einer Klassenfahrt ins Erzgebirge zugezogen habe, erklären und mit bitterer Enttäuschung beklagen, aus diesem Grund nicht an die Front gekonnt zu haben. K. bringt es mit 21 Garnisonstagen im Krieg zum Gefreiten. Nach dem Krieg tritt er als Vizefeldwebel auf.

Erschüttert, aber unerschrocken. K. kehrt von der deutschen Niederlage zurück ins bürgerliche Leben und widmet sich ganz der politischen Arbeit. Er schließt sich der neu gegründeten Deutschnationalen Volkspartei (DNVP) an, wird Generalsekretär des schlesischen Landesverbands. Er bleibt in engem Kontakt mit der deutschen Jugend. 1919 gründet er eine Jugendorganisation, den Bismarckbund, den er auch leitet.

Mit blitzschneller Zunge und der Stimme eines Nashorns. K. zeichnet sich aus als ein schlagfertiger Redner, spricht bei zahllosen Kundgebungen und Versammlungen. Mit Hammerschlägen und Facettenstichen redet er gegen Versailles, gegen die Republik, gegen die Polen und gegen die Linken, was nicht immer ganz ungefährlich ist. Er soll an der Großen Breslauer Stuhlbeinschlacht teilgenommen haben.

Dichterische Neigungen. Als poetisches Gegenstück zum deutschen Niedergang verfaßt K. 1920 ein historisches Schauspiel, »Totila«. Der gotische Jugendführer Totila heiratet das Mädchen Schwanhilde und wird zum Gotenkönig erwählt. Herzog Alarich (der Balte), gekränkt durch Verlust von Krone und Weib, plant mit seiner Schwester Mechtildis (Schwanhildes Mutter) Totilas Ende. Sie rächen sich durch Verrat am eigenen Volk, konspirieren mit dem Gotenfeind, den Byzantinern (»ein Staat ohne Volk« – eine Mischung aus Griechen, Persern, Thrakern, Lydern, Syrern, Mazedoniern, Juden, Galatern u. a.). Narses, der byzantinische Feldherr, läßt 20 000 Franken (»tückisch-falsche Hunde«) die blutige Vorarbeit gegen die Goten leisten, um das germanische Volk in eine Falle zu locken, wo die Byzantiner es austilgen können. Schwanhilde, Totila und sämtliche Goten – einschließlich der Weiber, Kinder und Greise – werden restlos erschlagen. Umringt von Feinden ziehen die letzten Goten heldenhaft in den Tod.

Das Trauerspiel wird vor begeisterten Freunden in Breslau aufgeführt.

Eine politisch bewegte Laufbahn

Ortswechsel. Das Leben in der schlesischen Provinzhauptstadt wird immer schwieriger. Neben Polen und Sozialdemokraten gibt es auch innerparteiliche Reibereien. Im September 1920 verläßt K. Breslau und setzt den Kampf in der Reichshauptstadt fort. Er wird Generalsekretär des Landesverbands Berlin der DNVP und Berliner Stadtverordneter, organisiert die »Bismarck-Jugend« der Deutschnationalen Volkspartei.

Parteiwechsel. Nach drei Jahren harter Arbeit hat sich die Mitgliederzahl des Landesverbands Berlin verdoppelt, die Streitereien innerhalb der DNVP aber nehmen kein Ende. K. klagt über den gemäßigten Kurs: Die Volkspartei ist nicht völkisch genug. Von der anderen Seite wird gemunkelt, daß K. »nicht ganz schwindelfrei« sei. Er wird aufgefordert, die Führung seiner geliebten »Bismarck-Jugend« aufzugeben. Er verläßt die Partei und gründet eine neue Jugendorganisation, den »Deutschen Bismarck Orden«, bezeichnet sich als dessen ersten Hochmeister. K. will auch in die Deutschvölkische Freiheitspartei (DVFP) eintreten, die aber vorübergehend verboten ist. Er schließt sich deshalb zunächst der völkischen Organisation »Deutscher Herold« an und tritt dann nach Aufhebung des Verbots in die DVFP ein. Er wird Reichsgeschäftsführer und Gauleiter Berlin der Deutschvölkischen Freiheitspartei, bleibt aber der alte, unerschrockene Kämpe.

Eine völkische Zusammenarbeit (1924). Die Mitglieder der verbotenen Nationalsozialistischen Deutschen Arbeiterpartei (NSDAP) und die Deutschvölkische Freiheitspartei schließen sich zusammen zur »Nationalsozialistischen Freiheitsbewegung«. K. wird 1924 bei beiden Reichstagswahlen gewählt, ist einer von 14 Abgeordneten der Nationalsozialistischen Freiheitsbewegung. Er hält vernichtende Reden gegen das System, ist nebenbei Referent für Jugendpflege. Das Bündnis ist aber nur von kurzer Dauer, löst sich bereits 1925 wieder auf. Mit der vorzeitigen Entlassung Adolf Hitlers aus der Festung Landsberg wird die NSDAP neu gegründet. Die Deutschvölkische Freiheitspartei wird in »Deutschvölkische Freiheitsbewegung« (DVFB) umbenannt.

Schicksalsschläge. K. wird von allen Seiten angegriffen.
Erstens. Vom herrschenden System, das K. vorwirft, an einem geplanten Attentat auf den Preußischen Minister des Inneren wie auch an dem Mord an Dammers beteiligt zu sein. Es wird Anzeige gegen ihn erstattet, eine Aufhebung seiner Immunität im Reichstag beantragt. 1927 wird

das Strafverfahren eingestellt, da der Reichstag die Genehmigung zur Strafverfolgung versagt.

Zweitens. Von der Polizei, deren Spitzel ihn überallhin verfolgen. 1) Verdeckte Ermittlungen bei öffentlichen Versammlungen. Die Abteilung IA berichtet, wie K. die Republik angreife (»Sie sei ja doch nur Betrug«) und in »äußerst gehässiger Weise« gegen Sozialdemokraten, Demokraten und das Zentrum spreche. Er äußere sich auch abfällig über die Abteilung IA: Bei einer Versammlung fordert K. die Anwesenden auf, auf Personen zu achten, die sich Notizen machen, »ich werde dann Gelegenheit nehmen, mit diesen Bengels und Spitzeln abzurechnen und sie die Treppe hinunterwerfen«. 2) Verdeckte Ermittlungen, privat. Der zuständige Polizeibeamte: Die auf unauffälligen Wegen angestellten Erhebungen haben in bezug auf das persönliche Verhalten K.'s Nachteiliges nicht erbracht. Sein Privatleben, soweit es sich innerhalb Groß-Berlins abspielt, hat Angriffspunkte nicht aufgezeigt. K. ist jedoch häufig auf Reisen.

Drittens. Von den Nationalsozialisten, deren Gefühle für K. inzwischen nicht mehr so kameradschaftlich sind.

Sommer 1926. Eine Reihe von Versammlungen der Deutschvölkischen Freiheitsbewegung werden von organisierten Gruppen der NSDAP gesprengt. Insbesondere sehen es die Sprengtrupps auf Versammlungen ab, bei denen K. spricht. Es gibt kurze Zusammenstöße. Einmal, als K. ein Lokal verläßt, wird er von Nationalsozialisten mit Zurufen wie »Fememörder« und ähnlichem begrüßt und bis vor ein anderes Lokal verfolgt. Erst das Eingreifen einiger Polizeibeamter kann ihn retten. Dabei fallen Zurufe wie: »Den K. schlagen wir tot.«

K.: Ich habe doch nicht die Absicht, mir meine verfassungsgemäß gewährte Redefreiheit von jungen, unreifen Burschen beschränken zu lassen.

K. wendet sich Anfang September 1926 an die Polizei,

ersucht diese, öffentliche Anklage gegen die Berliner Gauleitung der NSDAP zu erheben. Die Störungen bzw. Drohungen hören aber nicht auf. Die anwesenden Polizeibeamten greifen nicht besonders eifrig ein, scheinen sich für
verfassungsrechtliche Fragen gar nicht zu interessieren. K.
wendet sich nochmals an den Polizeipräsidenten:

»Ew. Hochwohlgeboren!
Hiermit unterbreite ich auf Grund des Gesetzes zum
Schutze der Versammlungsfreiheit vom 23. Mai 1923 fol-
gende Beschwerde:

Seit mehreren Wochen wird – wahrscheinlich auf Anweisung aus der Gauleitung Berlin der Nationalsozialistischen Deutschen Arbeiterpartei – immer wieder von halb-
reifen Jungs mit dem nationalsozialistischen Abzeichen
der Versuch gemacht, deutschvölkische Versammlungen
zu sprengen. Auch am Freitag, den 10. September, fanden
sich aus allen Teilen Berlins in der öffentlichen Versammlung der Deutschvölkischen Freiheitsbewegung im Kriegs-
vereinshaus (Konzertsaal), Chausseestr. 94, etwa zweihundert junge Leute der Nationalsozialistischen Deutschen
Arbeiterpartei ein, die schon bei den Eröffnungsworten des
Versammlungsleiters mit ihrem Gejohle die Versammlung
störten. Immer wieder setzte bei den Ausführungen des
Redners verabredetes Gebrüll ein.

Hierauf übernahm der Unterzeichnete den Versamm-
lungsvorsitz und forderte auf Grund des Gesetzes zum
Schutz der Versammlungsfreiheit (siehe Reichsgesetzblatt,
Jahrg. 1923, Nr. 37) den überwachenden Polizeihauptmann
auf, für Ruhe und Ordnung zu sorgen und die Störenfriede
aus dem Saale zu weisen. Der Polizeihauptmann weigerte
sich einzugreifen. Trotz sechsmaliger Aufforderung erklärte er, es komme hier lediglich die gesetzliche Bestimmung
über den Hausfriedensbruch in Frage und Zwischenrufe
seien erlaubt. Als ich ihm sagte, daß das Geschrei von

etwa hundert Leuten, wie: »Schwindler, Lump« usw. nicht mehr als Zwischenrufe angesehen werden könnten, lächelte er und behauptete, das sei seine Sorge. – Jedenfalls stelle ich fest, das der betreffende Beamte das Gesetz zum Schutze der Versammlungsfreiheit nicht kannte. Ich ersuche das Polizeipräsidium um zweierlei:

1. Um ein kriminal-polizeiliches Ermittlungsverfahren gegenüber der Gauleitung Berlin der Nationalsozialistischen Deutschen Arbeiterpartei. Hierbei bitte ich festzustellen, auf wessen Veranlassung die systematischen Störungen der deutschvölkischen Versammlungen vor sich gehen.

2. Auf Grund der Ausführungsbestimmungen des Herrn Preußischen Ministers des Innern zum Gesetze vom 23. Mai 1923 um ein disziplinarisches Vorgehen gegen den Polizeihauptmann, der das Gesetz weder kannte noch in Anwendung brachte.

Mit vorzüglicher Hochachtung
gez. Wilhelm K.

Vorsitzender der Wahlkreisorganisation Berlin der Deutschvölkischen Freiheitsbewegung, Mitglied des Deutschen Reichstages.«

Angesichts des Fehlens von Polizeischutz greift K. zum Selbstschutz. Auf seine Versammlungsplakate wird geschrieben: »Nationalsozialisten und Juden ist der Zutritt verboten!« Dies aber reizt die Berliner SA ungemein, die K. ihren Standpunkt handgreiflich macht. Die Schilder werden entsprechend umgeändert: »Sozialdemokraten, Kommunisten und Juden ist der Zutritt verboten!«

Viertens. Sogar innerhalb seiner eigenen Partei wird K. angegriffen. Außerordentlich schwerwiegende, nicht öffentlich mitgeteilte Vorwürfe werden gegen ihn erhoben. K. selbst bezeichnet dies als Stänkerei bzw. Klatscherei. Dreimal wird er vor den Ehrenhof der Deutschvölkischen Freiheitsbewegung geladen, leistet dem aber keine Folge. In der ersten Februarwoche wird K. aus der Partei ausgeschlossen. Ein Großteil der Mitglieder des »Bunds völkischer Freiheitskämpfer« stellt sich auf seine Seite. Sie gründen den »Reichsbund völkischer Freiheitskämpfer«.

Achtung!
Der Reichsbund völkischer Freiheitskämpfer wird leider häufig mit dem Bund völkischer Freiheitskämpfer verwechselt. Es wird deshalb mitgeteilt, daß der Reichsbund mit dem nur wenige Mitglieder zählenden Bund völkischer Freiheitskämpfer nicht identisch ist. Letzterer umfaßt nur Mitglieder der Deutschvölkischen Freiheitsbewegung, während der Reichsbund eine politische Organisation ist, welche sich aus Mitgliedern aller völkischen Richtungen zusammensetzt und an dem Ziel, eine völkische Einheitsbewegung zu schaffen, arbeitet.
Reichsbund völkischer Freiheitskämpfer
Die Bundesleitung
gez. F., Sch., Schm.

Parteiwechsel. Mit Gregor Strasser nimmt K. Fühlung auf zwecks Zusammenschlusses bzw. Anschlusses an die NSDAP, vollzieht aber zunächst den Anschluß an »Knüppel«-Kunzes »Deutsch-Soziale Partei«. Nach Zwistigkeiten mit Kunze geht dieser Zusammenschluß in die Brüche. K. nennt seine neugegründete Partei »Völkisch-Soziale Arbeitergemeinschaft Groß-Berlin«, tritt als deren Gauleiter in Erscheinung, verwandelt kurz danach, ohne organisatorische Änderungen vorzunehmen, den Gau Berlin in einen Landesverband Berlin-Brandenburg.

Imperialismus als höchstes Stadium
des Finanzkapitalismus

1926 gründet K. seine eigene Zeitung, den »Märkischen Adler«. K. wettert gegen das internationale Finanzkapital und die Ausbeutung bzw. Versklavung des werktätigen deutschen Volkes. Er betrachtet Deutschland als eine Kolonie des internationalen Weltkapitals. Der Feind steht links! Gegen Juden, Jesuiten und Jakobiner wird gekämpft.

Forderungen: Zusammenschluß aller Deutschen auf Grund des Selbstbestimmungsrechts der Völker zu einem Großdeutschland; Brechung der Zinsknechtschaft; Gewinnbeteiligung an Großbetrieben für die Arbeitnehmer; Aufbau einer großzügigen Altersversorgung; die Schaffung eines gesunden Mittelstandes; sofortige Kommunalisierung der Großwarenhäuser und Verstaatlichung der Banken; Einführung deutschen statt römischen Rechts; Aufbau eines Volksheers; Aufhebung aller Friedensverträge, unter denen deutsche Volksgenossen leiden.

Bedingungen: Staatsbürger kann nur sein, wer Volksgenosse ist. Volksgenosse kann nur sein, wer deutschen Blutes ist ohne Rücksicht auf das Bekenntnis. Ein Jude kann nie Volksgenosse sein. Dem Judentum ist jede Beteiligung am Zeitungswesen, Theater und der Kunst zu untersagen. Alle Blutsfremden, die nach dem 1. August 1914 nach Deutschland gekommen sind, sind auszuweisen.

Anschluß

1928 tritt K. zu den Nationalsozialisten über, nachdem andere politische Organisationen seine Bewerbungen abgewiesen haben. Aus einem Privatbrief: »Hierauf erfuhr ich, daß Sie sich besonders über meinen Übertritt zur NSDAP geärgert haben. Wie Sie wissen, habe ich monatelang versucht, nach anderer Richtung hin eine befriedigende Lösung zu finden. Bei der Halsstarrigkeit der von gewissen feudalen Gesellschaftsschichten geführten nationalen Kreise, bei denen Sie ja, lieber Kamerad, im Stahlhelm auch ihre Erfahrungen gemacht haben, ist das Ergebnis leider negativ geblieben. Selbst die Leitung der DNVP hat versagt. Sie legt gar keinen Wert darauf, aktivistische Kreise zu gewinnen, sondern plätschert befriedigt im Fahrwasser Dr. Gustav Stresemanns weiter. Die Hauptsache ist, daß die feudalen Herrschaften in der Regierung mitmachen können, alles andere ist diesen Armleuchtern egal. Soweit ich Sie, lieber Kamerad, kenne, werden Sie nunmehr meinen Schritt billigen. Mit herzlichem deutschen Gruß!«

»Bewegliches Mundstück«. Nicht von allen Nationalsozialisten wird K. mit offenen Armen aufgenommen. Der revolutionäre Flügel betrachtet ihn äußerst mißtrauisch. »Der schöne Wilhelm« gilt als Parteibonze und »schleimiger bürgerlicher Spießer« mit ausgezeichneten Beziehungen zu Hofräten, Reichsbankdirektoren, abgetakelten Hohenzollern-Prinzen und Generalagenten.

Volksempfänger

Mai 1928: Reichstagsabgeordneter der NSDAP (K. verzichtet auf Wunsch Adolf Hitlers auf das Mandat). Juni 1928: Landtagsabgeordneter der NSDAP. September 1928: Gauleiter der Ostmark (Regierungsbezirk Frankfurt/Oder und Provinz Grenzmark Posen-Westpreußen). Der neugegründete Gau Ostmark ist ohne jegliche Organisation oder Ortsgruppe, besteht aus nur 66 Mitgliedern. K. beginnt einen langwierigen Kleinkrieg. Ende 1930 beträgt die Mitgliederzahl 5000.

»Preußenführer«. Nach fünf Jahren gibt es 43 000 zahlende Mitglieder im Gau Ostmark, darunter 20 000 SA- und SS-Leute. Im April 1932 ziehen die Nationalsozialisten als stärkste Fraktion mit Wilhelm K. an der Spitze in den Preußischen Landtag ein. Sie rühmen sich, kein Debattierverein eingebildeter Staatsmänner zu sein, sondern eine geistige Truppe, die notfalls »brachial« werden könne.

Am Vorabend der Revolution. Der Gau Ostmark ist sowohl hinsichtlich der Mitgliederstärke als auch nach der Zahl der Wähler mit an vorderer Stelle im Reich. 5. März 1933: 55% aller Ostmärker wählen Adolf Hitler. Der Gau Brandenburg (Regierungsbezirk Potsdam) wird mit dem Gau Ostmark zum Gau Kurmark vereinigt. K. ist Leiter des größten Gaus Deutschlands.

Sieg Heil und fette Beute

Sieger. April 1933: K. wird 19mal zum Ehrenbürger ernannt. Die Ernennungen erfolgen zum Teil schon vor der Revolution, als K. noch lediglich Fraktionsführer und Gauleiter der Partei ist, so u.a. in Brätz, Fürstenburg (Oder), Frankfurt (Oder), Sorau, Cottbus, Buckow und, was besonderes Aufsehen erregt, in der bayerischen Gemeinde Unterwössen im Chiemgau. Ernennungen im April 1933: in Spremberg, Altbeelitz, Züllischau, Lübben, Müllrose, Arnwalde. In anderen Städten – darunter Borkum – werden Plätze und Straßen nach K. benannt.

Harte Bretter. Jetzt, wo er im Sattel sitzt, spürt K. die Sturheit der eingefahrenen Strukturen. Als nationalsozialistischer Beamter hegt er selbstverständlich den Wunsch, alte Parteigenossen und Parteigenossinnen anzustellen, was nicht immer sofort durchzusetzen ist. K: »Es ist geradezu lächerlich, wie wir, die eigentlichen Sieger der nationalen Revolution, uns von der Bürokratie und ihren Paragraphen überall noch Vorschriften machen lassen.«

Innenpolitik (1933). Es gibt Auseinandersetzungen zwischen K. und der Hausbesitzerin, die ihn seines Erachtens nicht mit gebührendem Respekt behandelt. K. sucht eine politische Lösung. Er schreibt an seinen Freund, den Parteigenossen und Landtagsabgeordneten Daluege: Mein lieber Kurt, hierdurch bitte ich Dich zu erforschen, ob meine sogenannte Hauswirtin, Besitzerin des Hauses Stübbenstr. 3 in Schöneberg, eine Frau H., Martin-Luther-Str. 42, die Reichsangehörigkeit besitzt. Sollte sie nicht Reichsangehörige sein, so wäre die Entfernung dieser Jüdin aus Deutschland begrüßenswert. Mit herzlichem Heilgruß, Dein K.

Drei Tage später schreibt Daluege zurück: Mein lieber K.! Auf Deine Anfrage bezüglich der Frau H. habe ich beim zuständigen Polizeirevier folgendes ermitteln können: Frau H. ist mit einem Oskar H., geb. 25.9.1882, verheiratet. H. besitzt die preußische Staatsangehörigkeit und damit die deutsche Reichsangehörigkeit. Frau H. war früher Russin, sie ist jetzt mit ihrer Verheiratung Reichsdeutsche geworden. Wir müssen uns also mit ihr abfinden.

Bühnenpolitik. Endlich ist ein politisches Klima geschaffen, in dem K.'s künstlerische Leistungen Anerkennung finden können. »Totila« wird in mehreren Orten in Preußen zum großen Jubel von deutschen Zuschauern und Kritikern gespielt. Nur in der Hauptstadt verzögert sich die Aufführung. Nach Beschwerden K.'s greift das Preußische Kul-

turministerium Anfang 1934 ein: »Der alte nationalsozialistische Kämpfer und jetzige Oberpräsident K. hat ein
Schauspiel ›Totila‹ geschrieben, das in einer Reihe anderer
Städte bereits zum x-ten Male mit großem Erfolg zur Aufführung gelangt ist. In Berlin war es bisher noch nicht
möglich, das Schauspiel aufzuführen. Ich bitte, sofort die
notwendigen Schritte zu tun, daß K.'s Schauspiel auch in
Berlin zur Aufführung kommt. Frist: 3 Tage.«

Als Schriftsteller will K. in verschiedene deutsche Schrift-
stellerverbände eintreten. Beim »Verband deutscher Bühnenschriftsteller« stößt er auf Hindernisse, obwohl er
selbstverständlich arisch ist und mit A. Hitler und Dr. J.
Goebbels zwei tadellose Bürgen bezüglich seiner politischen
Einstellungen bieten kann. Nochmals greift K. zu politischen Mitteln. Er wendet sich an den Führer. Der Stellvertreter des Führers teilt ihm aber mit, daß die gewünschte
Entscheidung nicht gefällt werden könne. Er bittet K. zu
erkunden, ob die Aufnahme in den Verband wegen eines
einzigen aufzuführenden Werkes notwendig und üblich
sei.

Erziehungsarbeit. K., der immer noch als Publizist tätig ist,
betont im Gegensatz zu Goebbels und Streicher die erzieherischen Ziele der Presse, kämpft »in einem anständigen
Ton« gegen sämtliche Feinde des deutschen Volkes, insbesondere die Juden. Beispiel (1934): »Was Pest, Schwind-
sucht und Syphilis für die Menschheit gesundheitlich bedeuten, das bedeutet das Judentum sittlich für die weißen
Völker. Der Pestträger muß ausgemerzt und isoliert werden.«

Auf Hochtouren

Spitzen und Täler. Spitze: Grabrede für Feldmarschall Görings erste Frau. Tal: Ein Artikel K.'s im Völkischen Beobachter Anfang Juni 1934 (drei Wochen vor dem vermeintlichen »Putschversuch«), in dem Röhm noch als treuester Kämpfer des Führers gerühmt wird.

Es gibt mehr Spitzen als Täler. K. ist u. a. Gauleiter der Kurmark, Preußischer Staatsrat, Oberpräsident der Provinzen Brandenburg und Grenzmark Posen-Westpreußen, Reichskommissar und Staatskommissar für den Korridor, Mitglied des Reichstags. Haupttätigkeitsgebiete: Kulturfragen, Schulfragen, Verwaltung, Innere Politik.

Unterwegs. Wenn K. durch seinen Gau reist, läuten nach eigenen Anweisungen die Kirchenglocken.

Einzug in die Kreisstadt N. (1935). Erregte Gemüter, die Schulkinder bilden Spalier, ein gelernter Kellner in SS-Uniform begleitet K. (erhält dafür ein Buch mit eigenhändiger Widmung).

Privatfernsprechanschluß (geheim!): Jäger A 1 4584. Schon vor der Revolution kursieren Gerüchte über Korruption (»eine ausgeprägte Sauwirtschaft«) und Frauengeschichten (»Mädchenjäger«). Tiefes Tal: K. steht unter Verdacht, sich im Falle seiner Privatsekretärin Ellie B. der Beihilfe zur Abtreibung schuldig gemacht zu haben. Das Protokoll wird von der Gestapo in Cottbus aufgenommen.

Höchste Spitze: K. lernt die schöne 22jährige Schauspielerin Anita Li. aus Hamburg kennen. Sie verlieben sich. Im Oktober 1935 gebiert Li. einen Sohn.

»Schwiegerfamilie«. Daß Li.'s Vater während der Republik der SPD und der Friedensgesellschaft angehört hat und daß ihr Bruder mit einer Jüdin verheiratet ist, stört K. nicht. Im Gegenteil – das Verhältnis zur Familie ist ausgezeichnet. K. fühlt sich künstlerisch verbunden mit dem Schwager Friedrich Li., genannt Johan Lu., der Schriftsteller ist. Dessen Ehefrau Leonore, geborene L., ist zwar Jüdin, aber auch Tänzerin und stammt aus gutbürgerlichem Haus in Paderborn. Der »Schwiegervater«, ehemaliger Mitarbeiter des Staatsarchivs Hamburg, wurde 1934 seiner Vergangenheit wegen zwangspensioniert, hatte aber zuvor, wenn auch vergeblich, seine rückhaltlose Bereitschaft erklärt, dem neuen Staat zu dienen.

K. rät dem Schwager zu einer möglichst frühen Emigration mit seiner nichtarischen Frau und ihren drei kleinen Kindern. Im Mai 1936 fährt die Familie mit dem Südamerika-Dampfer »General San Martin« nach Argentinien. In Paderborn sagt man, ein Verwandter habe die nötigen Voraussetzungen dazu geschaffen.

Scheideweg. Nach der Geburt seines Sohns im Jahre 1935 trennt sich K. endgültig von seiner alt gewordenen, gesundheitlich geschwächten Frau. Er reicht die Ehescheidung ein und beantragt, seine Frau zum allein schuldigen Teil zu erklären.

Gründe (u. a.):

(1) seit Jahren lehne sie Kindernachwuchs ab, was unvereinbar mit seiner Weltanschauung und seiner Stellung in Partei und Staatsdienst sei;

(3) sie versäume ihre Pflichten als Hausfrau und Mutter;

(4–7) sie habe ehewidrige Beziehungen zu verschiedenen Männern unterhalten.

Die Frau bestreitet entschieden sämtliche Vorwürfe, besteht darauf, ungeachtet des Alters und Gesundheitszustandes zu einer neuen Empfängnis bereit zu sein. Der finanziell noch abhängige 21jährige Sohn Horst K., cand. jur., Parteigenosse, SS-Mann und junger Schriftsteller, stellt sich auf die Seite des Vaters. Er bezeugt mit ungewöhnlicher Schärfe und formeller Schroffheit die ehewidrigen Beziehungen der Mutter. Das Gericht glaubt ihm nicht. Die Klage wird zurückgewiesen.

Eins auf den Deckel

»Der Führer sagte mir kurz nach seinem Regierungsantritt: ›Die meisten Revolutionen, die niedergeschlagen oder von der Reaktion erstickt wurden, sind daran gescheitert, daß sie nicht gebremst werden konnten. Sie sind der Oberste Richter der Partei. Sie haben die Revolution zu bremsen.‹«

Ein Moralist. Walter Buch, Oberster Richter der NSDAP. Jahrgang 1883, Reichsleiter (SS-Obergruppenführer), gelernter Offizier, gottgläubig. Die Tochter ist mit Reichsleiter Martin Bormann verheiratet.

Walter Buch: Stramm und unbestechlich. Ein glühender, aber provinzieller Nationalsozialist. Er erfüllt seine Pflichten als Oberster Parteirichter mit dem Ernst und der Unerbittlichkeit eines preußischen Offiziers, was seinem Vorgesetzten und seinen Parteigenossen nicht immer ganz lieb ist.

Aufgabenbereiche: Niederhalten und Ausmerzen der inneren Feinde der Bewegung. Die Mitglieder der NSDAP obliegen als führende Kraft des nationalsozialistischen Staates erhöhten Pflichten gegenüber Führer, Volk und Staat. Im Falle von Verletzungen dieser Pflichten unterstehen sie einer besonderen Partei-Gerichtsbarkeit, konkret: Walter B.

Bremsarbeit. Der Oberste Parteirichter B. befaßt sich mit der Hebung der Ehemoral in der Bewegung und im Volk. Seine Angst: wenn die jetzige laxe Auffassung in die junge Generation eindringt, muß man mit schwersten Gefährdungen und Opfern idealler und materieller Art rechnen. B. zieht ins Feld gegen »die von Juden geforderte Zersetzung der deutschen Ehe und Familie«. Schon länger wird über Gauleiter und Oberpräsident K. geredet. Das Scheidungsverfahren ist der letzte Tropfen. B. sieht einen Lebensnerv des Volkes getroffen. Er entschließt sich, an K. ein Exempel zu statuieren. Er richtet an ihn ein Schreiben, welches auch an einen Kreis höherer Persönlichkeiten verteilt wird.

»München, den 10. Dezember 1935
An den
Gauleiter Kurmark der NSDAP,
Herrn Oberpräsident Wilhelm K.,
[...] Darüber hinaus habe ich indes zu erklären:
  Wer selbst auf dem Standpunkt steht: Ehebruch – und als solcher gilt allgemein außerehelicher Geschlechtsverkehr eines Verheirateten – sei eine Sache, die sich mit der sittlichen und weltanschaulichen Auffassung der NSDAP vereinbaren lasse,
  Wer den Führer um Schutz bittet für sein ehebrecherisches Verhältnis und sich dabei stolz des aus diesem ehebrecherischen Verhältnis erwachsenen Kindes rühmt,
  Wer sich vor ehebrecherische Beziehungen von Untergebenen stellt, die diese mit Angestellten und daher von ihnen wirtschaftlich abhängigen Frauen unterhalten, und solche Beziehungen billigt und damit fördert,

Wer schließlich in einem öffentlichen Ehescheidungsprozeß nach einer Ehedauer von 22 Jahren einen auch wirtschaftlich von sich abhängigen erwachsenen Sohn gegen die eigene Ehefrau bzw. dessen Mutter aussagen läßt,

der vertritt damit eine Haltung in Dingen der Frau, die nicht das mindeste zu tun hat mit nationalsozialistischer Auffassung auf diesem Gebiete. Als Oberster Richter der Partei muß ich ihm daher jedes Recht absprechen, über diese Dinge maßgeblich zu urteilen.

Heil Hitler!«

Ergebnis: enttäuschend. Das Schreiben findet wenig Resonanz. Der Reichsführer-SS, der selbst nicht besonders viel von der Monogamie hält, billigt das Schreiben, unternimmt aber zunächst nichts.

K. dagegen ist wütend. Beruhigend ist, daß der Führer ihn decken zu wollen scheint. Beim Gespräch unter vier Augen: »K., ich verlange von Ihnen nicht, daß Sie sich von der Frau trennen, die Sie lieben.«

Eingekesselt

Es laufen Ermittlungen der Geheimen Staatspolizei gegen K. wegen verschiedener Unregelmäßigkeiten im Gau Kurmark. Im Zuge dieser Ermittlungen wird, trotz mehrerer Versuche seitens K., dies zu verhindern, die Wohnung seiner geliebten Li. auf direkten Befehl von SS-Gruppenführer Heydrich durchsucht. Es wird vermutet, Akten aus einem Diebstahlsverfahren seien in der Wohnung verborgen. K. fühlt sich in seiner Ehre zutiefst verletzt.

K. schlägt zurück

Tatenlos zusehen kann K. nicht. Er setzt sich zur Wehr.

Die SS betreffend. Freundlich (»mein lieber Heinrich«), aber entschieden kündigt K., seit längerem »Ehrenführer« der SS, seinen Austritt aus der Schutzstaffel an. Der Reichsführer-SS nimmt dies ein wenig verblüfft an.

Den Obersten Parteirichter B. betreffend. Einen offenen Schlag wagt K. nicht. Er richtet ein getarntes Schreiben an B., von dessen Frau gemunkelt wird, sie sei nicht rein arisch.

»Berlin, 26. April 1936
Sehr geehrter Herr Major B.!
Sie sind der Oberste Richter der Partei, die jeden anständigen Juden bekämpft und infamiert, das sollten Sie als unser Verwandter nicht tun. Wissen Sie, daß Ihre Frau jüdisches Blut hat? Wissen Sie, daß die Familie Ihrer Frau (Bilernesti, siehe Ahnentafel Ihrer Frau!) noch 1820 bis 1825 dem Ghetto in Frankfurt am Main angehört hat? Wissen Sie, daß Sie Kinder gezeugt haben, die unseres Blutes sind? Ihr Schwiegersohn, der wie Sie Reichsleiter der Nationalsozialisten ist, weiß, daß seine Frau und seine Schwiegermutter nicht rein arischer Abstammung sind. Das Reichssippenamt weiß es auch! Nur Sie sollen es nicht wissen? Sie sind am meisten belastet, Sie haben Hunderte von Menschen verurteilt, wegen des gleichen tragischen Schicksals, das Ihre Frau getroffen hat. Welche Konsequenzen ziehen Sie, Sie weiser und gerechter Richter! Wir freuen uns, Sie zu den unseren zählen zu dürfen.

Einige Berliner Juden.«

Ertappt

Im Verlauf der Nachforschungen der Geheimen Staatspolizei stellt sich heraus, daß der Brief an den Obersten Parteirichter von K. verfaßt wurde. Konfrontiert mit unbestreitbaren Beweisen gibt K. dies zu.

Die Beschuldigungen, die im Brief enthalten sind, hält man
für außerordentlich schwerwiegend. Durch unabhängige
Forscher, u. a. das Reichsamt für Sippenforschung, wird
die Behauptung der nichtarischen Abstammung der Frau
des Obersten Parteirichters als unwahr zurückgewiesen.
Ihre Mutter wurde zwar unter nicht hundertprozentig ge-
klärten bzw. erklärbaren Umständen als Kind durch ihren
Großvater adoptiert, Indizien einer nichtarischen Vater-
schaft sind aber nicht vorhanden. Der Fall wird als abge-
schlossen betrachtet.

B. will zu harten Maßnahmen gegen K. greifen. Er drängt
zum Ausschluß K.'s aus der Partei. Der Führer stellt sich
aber dagegen: Wenn K.'s Verhalten auch unmöglich gewesen sei, könne er die großen Verdienste des Altkämpfers
nicht vergessen. Zu seinem aufrichtigen Bedauern sehe er
sich gezwungen, K.'s Amtsenthebung auszusprechen. Dies
betrachte er aber als hinreichende Sühne.

B. ist mit dieser Entscheidung selbstverständlich nicht zufrieden. Wenig später erleidet er einen Machtverlust. Er
bleibt Oberster Parteirichter, wird aber von inneren Kreisen ausgeschlossen und sogar vom eigenen Schwiegersohn
geschnitten. Offensichtlich hat er falsch verstanden, was
der Führer mit Bremsen meinte.

Nach einigen Monaten entschließt sich der Führer, K.'s
Ehre wiederherzustellen, ihn vom Verdacht der Treulosig-

keit zu befreien, ihm die Pension eines Oberpräsidenten zu gewähren und die Uniform eines ehemaligen Gauleiters zu belassen. Die beantragte Strafe (Verwarnung und Ämteraberkennung) wird auf dem Gnadenweg in eine Verwarnung abgeändert. K. wird ein neuer Kampfplatz in Aussicht gestellt.

Tatlos bzw. ratlos

Trotz aller Versprechungen wird K. eine neue Stelle nicht zugeteilt. Der Zugang zum Führer ist abgeschnitten: Seine Briefe werden nicht beantwortet bzw. dem Führer nicht vorgelegt.

Aus dem Verkehr. Das erste Mal seit 30 Jahren lebt K. ganz privat. Die Li. gebiert einen zweiten Jungen. Die Scheidung von seiner alten Frau wird ausgesprochen, K. ist Alleinschuldiger. 1938 darf er Li. endlich heiraten.

Geldsorgen. K. bezieht zwar als ehemaliger Oberpräsident und Gauleiter eine Pension, muß aber seine Mutter mit 50 M monatlich [gern] und die Exfrau mit 255 M [sehr ungern] unterstützen. Dazu kommen die jetzige Frau und die nun fünf Jungen – der älteste ist immer noch Gerichtsreferendar und muß versorgt werden.

Knapp daneben. 1938 kommt es fast zu einer Katastrophe. Eine geplante Italienreise soll durch den Verkauf von 44 Briefen von NS-Funktionären an K., meist privaten, teilweise aber auch dienstlichen Charakters (darunter eine Karte mit Gruß des Führers), finanziert werden. Dies wird von der Gestapo, die K. noch immer überwacht, entdeckt. Reichsleiter Bormann zeigt wenig Verständnis, verbietet den Verkauf von Briefen führender Parteigenossen ohne ausdrückliche Genehmigung. Die Reise muß gestrichen werden.

Alles, nur nicht aufgeben. K. schreibt regelmäßig Geburtstags- und Neujahrswünsche an den Führer und andere hohe Funktionäre. Das Warten bringt die Nerven fast zum Zerreißen.

1939. Das zweite Mal in seinem Leben muß K. mit ansehen, wie Deutschland in den Krieg zieht, ohne selbst dabeizusein. Er kann nicht länger untätig herumsitzen. Im Herbst 1940 meldet er sich freiwillig bei der Waffen-SS. Ende Februar 1941 wird er als freiwilliger SS-Mann zur Bewachung im KZ Dachau bestellt. Am gleichen Tag schreibt seine verzweifelte Frau an K.'s alten Freund, Reichsminister Dr. Lammers, und bittet um Hilfe.

In Dachau. Mit 53 Jahren ist K. körperlich und seelisch sehr mitgenommen, leistet aber seine Dienste. Nach sechs Wochen erfolgt eine kleine Beförderung: K. wird zum SS-Rottenführer ernannt.

Inzwischen versucht Reichsminister Lammers etwas zu bewirken. Es wird von einem Landratsposten gesprochen. K. hat Bedenken wegen des Geldes, will seine Pension nicht aufgeben, will auch nicht mehr nach Preußen. Aus dem Landratsposten wird nichts. Neue Möglichkeiten, aus denen auch nichts wird: Bau- und Führungsdirektion, Oberbürgermeister einer größeren Stadt, Diplomat in Frankreich, eine Tätigkeit in den Kolonien. Noch eine Möglichkeit: Kurator der Technischen Hochschule und der Medizinischen Akademie in Danzig. Daraus wird auch nichts, da die Stelle leider bereits anderweitig besetzt ist. Eine bessere Möglichkeit: Kurator der Universität in Königsberg. Der Inhaber des Amtes ist schon älter als 65 Jahre und kann daher unter dem Vorwand dienstlichen Interesses jederzeit in den Ruhestand versetzt werden. K. ist sofort bereit. Als Humanist und Geisteswissenschaftler hätte er sich sowieso nicht sehr wohl gefühlt an einer Technischen Hochschule, er hat eher innere Beziehungen zu einer Universität. Aus dieser Stelle wird aber auch nichts. Der Führer will, daß K. unbedingt in verantwortlicher Stellung beim Einsatz Ost verwendet wird. Er schlägt K. als Reichskommissar in Moskau vor. Göring und Rosenberg, die ihre eigenen Günstlinge im Auge haben, erheben Einspruch. K. bekommt Weißruthenien.

Auf Bewährung

Am 17. Juli 1941 wird K. offiziell zum Generalkommissar Weißrutheniens ernannt, ohne je dort gewesen zu sein oder zu wissen, wo genau es liegt. Hauptsache ist, es ist eine verantwortungsvolle Stelle. K. kann seinen Stolz nicht verbergen. Er ruft alte Freunde und Parteigenossen an, stellt sie in seine Zivilverwaltung ein.

Trümmerhaufen. Ende August 1941 fährt K. mit dem Schwiegervater, der trotz seiner 64 Jahre auch mitmachen will, als Vorauskommando nach Minsk. Am 31. August kommen sie an. Es ist nicht gerade das, was sie erwartet haben. Minsk, von der Deutschen Luftwaffe systematisch ausgebombt, ist bis zu 80% kriegszerstört. Sie müssen bei K.'s altem Kameraden Quartier nehmen, dem jetzigen Höheren SS- und Polizeiführer Rußland Mitte, SS-Gruppenführer Erich von dem Bach. Sie schlafen im ehemaligen Leninhaus, einem mehrstöckigen Gebäude, zur Zeit ohne Fenster. Am nächsten Tag übernimmt K. von der Wehrmacht den westlichen Teil Weißrutheniens.

Den Widerwärtigkeiten des Aufbaus und der Einrichtung einer Zivilverwaltung sind nur sehr harte Persönlichkeiten gewachsen. Nach zwei Monaten hat der Schwiegervater genug gesehen. Er wird beurlaubt und kehrt nicht mehr zurück.

Trotz mangelhafter Ausrüstung und mühsamer Quartierbeschaffung läßt sich K. seine Begeisterung nicht nehmen. Er schmiedet Pläne.

1. Das völlig zerstörte Minsk wiederaufzubauen hat nach K.'s Ansicht keinen Zweck. Er schlägt vor, eine neue, deutsche Stadt südlich von Minsk zu errichten. Der Name für die neue Stadt: »Asgard«. Er stammt aus dem Gotischen und hat bisher als Städtename noch keine Verwendung gefunden.

2. Nach offizieller Sicht gelten die Weißruthenen als Slawen und damit als Untermenschen. K. stuft sie anders ein. Nach seiner Ankunft entdeckt er, daß die Bevölkerung teilweise blauäugig und blondhaarig ist. K. betrachtet sie als arisch. Die Interessendeckung zwischen K. und seinen »Stiefkindern« ist jedoch begrenzt. In der Umgebung und sogar in Minsk gibt es noch Sabotage und jüdisch-bolschewistische Umtriebe. Dagegen wird hart vorgegangen. Auf Wunsch K.'s führen die Sicherheitspolizei und der Sicherheitsdienst »Säuberungsaktionen« in Marina Gorki und anderen Ortschaften durch. Über 2000 weißrussische Juden werden erschossen.

Ungeklärte Verhältnisse

Ziele. Die offiziellen Ziele des Ostministeriums bezüglich Weißruthenien sind – abgesehen von der Zerschlagung der Sowjetunion und der Versorgung der Wehrmacht auf Kosten der einheimischen Bevölkerung – widersprüchlich.

Auf der einen Seite betrachtet man die Weißruthenen mißtrauisch als Russen. Es wird geplant, den weißruthenischen Raum mit nicht erwünschten Bevölkerungsgruppen
(u. a. Polen) zu besiedeln, um eine Art Zwischenschicht zu
errichten. Auf der anderen Seite gibt es auch Pläne, das
weißruthenische Volk gegen Moskau umzuerziehen und
deswegen Weißruthenien wenigstens einen Anschein von
Autonomie zuzugestehen.[2] K. selbst sieht mehr Zukunft in
der zweiten Alternative. Er läßt ein Weißruthenisches Selbsthilfewerk gründen, ernennt Dr. Ivan Ermachenko, einen
ehemaligen zaristischen Offizier, der mit einer bessarabischen Deutschen verheiratet ist, zum Leiter. Dr. Ermachen-
kos Spitzname bei der einheimischen Bevölkerung: Herr
Jawohl.

Grenzen. K. ist sofort bereit, das ganze Territorium zu übernehmen. Die Wehrmacht stellt sich stur, zeigt keinerlei
Neigung, den östlichen Teil abzugeben.

Hoheitsrechte. Offiziell ist K. dem Reichskommissar für
das Ostland, Hinrich Lohse, unterstellt und gleichrangig
mit den Generalkommissaren der drei baltischen Länder.
Weißruthenien, das wesentlich ärmer als diese und fast
ohne Industrie ist, wird als unabhängig behandelt. K. strebt
nach weiterer Autonomie, betrachtet sich als ebenbürtig
mit Reichskommissar Lohse und Generalkommissar Koch
in der Ukraine.

Gemäß dem »Erlaß des Führers über die polizeiliche Sicherung der neubesetzten Ostgebiete« sind die SS-Polizeifüh-

---

[2] Der Name »Ruthenien« ist eine veraltete romanische Form
von »Rußland« und wird von den Deutschen verwendet, um eine
Gemeinsamkeit zwischen den Weißrussen und den Russen zu unterdrücken.

rer den Zivilverwaltungen unterstellt. Diese Machtauftei-
lung lehnt die SS jedoch prinzipiell ab. SS-Brigadeführer
Zenner, der SS-Polizeiführer Weißruthenien, erklärt sich
bereit, Rundschreiben und dergleichen entgegenzunehmen,
nicht aber irgendwelche dienstlichen Anweisungen des
Generalkommissars auszuführen oder ihm Bericht zu erstatten.

Kulturkampf

Die Minsker Oper, 1941 von dem früheren Frankfurter
Stadtbaurat M. kurz vor Kriegsbeginn fertiggestellt und
noch nicht bespielt, wird zum Streitobjekt der verschiedenen deutschen Dienststellen. K. betrachtet das Gebäude als wichtiges Kulturgut des ihm anvertrauten Volkes.
Die SS und die Wehrmacht halten dagegen an einer rein
materialistischen Perspektive fest: Sie sehen das Gebäude
als Beute bzw. Rohstoff für den Krieg. Es kommt zu
schweren Zusammenstößen, u. a. zwischen K. und dem zuständigen Luftwaffengeneral. Da es K. am nötigen Durch-
setzungsvermögen fehlt, wird die Oper mehr oder weniger offiziell zum Ausschlachten freigegeben. Ein der
deutschen Polizei zugeteiltes und unterstelltes lettisches
Bataillon, das in der Nähe der Oper untergebracht wird
und sich bei der Vernichtung weißruthenischer Juden besonders hervortut, verfeuert täglich eine Stuhlreihe aus
der Oper.

Der Kampf innerhalb der deutschen Dienststellen weitet
sich aus. Die große, zum Teil sehr wertvolle Minsker Kunst-
und Gemäldesammlung wird fast restlos in Besitz genommen. Auf Befehl des Reichsführers-SS wird die Mehrzahl
der Gemälde von der SS verpackt und ins Reich geschickt.
Der Wehrmachtsgeneral Stubenrauch hat einen Teil der

Sammlung von Minsk aus mit nach vorn ins Operationsgebiet genommen. Verschiedene Sonderführer, deren Namen K. nicht gemeldet werden konnten, haben (»ohne Quittung!!«) 3 Lastkraftwagen mit Möbeln, Bildern und Kunstgegenständen fortgeschleppt. K. beschwert sich schriftlich bei seinem Vorgesetzen Reichsminister Rosenberg über den Kulturraub und bittet, die wertvollen Sammlungen zurückzugeben oder wenigstens dem Ministerium für die besetzten Ostgebiete einen materiellen Gegenwert zur Verfügung zu stellen. Himmler nennt die Beschwerden K.'s im Gespräch mit Rosenberg lächerlich, weigert sich, solche in Zukunft zu beantworten. Rosenberg zeigt sich verständnisvoll.

»Strafkolonie des Ostlands«

Von Anfang an ist die Gerüchtebildung um K. und seine Zivilverwaltung sehr umfangreich. Die SS klagt u. a. über drei alte Freunde K.'s aus dem Gau Kurmark.

(1) Den jetzigen Stadtkommissar in Minsk, Wilhelm Jan. Die Sicherheitspolizei berichtet: Jan. sei ein völlig haltloser, dem Alkohol verfallener Mensch. Seine Amtsführung sei erschreckend nachlässig und unsauber. Seine Frau, die ebenfalls dem Alkohol reichlich zuspreche, habe eine Lebensmittelhinterziehung schwerster Form begangen. Sie habe sich auch in eine Prügelei mit dem Fahrer des Stadtkommissars eingelassen. Bei einem »Fest« habe sie in Gegenwart ihres Mannes einem betrunkenen Festteilnehmer die Kleider geöffnet und einige seiner Körperteile mit Schuhcreme geschwärzt.

(2) Den Leiter des Beschaffungsamtes Minsk, Landrat Schöt. (der Titel Landrat wurde durch das Ostministerium aberkannt). Der Lebenswandel des Schöt. sei in alkoholischer und erotischer Hinsicht ebenfalls eines deut-

schen Menschen im Osten unwürdig. Sein »Geschäfts-
gebaren« als Leiter des Beschaffungsamtes sei undurchsichtig, eine seiner ständigen Redensarten sei, daß ein
Wort bei K. genüge, um alle Vorwürfe hinfällig werden zu
lassen.

(3) Den jetzigen Gebietskommissar in Glebokie, Paul
H. Vorige Berufe: Privatdetektiv und Chorist. Mehrfach
wegen Diebstahls und Unterschlagung vorbestraft. Als
Gebietskommissar völlig unmöglich.

Judenfrage

I.

Ende Oktober 1941. Im Zusammenhang mit den in Weißruthenien stattfindenden Judenvernichtungen kündigt der
Kommandeur des Polizeibataillons 11 dem Gebietskommissar von Sluzk, Heinrich Carl, an, in zwei Tagen in der
Stadt Sluzk die Liquidierung sämtlicher Juden vorzunehmen. Gebietskommissar Carl äußert Zweifel an der Durch-
setzbarkeit dieses Vorhabens, bittet um einen Tag Aufschub.
Der Kommandeur lehnt dies ab. Er habe die Aktionen in
allen Städten durchzuführen, für Sluzk stünden nur zwei
Tage zur Verfügung. Gebietskommissar Carl erhebt Protest: Eine Liquidierung der Juden dürfe nicht willkürlich
erfolgen. Ein großer Teil der noch in der Stadt lebenden
Juden sei Handwerker, die man zur Aufrechterhaltung der
Wirtschaft dringend benötige. Es wird vereinbart, sämtliche Juden zwecks Sortierung zunächst in das Ghetto zu
bringen und unentbehrliche Handwerkerfamilien zurück-
zustellen. Der Kommandeur hält sich jedoch nicht an die
Abmachung. Alle Juden ohne Ausnahme werden aus Betrieben und Werkstätten herausgeholt und abtranspor-
tiert. Gebietskommissar Carl muß feststellen, daß bei der

71

Durchführung der Aktion auch Weißruthenen zusammengetrieben werden. In aller Öffentlichkeit werden auch sie mit Gummiknüppeln und Gewehrkolben bearbeitet. Überall in der Stadt wird wild geschossen, sogar Angehörige der deutschen Zivilverwaltung müssen die Straßen verlassen, um nicht selbst getroffen zu werden. In einzelnen Straßen häufen sich die Leichen erschossener Juden. Noch dazu wird vom Polizeibataillon gründlich geplündert. Carl will sich beschweren. Der Kommandeur ist aber schon nach Baranowitschi weitergefahren. Der stellvertretende Kommandeur, von Carl aufgefordert, die Aktion einzustellen, zeigt sich erstaunt. Er habe vom Kommandeur den Auftrag bekommen, die ganze Stadt ohne Ausnahme von Juden frei zu machen, wie sie das auch in anderen Städten getan hätten. Diese Säuberung erfolge aus politischen Gründen, wirtschaftliche Belange hätten noch nirgends eine Rolle gespielt. Auf Carls energisches Eingreifen stellt er aber die Aktion gegen Abend ein.

Am Tag darauf erstattet Carl Bericht an Generalkommissar K. Er kündigt an, zur Zeit sei es in Sluzk nicht möglich, weitere Judenaktionen durchführen zu lassen. Es müsse erst wieder Ruhe eintreten. Er bittet, in Zukunft von diesem Polizeibataillon verschont zu bleiben.

Einen Tag später werden bei der Amtskasse der Zivilverwaltung in Minsk vom Polizeibataillon 11 Geld, Wertsachen und andere Gegenstände u. a. aus Sluzk gegen Quittung abgegeben. Dabei versucht Polizeileutnant der Reserve B., für sich privat Gold anzukaufen, um es in einer persönlichen Angelegenheit zu verwenden. Als K. davon erfährt, ist er empört. Er meldet den Fall sofort dem zuständigen Feldkommandeur in Minsk und verlangt die Festnahme des Polizeioffiziers. Dieser wird aber vom vernehmenden Kriegsgerichtsrat auf freien Fuß gesetzt. K.'s

Behörden vertreten eine entgegengesetzte Rechtsauffassung: Im Deutschen Reich sei jeder Goldhandel privater Art verboten. Erschwerend komme hinzu, daß es sich um einen Offizier derselben Truppe handele, welche die Liquidierung der früheren Goldbesitzer vorgenommen habe. K. beklagt sich beim Reichskommissar für das Ostland, seinem alten Freund Hinrich Lohse.

Darüber hinaus beschwert sich K. über die Aktion selbst. Vor drei Wochen schon habe er mit dem zuständigen SS-Brigadeführer Zenner besprochen, jüdische Handwerker sollten unter allen Umständen verschont bleiben. Dies habe das der Wehrmacht direkt unterstellte Polizeibataillon 11 nicht beachtet. K. äußert Sorge um das Ansehen des Deutschen Reiches bei der weißruthenischen Bevölkerung, das durch diese Aktion aufs schwerste beeinträchtigt sei. K.: Mit derartigen Methoden lassen sich Ruhe und Ordnung in Weißruthenien nicht aufrechterhalten. Dazu sei es eine bodenlose Schweinerei, Schwerverwundete lebendig zu begraben, die sich dann aus den Gräbern wieder herausarbeiteten. Die Zivilverwaltung gebe sich größte Mühe, die Bevölkerung für Deutschland zu gewinnen, was sich mit derartigen Methoden nicht in Einklang bringen lasse. K. stellt Antrag auf Strafverfolgung gegen sämtliche Offiziere des Polizeibataillons 11.

Eine Abschrift dieses Antrages wird im Auftrag K.'s an SS-Obergruppenführer Heydrich gesandt mit der Bitte um Überprüfung der Angelegenheit und um Stellungnahme. Beides bleibt aus. Strafanzeige wird nicht erstattet.

>>Meinungsverschiedenheit<< [Idealtypus]
Die SS besteht aus politischen Gründen auf einer
baldigen Lösung der Judenfrage, die Wehrmacht er-
achtet dies aus Gründen der allgemeinen Sicherheit
für unbedingt notwendig, wohingegen die Zivilverwaltung im Hinblick auf die wirtschaftliche Notwendigkeit eine sofortige Lösung der Judenfrage für un-
zweckmäßig hält.

Reichskommissar Lohse, dem auch von anderen Stellen
Beschwerden darüber zugegangen sind, daß unersetzliche
jüdische Facharbeiter erschossen würden, ersucht seinen
Vorgesetzten um Verhinderung der Exekutionen, wenigstens bis geeigneter nichtjüdischer Nachwuchs ausgebildet
sei. Seine Nachfrage beim Ostministerium ergibt jedoch
eine eindeutige Antwort (18. Dezember 1941): >>In der
Judenfrage dürfte inzwischen durch mündliche Besprechungen Klarheit geschaffen sein. Wirtschaftliche Belange
sollen bei der Regelung des Problems grundsätzlich unbe-
rücksichtigt bleiben. Im übrigen wird gebeten, auftauchen-
de Fragen unmittelbar mit dem höheren SS- und Polizeiführer zu regeln.<<

II.

In Slonim verläuft die Zusammenarbeit zwischen den
deutschen Dienststellen reibungslos. K.'s Gebietskommissar Gerhard Erren nimmt die Zügel selbst in die Hand. Aus
seinem Lagebericht (25. Januar 1942): Slonim war stark
überbevölkert, die Wohnverhältnisse teilweise katastrophal.
Die Judenaktion vom 14. November 1941 schaffte fühl-
bare Abhilfe; es wurde möglich, eine Straße völlig zu räumen und für Deutsche Dienststellen und Wohnungen her-

zurichten. Diese Straße mit dem umliegenden Viertel wird weiterhin gesäubert und für den zukünftigen SS-Stützpunkt vorbereitet. Bei meiner Ankunft zählte das Gebiet Slonim ca. 25 000 Juden, davon allein in der Stadt Slonim ca. 16 000, also über zwei Drittel der gesamten Stadtbevölkerung. Ein Ghetto einzurichten war unmöglich, da weder Stacheldraht noch Bewachungsmöglichkeiten vorhanden waren. Daher traf ich Vorbereitungen für eine künftige größere Aktion. Zunächst wurde die Enteignung durchgeführt und mit dem anfallenden Mobiliar und Gerät sämtliche deutsche Dienststellen einschließlich Wehrmachtsquartiere ausgestattet. Für Deutsche unbrauchbares Zeug wurde der Stadt zum Verkauf an die Bevölkerung freigegeben und der Erlös der Amtskasse zugeführt. Es folgte eine genaue Erfassung der Juden nach Zahl, Alter und Beruf, eine Herausziehung aller Handwerker und Facharbeiter, ihre Kenntlichmachung durch Ausweise und gesonderte Unterbringung. Die vom Sicherheitsdienst durchgeführte Aktion befreite mich von unnützen Fressern; die jetzt vorhandenen ca. 7000 Juden in der Stadt sind sämtlich in den Arbeitsprozeß eingespannt, arbeiten willig aufgrund ständiger Todesangst und werden im Frühjahr genauestens für eine weitere Verminderung überprüft und aussortiert.

Unterscheidungsvermögen

Mitte November 1941 treffen in Minsk die ersten Züge mit Juden aus dem Altreich ein. Insgesamt sind 25 000 deutsche Juden für Minsk vorgesehen, im Laufe der nächsten Wochen kommen ungefähr 7000 an – aus Hamburg, Düsseldorf, Frankfurt, Bremen, Berlin, Wien und Brünn. Um Platz zu schaffen, werden von der SS über 6600 der sich im Minsker Ghetto befindenden weißruthenischen und polnischen Juden erschossen.

K., neugierig auf die Neuankömmlinge, will das Ghetto der deutschen Juden besichtigen. Ende November findet ein Besuch unter Begleitung von SS-Offizieren statt. Anwesend: SS-Brigadeführer Zenner, General der Polizei Herf und einige politische Leiter. Der jüdische Anwalt Dr. F. aus Hamburg, kurz nach seinem Ankommen von der SS zum »Judenältesten« ernannt, übernimmt die Führung durch das Ghetto. Im Gegensatz zu SS-Brigadeführer Zenner [klein und dick, mit ostischem Schädel, zum Saufen und Schlagen neigend] macht Dr. F. trotz der ungünstigen Umstände einen äußerst günstigen Eindruck. Im Laufe des Gesprächs erwähnt er, daß es unter den Deportierten Leute gebe, deren Brüder im Felde stehen. K. regt sich über diese Ungerechtigkeit auf, erklärt, dies sofort dem Führer melden zu wollen. Er verlangt von Dr. F. eine namentliche Liste der betroffenen Personen. Im Berliner Teil des Ghettos sieht K. zwei seiner Ansicht nach arisch aussehende Mädchen. Er hält diese an, stellt ihnen Fragen, läßt ihre Personalien feststellen.

Nach diesem Besuch ist K. seltsam berührt. In den nächsten Wochen verlangt er verschiedene Auskünfte vom jüdischen »Ältestenrat« des Ghettos: Listen von Kriegsteilnehmern, Kriegsrentenempfängern, Kriegsausgezeichneten, ehemaligen Offizieren, Freikorpskämpfern, Beamten, Pensionären, Rentenempfängern, Friedensausgezeichneten, Mischlingen ersten Grades, Mischlingen zweiten Grades. K. stellt eine Liste unberechtigt umgesiedelter Personen aus dem Reich zusammen, leitet diese an SS-Obergruppenführer Heydrich in Berlin weiter. Auf diesen Listen fällt K. ein Name auf: Dr. Karl L. aus Berlin, nach eigenen Angaben Kriegs- und Friedensausgezeichneter, ehemaliger Marineoffizier und Halbjude evangelischen Glaubens. K. glaubt in ihm nicht nur einen Kommilitonen aus der schönen Zeit an der Berliner Universität wiederzuerkennen, sondern auch einen Verwandten: K.'s Schwager Friedrich Li. ist mit einer Namensgleichen aus derselben Gegend verheiratet, der Tänzerin aus Paderborn. Bei der nächsten Ghettobesichtigung bestellt K. ihn zu sich. L., von der SS als Leiter der jüdischen Ghettopolizei eingestellt, ist kultiviert, höflich, überkorrekt, stramm militärisch, das heißt kerndeutsch. K. verspricht, ihn aus Minsk herauszuholen.

Mitte Dezember 1941 schreibt K. nochmals an Reichskommissar Lohse:

»(Geheime Staatssache)
Mein lieber Hinrich!
Ich bitte Dich persönlich um eine dienstliche Anweisung für das Verhalten der Zivilverwaltung gegenüber den Juden, die aus Deutschland nach Weißruthenien deportiert worden sind. Unter diesen Juden befinden sich Frontkämpfer mit dem Eisernen Kreuz erster und zweiter Klasse, Kriegsverletzte, Halbarier, ja sogar ein Dreiviertelarier. Bis jetzt sind hier von den 25 000 angekündigten Juden nur 6–7000 angekommen. Wo die anderen geblieben sind, entzieht sich meiner Kenntnis. Bei wiederholten dienstlichen Besuchen im Ghetto habe ich festgestellt, daß unter diesen Juden, die sich auch durch persönliche Sauberkeit gegenüber den russischen Juden unterscheiden, auch Facharbeiter sind, die etwa die fünffache Tagesleistung von dem leisten, was russische Juden vermögen.

Die Juden selbst werden in den nächsten Wochen wahrscheinlich erfrieren oder verhungern. Sie bilden für uns eine ungeheure Seuchengefahr, da sie naturgemäß den Anstekkungen der 22 Epidemien, die im gesamten Weißruthenien herrschen, genau so ausgesetzt sind wie wir Reichsdeutsche. Impfstoffe stehen für sie nicht zur Verfügung.

Auf eigene Verantwortung gebe ich dem Sicherheitsdienst eine Anweisung über Behandlung dieser Menschen nicht, obwohl gewisse Formationen der Wehrmacht und der Polizei schon jetzt scharf auf den Besitz der Juden aus dem Reiche sind. Der Sicherheitsdienst hat bereits – ohne zu fragen – den Juden aus dem Reiche einfach 400 Matratzen abgenommen und auch sonst allerhand beschlagnahmt. Ich bin gewiß hart und bereit, die Judenfrage mit lösen zu helfen, aber Menschen, die aus unserem Kulturkreis kommen, sind doch etwas anderes, als die bodenständigen vertierten Horden. Soll man die Litauer und Letten, die hier auch von der Bevölkerung abgelehnt werden, mit der Abschlachtung beauftragen? Ich könnte es nicht. Ich bitte Dich, mit Rücksicht auf das Ansehen unseres Reiches und unserer Partei hier eindeutige Anweisungen zu geben, die in der menschlichsten Form das Nötige veranlassen.

Mit herzlichem Gruß und Heil Hitler
Dein
K.«

Vorläufiges Ergebnis: Auf Wunsch K.'s werden die Wohnviertel der deutschen Juden, das »Sonderghetto«, von denen der weißruthenischen und polnischen Juden durch Stacheldraht abgetrennt.

»Gewisse Schwierigkeiten«

Der Sachbearbeiter für Judenfragen in Minsk, SS-Obersturmführer Burckhardt, hat allerhand zu tun. Kaum ein Gebiet Rußlands ist so dicht mit Juden besiedelt wie Weißruthenien. Erschwerend hinzu kommt die nicht geringe Anzahl getarnter bzw. getaufter Juden und Mischlinge. SS-Obersturmführer B. schätzt Anfang Januar 1942, rund 41 000 weißruthenische Juden seien erschossen worden.

Nicht berücksichtigt in dieser Zahl: die von früheren Einsatzkommandos erschossenen Juden und die ungefähr 19 000 durch die Wehrmacht als Partisanen und Verbrecher Erschossenen, unter ihnen schätzungsweise die Hälfte Juden. Die endgültige und grundlegende Bereinigung der Judenfrage im weißruthenischen Raume stößt aber insofern auf erhebliche Hindernisse, als 1) gerade hier die Juden einen sehr hohen Prozentsatz an unentbehrlichen Facharbeitern ausmachen und 2) bei der winterlichen Wetterlage Liquidierungsaktionen größeren Umfanges sich nicht durchführen lassen, da der infolge des außerordentlich harten Winters tiefgefrorene Boden das Ausheben der Massengräber sehr schwierig macht. Massenerschießungen größeren Umfanges können voraussichtlich erst im Februar 1942 wiederaufgenommen werden.

Kurzschluß
Polnische Facharbeiter, die Anfang 1942 nach Minsk geschickt werden, um den dort zunehmenden Mangel an Facharbeitskraft zu lindern, werden in ein Gefängnis gebracht, weil keine andere Unterbringungsmöglichkeit zur Verfügung steht. Kurz darauf holt der Sicherheitsdienst 280 Zivilgefangene aus dem Gefängnis heraus und transportiert sie routinemäßig zur Erschießung. Da die Kapazität der Massengräber dadurch nicht erschöpft ist, werden auch polnische Facharbeiter in die Erschießung einbezogen.

Sonderstellung

I.

Trotz der besonderen Fürsorge K.'s bleibt die Verpflegung im Sonderghetto außerordentlich schlecht. Unter den ungefähr 7000 reichsdeutschen Juden, die sich im Januar 1942 im Sonderghetto befinden, sind 1800 Männer im arbeitsfähigen Alter. Weit über die Hälfte dieser Männer sind aber infolge von Unterernährung und schlechter Unterbringung nicht einsatzfähig. Hauptsächlich auftretende Krankheiten: 370 Fälle von Hungerruhr, 102 Erfrierungen, 135 eitrige Wunden, 20 Bindehautentzündungen, 25 Lungenentzündungen, 63 Grippe- und rheumatische Erkrankungen, 30 Blasenkatarrhe.

In einzelnen Fällen werden ansteckend erkrankte Juden unter dem Vorwand, in ein jüdisches Altersheim oder Krankenhaus verbracht zu werden, ausgesondert und exekutiert.

II.

K. stellt in seiner Zivilverwaltung mehrere reichsdeutsche Juden ein. Diese erweisen sich als äußerst tüchtig und höflich, sprechen alle ein ausgezeichnetes Deutsch.

Zwischen K. und der SS kommt es zu wiederholten Reibereien. Die Sicherheitspolizei verfügt über folgende vertrauliche Mitteilungen:
    – Nach K.'s erstem Ghettobesuch habe der Judenälteste, Dr. F., den Eindruck gewonnen, daß K. die reichsdeutschen Juden etwas weniger scharf angefaßt sehen möchte als die russischen Juden, die doch nicht miteinander zu vergleichen seien.

– Dr. F. habe laufend Zutritt zum Generalkommissar, um Beschwerden vorzubringen. Beweise: eine mündliche Beschwerde K.'s über einen Altparteigenossen, der einem Mitglied des »Judenrates« gedroht hatte, ihn zu prügeln und ihm notfalls eine Kugel durch die Rippen zu jagen; eine schriftliche Beschwerde über einen SS-Hauptsturmführer, der einen Juden wegen ungenügender Arbeitsleistung geprügelt hatte.

– Der beim Generalkommissariat als Friseur beschäftigte Jude, der täglich K.'s Rasur vornimmt, habe geäußert, alle im Dienstgebäude des Generalkommissariats beschäftigten Juden stünden unter dem persönlichen Schutz K.'s. Es stehe jedem Juden das Recht zu, sich bei unpassender Behandlung durch Reichsdeutsche bei K. zu beschweren.

Auch die Tatsache an sich, daß im Generalkommissariat Juden als Friseure tätig sind, erregt den Unmut der SS. Ein SS-Hauptsturmführer macht K. Vorhaltungen, daß er seine weiblichen Angestellten von Nichtariern frisieren lasse. K.: Das sei ihm gleich, seine Frauen und Mädchen sollten schön aussehen. Der SS-Hauptsturmführer weist darauf hin, daß die Friseure keinen Judenstern trügen. K.: Man könne doch nicht verlangen, daß die deutschen Mädchen, die zum Frisieren kämen, dauernd den Judenstern vor Auge sähen.

»Stiefkinder«

K., der sich immer noch als Humanist versteht, will das Kulturleben des ihm anvertrauten weißruthenischen Volkes beleben. Da das größte Theater Minsks während der Kampfhandlungen zerstört wurde, gründet K. in einem anderen Gebäude ein neues Stadttheater. Hier wird sowohl für Deutsche als auch für Einheimische gespielt (Betonung auf nationalistischen bzw. antibolschewistischen und antisemitischen Stücken). Da es vorerst kein ständiges deutsches Ensemble gibt, ist K. auf Gastspiele angewiesen. 1942 gastiert das Stadttheater Landsberg an der Warte drei Monate lang im Minsker Stadttheater. Gespielt wird u. a. das bekannte gotische Trauerspiel »Totila«.

Weringhard:
Und glüht und zuckt in dir nicht heischend alles,
Mein blondes Schwesterlein im Arm zu halten?

Eines Tages fällt K. eine weissruthenische Ärztin durch ihre Schönheit auf. Es gelingt ihm aber nicht, die Personalien festzustellen. Er beruft deswegen einen weißruthenischen Ärztetag in Minsk ein, auf dem er selbst eine Ansprache hält. Auf dem Ärztetag entdeckt K. die von ihm gesuchte Weißruthenin. Sein Adjutant erhält den Auftrag, die Ärztin zu fotografieren und ihre Personalien zu ermitteln. Am nächsten Tag wird sie zum Leiter des einheimischen Selbsthilfewerkes, Dr. E., bestellt. Dr. E. eröffnet ihr, sie werde vom Generalkommissar als seine Hausgehilfin angefordert. Die Ärztin weigert sich, dieser Aufforderung nachzukommen. Dr. E.: Man müsse für die weißruthenische Sache Opfer bringen. Die Ärztin bleibt bei ihrer Weigerung. Dr. E. stellt ihr polizeiliche Maßnahmen in Aussicht. Daraufhin erklärt sie sich bereit, die ihr angebotene Stelle anzunehmen.

K. will auch eine »Weißruthenische wissenschaftliche Gesellschaft« gründen. Da dies jedoch wenig Anklang bei seinen Vorgesetzten findet, muß er sein Vorhaben zunächst verschieben. K. selbst interessiert sich für die Schnurkeramiker (Ur-Indogermanen), beteiligt sich an der Ausgrabung von Hügelgräbern. Als Archäologen unterstützen ihn reichsdeutsche Juden.

> »Wir bieten den Weißruthenen keine parlamentari-
> schen Mätzchen und keine demokratischen Hans-
> wurstiaden. Wir bieten ihnen unser Schicksal: durch
> Arbeit, Zucht und Sitte Aufstieg, Kultur, Boden und
> Brot, Entfaltung der in ihnen ruhenden Kräfte, Er-
> haltung ihrer Art.«
>   Wilhelm K., »Die Weißruthenen«, in:
>   Frankfurter Zeitung (23. 7. 1942)

Großaktion

Anfang März 1942 plant die SS eine Großaktion gegen
das russische Ghetto in Minsk. Die Aktion wird als »Um-
siedlung« getarnt. Dem Ältestenrat wird befohlen, 5000
weißruthenische und polnische Juden auszusuchen und für
einen Transport bereitzustellen. Jeder von ihnen darf 5 kg
Gepäck mit sich führen.

K., von dieser Aktion vorher benachrichtigt, läßt die von
ihm beschäftigten reichsdeutschen Juden nach der Arbeit
nicht ins Ghetto zurück, behält sie die ganze Nacht hin-
durch im Gebäude des Generalkommissariats. Die Juden
im russischen Ghetto schöpfen Verdacht, daß die Darstellung der Sicherheitspolizei nicht richtig sein könnte. Zum
angegebenen Termin ist die Sammelstelle leer. Infolgedessen
müssen Räumungskommandos eingesetzt werden, welche
die Bewohner eines beliebigen Teilbezirks aus ihren Häusern heraustreiben. Einige Juden versuchen, sich dem Transport zu entziehen. Sie werden von der Polizei mit Gewalt
zusammengetrieben oder kurzerhand an Ort und Stelle erschossen. Nach der Räumung liegen in den Häusern und
im Freien Leichen herum, die später von reichsdeutschen

Ghettoinsassen beseitigt werden müssen. Auf dem Bahnhof werden die Menschen in Güterwagen verladen, die sie zur Erschießungsstätte bringen.

Während der Aktion sucht K. wiederholt in erregtem Zustand das Ghetto auf. Am Nachmittag begibt er sich gegen 16.30 Uhr mit seinem persönlichen Adjutanten dorthin. Es kommt zu heftigen Auseinandersetzungen zwischen ihm und einigen Sicherheitspolizeibeamten. K. sieht, wie SS-Hauptsturmführer Stark mit seiner Peitsche auf die zur Verladestelle gehenden Menschen einschlägt, um sie zur Eile anzutreiben. Erbost stellt K. ihn zur Rede, rügt ihn in außerordentlich scharfem Ton wegen seines Verhaltens. K.: »Was! Schämen Sie sich nicht, als SS-Führer mit einer Peitsche herumzustehen?« K. versucht, ihm die Peitsche zu entreißen, was ihm jedoch nicht gelingt. SS-Obersturmführer Burckhardt will den Streit schlichten. K. überschüttet ihn mit Vorwürfen über die Ereignisse, die sich im Ghetto abspielen. Dies geschieht vor den Augen der umstehenden Juden und weißruthenischen Schutzmänner. In der Auseinandersetzung werden mehrere Männer von K. beschimpft. Es fallen Ausdrücke wie »Schweinerei« und »wir sprechen uns wieder«. Burckhardt sieht sich in seiner Eigenschaft als SS-Führer und Sachbearbeiter für Judenfragen »erheblich brüskiert«. Stark selbst fühlt sich »zusammengeschissen«. Nach dem Zusammentreffen hält K. sich noch längere Zeit im Ghetto auf. Einer »nicht hundertprozentig verbürgten« Nachricht zufolge soll K. bei dieser Gelegenheit an jüdische Kinder Bonbons verteilt haben.

SS-Hauptsturmführer Stark ärgert sich derart über diese Auseinandersetzung, daß er sich sofort entschließt, K. »eins auszuwischen«. In der gleichen Nacht dringt er ohne Erlaubnis in das Sonderghetto ein und erschießt die drei jüdischen Friseure K.'s. Schon am nächsten Morgen vermißt

K. die drei. Er fürchtet, daß – entgegen den ihm gemachten Zusicherungen – die Ghettoaktion auch auf die reichsdeutschen Juden ausgedehnt wurde. Er schickt Landrat R. zur Dienststelle der Sicherheitspolizei. Der Kommandeur ist aber nicht in der Lage, sachdienlich Auskunft zu erteilen. K. bittet dessen Vorgesetzten, SS-Brigadeführer Zenner, telefonisch um eine Erklärung. Auch Zenner weiß nichts. K. wird immer erregter, schreit in den Apparat. Voller Wut kündigt er an, er mache den Sicherheitsdienst für das Verschwinden der Friseure verantwortlich. Wenn die Friseure nicht bis spätestens am Abend herbeigeschafft seien, erstatte er Anzeige beim Sondergericht. Er breche jede Verbindung zum Sicherheitsdienst ab!

Damit ist K. jedoch nicht fertig. Am nächsten Tag fährt er nach Wilejka, wo weitere Judenaktionen stattfinden sollen. Er sucht die dortige Außendienststelle der Sicherheitspolizei auf, erstellt Berichte, die er an den Reichskommissar für das Ostland weiterleitet. Am übernächsten Tag droht er mit einer Diebstahlsanzeige gegen SS-Obersturmführer B., weil dieser 2 Schreibmaschinen (B.: »Ordnungsgemäß mit Quittung!«) aus dem Ghetto entnommen habe.

Bei einer Besprechung mit Reichskommissar Lohse Ende des Monats betont K., er lege Wert darauf, daß bei der Liquidierung korrekter vorgegangen werde. Der Kommandeur der Sicherheitspolizei wird von Reichskommissar Lohse aufgefordert, Bericht über den Verlauf der letzten Judenaktion in Minsk zu erstatten. Auf die Aufforderung wird von seiten der Sicherheitspolizei nicht reagiert. Für den Mord an den drei Friseuren kann kein Verdächtiger gefunden werden.

»Ein grober Brief«

Zu dieser Zeit erhält K. vom Chef der Sicherheitspolizei in Berlin, SS-Obergruppenführer Heydrich, eine Antwort auf seine Anfrage:

»Sehr geehrter Parteigenosse K.!
Gauleiter und Reichsstatthalter Dr. Meyer hat mir unter Überreichung eines Personenverzeichnisses zahlreiche Beanstandungen mitgeteilt, wonach bei der Evakuierung der Juden aus dem Reichsgebiet nach Minsk hinsichtlich des Personenkreises die gegebenen Richtlinien nicht beachtet worden wären. Obwohl ich von vornherein der Überzeugung war, daß die von mir erlassenen Richtlinien hinsichtlich der technischen Durchführung der Evakuierung von Juden aus dem Reichsgebiet in jedem Falle genaueste Beachtung gefunden haben, habe ich trotzdem die von Ihnen beanstandeten Fälle im einzelnen einer gründlichen *zeitraubenden* Nachprüfung unterziehen lassen. Wie aus der als Anlage beigefügten Zusammenstellung des Prüfungsergebnisses zu ersehen ist, handelt es sich bei den Betreffenden *ausnahmslos* um Juden im Sinne der gesetzlichen Bestimmungen bzw. um Juden und Jüdinnen, die infolge Scheidung und ähnlichem zu ihren deutschblütigen Ehepartnern nicht mehr in Beziehung stehen und daher den Juden schlechthin gleichzusetzen sind. Über das Zustandekommen der mir vorliegenden Liste wurde ich nicht orientiert. Ich kann mir aber dieses Entstehen der Liste nicht anders erklären, als daß man den Angaben der evakuierten Juden blindlings glaubte. Man war also geneigt, den Angaben der Juden mehr Glauben zu schenken als reichsdeutschen Dienststellen, die im Rahmen gegebener bis ins einzelne gehender Vorschriften nach genauester Prüfung jedes Einzelfalles handeln.
Und dies in einer Zeit, in welcher die Bereinigung des

Judenproblems im Reich usw. in Angriff genommen worden ist. Von vielen der in dem dortigen Verzeichnis aufgeführten Juden ist bereits bekannt, daß sie immer wieder versuchen, ihre Zugehörigkeit zum Judentum mit allen möglichen und unmöglichen Gründen in Abrede zu stellen, wie es überhaupt in der Natur der Sache liegt, daß insbesondere Mischlinge ersten Grades bei jeder sich bietenden Gelegenheit darauf bedacht sind, ihre Zugehörigkeit zum Judentum abzuleugnen.

Sie werden mir zugeben, daß es im dritten Kriegsjahr auch für die Sicherheitspolizei und den Sicherheitsdienst kriegswichtigere Aufgaben gibt als dem Geseiere von Juden nachzulaufen, zeitraubende Ermittlungen anzustellen und so viele meiner Mitarbeiter von anderen und weit wichtigeren Aufgaben abzuhalten. Wenn ich überhaupt in eine Nachprüfung Ihrer Liste eingetreten bin so nur deshalb, um ein für allemal solche Angriffe dokumentarisch zu widerlegen. Ich bedaure, sechseinhalb Jahre nach Erlaß der Nürnberger Gesetze noch eine derartige Rechtfertigung schreiben zu müssen.

Heil Hitler!«

Ein einziges Leben

Trotz dieses Schlags gibt K. nicht auf. Er bespricht den Fall des Oberleutnants der Kaiserlichen Marine a.D. Dr. L. mit seinem alten Freund Reichsminister Lammers. Lammers zeigt Verständnis. Der Fall wird dem Führer persönlich vorgetragen. Kurz danach ordnet der Reichsführer-SS an, daß der Häftling Dr. L. aus Minsk abzutransportieren sei. Nach einigen kurzen Verzögerungen reist L. Anfang Mai mit einem Personenzug Richtung Westen.

Endgültig gelöst

April 1942. Aufgrund der Anordnung von SS-Obergruppenführer Heydrich, Chef der Sicherheitspolizei, erfolgen
weitere Maßnahmen bezüglich der Judenfrage:
1. Die sich noch in Minsk befindenden reichsdeutschen
Juden sollen nicht mehr einem »natürlichen« Tod (Erfrieren, Verhungern, Erkranken, wahlloses Erschießen bzw.
Erschlagen) überlassen, sondern in die endgültige Lösung
der Judenfrage einbezogen werden.
2. Die Ende November 1941 unterbrochenen Judentransporte aus dem Altreich bzw. Protektorat werden wiederaufgenommen.

Die neuen Transporte gehen nicht mehr direkt nach Minsk,
sondern zu einer ehemaligen Kolchose in der Nähe des
etwa 12 km südöstlich gelegenen Gutes Tostinetz, wo die
Transportierten unmittelbar nach ihrer Ankunft getötet
werden, anfangs durch Kopfschuß, später im Gaswagen.
Zwischen Mai und Oktober 1942 kommen mindestens
18 Züge aus Theresienstadt, Wien, Königsberg und Köln
an.

Gegner

Die umfangreichen organisatorischen Vorbereitungen für
die erweiterten Maßnahmen betreffend reichsdeutsche Juden werden von einem der Hauptgegner K.'s getroffen,
dem jetzigen Kommandeur der Sicherheitspolizei und des
Sicherheitsdienstes in Weißruthenien, SS-Obersturmbannführer Dr. jur. Eduard Strauch.

Dr. Strauch (Beurteilungen seiner Vorgesetzten zufolge):
Gesunder Menschenverstand: vorhanden

Einstellungen zur nationalsozialistischen Weltanschauung: vollkommen bejahend

Reaktionsweise: impulsiv und explosiv

Gemütsleben: nicht sonderlich stark entwickelt (»Strauch
vermag sich schlecht in andere Menschen einzufühlen«.)

Strauch gilt zwar als »tapfer und außerordentlich kalt-
blütig«, eine Unausgeglichenheit seines Charakters wird
aber auch bemerkt: »Seine Persönlichkeit ist am stärksten
bestimmt durch eine bis zur Derbheit gesteigerte Kompro-
mißlosigkeit, insbesondere in der Verfechtung und Durch-
setzung weltanschaulicher Fragen«, »ein schwieriger, leicht
zur Unzufriedenheit und Nörgelei neigender Charakter«.

Als starker Befürworter der endgültigen Lösung der Judenfrage kommt SS-Obersturmbannführer Strauch nur sehr
schwer mit K. klar. Gegenüber einem Zivilbeamten aus
dem Altreich drückt Strauch dies höflich aus: K. verfüge
nicht über die nötige Ost-Festigkeit.

Aktenvermerk Strauchs (18. 4. 1942): K. ruft an und teilt
folgendes mit: Man habe ihm berichtet, daß vor wenigen
Tagen ungefähr 15 jüdische Frauen und Männer blutüberströmt über die Straße geführt wurden. Der begleitende Dol-
metscher hätte außerdem im Gefängnis selbst auf die Juden
geschossen und dadurch den dort tätigen Justizwachtmei-
ster erheblich gefährdet. K. verlangt strengste Untersuchung
und Bestrafung. Über die erfolgte Maßnahme sei umge-
hend an ihn zu berichten.

Strauch an K.: Ich darf Sie bitten, mir die Personen zu be-
nennen, die in verleumderischer Weise behauptet haben,
ich hätte jüdische oder sonstige Personen blutüberströmt
durch Minsk führen lassen. Daß wir nicht gerade sanft zu-
fassen, dürfte selbstverständlich sein. Es würde niemand
– am allerletzten der Reichsführer oder der Führer – ver-

stehen können, wenn ich nicht allerschärfste Maßnahmen ergreifen würde, um das Leben der mir anvertrauten Männer zu sichern. Mir ist jedenfalls das Leben einer meiner Männer lieber als das von hundert Juden oder Partisanen.

»An und für sich ein weiches Herz«

Ende Mai 1942 reist der Beauftragte des Reichsleiters Bormann, Albert Hoffmann, nach Minsk, um u.a. über die Lage in Weißruthenien Bericht zu erstatten. Hoffmann ist »mit ziemlicher Skepsis« in Minsk angekommen, schon im Zug wurde ihm von Unregelmäßigkeiten (Saufexzessen, Weibergeschichten) erzählt.

Von seiten des Sicherheitsdienstes in Minsk wird folgendes über Generalkommissar K. berichtet:

(1) Das weißruthenische Ballett ($^2/_3$ Weißruthenen, $^1/_3$ Juden bzw. jüdisch Versippte) habe wiederholt vor K. und seinen Beamten, zum Teil sogar in K.'s Wohnung, getanzt. Anschließend seien die Mädels eingeladen worden. Einmal habe man sie sogar aufgefordert, im Tanzkostüm am Kameradschaftsabend teilzunehmen, was sie abgelehnt hätten. Daraufhin hätten sie nichts zu essen bekommen.

(2) Es fänden in erheblichem Maße Saufexzesse statt, die das Ansehen der deutschen Zivilverwaltung schmälerten. Sie spielten sich meistens im Haus Potsdam ab, dem Wohnhaus der Beamten K.'s.

(3) K. habe den Ballettmädels Büstenhalter und Schlüpfer zum Geschenk gemacht, angeblich weil die ihren völlig abgerissen waren. K. habe mit sichtlicher Freude erzählt, daß er bei der Anprobe anwesend gewesen sei.

(4) K. habe bei einem Spaziergang im Ghetto jüdischen Kindern Bonbons geschenkt.

K. wird durch Hoffmann zu den einzelnen Punkten befragt. Er verwahrt sich entschieden gegen sämtliche Vorwürfe:

Zu (1): Das weißruthenische Ballett habe nie in seiner Wohnung getanzt! Getanzt wurde ausschließlich einmal vor der Zivilverwaltung, und zwar bei der Verabschiedung des SS-Gruppenführers Erich von dem Bach. Die Mädels seien nachher nicht mit deutschen Personen zusammengekommen, sondern lediglich in einem Nebenraum verpflegt worden. Von einer Aufforderung, im Tanzkostüm am Kamaradschaftsabend teilzunehmen, sei ihm nichts bekannt.

Zu (2): Es sei auch ihm bekannt geworden, daß Saufexzesse stattgefunden hätten. Er selbst aber habe in keinem einzigen Fall daran teilgenommen. Auch Weibergeschichten halte er für möglich, es wären ihm allerdings im einzelnen keine bekannt. Es sei nicht seine Aufgabe, seine Nase in Privatdinge zu stecken.

Zu (3): Das Weizmann-Trio sei zu Besuch gewesen, und beim Mittagessen habe ihm eine Dame des Trios, die Tochter eines Universitätsprofessors, geklagt, daß sie sich mit ihrer Unterwäsche abtrocknen müsse. Dies habe ihn veranlaßt, seinen Landrat X. aufzufordern, der Dame aus vorhandenen Beständen eine Kombination Unterwäsche zu schenken. Von Geschenken an die Mitglieder des Balletts könne keine Rede sein.

Zu (4): K. gibt zu, einigen jüdischen Kindern Bonbons geschenkt zu haben. Das habe sich wie folgt abgespielt: Der Sicherheitsdienst habe im Minsker Ghetto einmal im Beisein und unter den Augen der weißruthenischen Bevölke-

rung jüdische Kinder liquidiert. Das habe K. nicht gut-
heißen können. Er habe sich in das Ghetto begeben und
verlangt, daß derartige Maßnahmen außerhalb der Stadt
durchgeführt würden. Bei dieser Gelegenheit habe ihn ein
menschliches Rühren erfaßt und er habe einigen der am
lautesten weinenden Kinder Bonbons geschenkt. Etwa
3–5 Stück.

Abschied. Hoffmann erklärt K., er müsse gegen Saufexzesse
und Weibergeschichten energisch durchgreifen, brauche
aber nicht päpstlicher als der Papst zu sein.

In einem anderen Ton

Einverständnis. Im Juni 1942 plant die SS eine neue Welle
von Aktionen gegen die Juden in Weißruthenien. Auffassung der Befehlshaber der Sicherheitspolizei und des
Sicherheitsdienstes in Riga: Der wirtschaftliche Wert jüdischer Facharbeitskräfte sei geringer als die mit ihnen ver-
bundene Gefahr der Unterstützung von Partisanen. K. wird
nach seinem Standpunkt gefragt, schließt sich ausdrücklich dem der SS an. Er bittet seine Gebietskommissare, im
Einvernehmen mit dem Sicherheitsdienst die Notwendigkeit der bisher angestellten jüdischen Facharbeiter unter
Anlegung strengster Maßstäbe erneut zu überprüfen und
alle volkswirtschaftlich nicht unbedingt nötigen Juden aus-
zusondern.

Geänderte Logik. Nochmals bittet K. seinen Vorgesetzten
dringlich, weitere Judentransporte aus dem Altreich zu
unterbinden. Entgegen der noch vor acht Monaten ver-
tretenen Auffassung begründet er dies jetzt mit der angeblich geringen Arbeitsleistung der deutschen Juden. K.: »Ich
verweise darauf, daß für die neue Hereinnahme reichs-

deutscher Juden nach Weißruthenien keinerlei arbeits-
mäßige Notwendigkeit vorliegt, eine Vermehrung der Ju-
denschaft in Weißruthenien dagegen schwerwiegendsten
politischen Bedenken begegnet. Die reichsdeutschen Juden stellen zum allergeringsten Teil Facharbeiter dar, ihre
Arbeitsleistung ist zudem erfahrungsgemäß äußerst gering.«

Empfehlungsschreiben. Mitte Juli 1942 wird SS-Brigadeführer Zenner abgelöst, da er sich nach Ansicht seiner
Vorgesetzten nicht voll bewährt (»ein faules Leben geführt«) hat. Er wird vorläufig durch den Kommandeur des
Polizeiregiments Mitte Walter Schimana, dann durch SS-
Gruppenführer Curt von Gottberg ersetzt. Zum Abschied
schreibt K. einen Lobbrief an Zenner: »Wenn während
Ihrer Amtszeit besonders das uns feindliche Judentum zu
10 000en vernichtet werden konnte, dann ist das auch Ihr
Verdienst. Mein Ziel, das weißruthenische Volk von seinen natürlichen Feinden, den Russen, den Polen und den
Juden abzusetzen, ist von Ihnen stets unterstützt worden.«

Zusammenarbeit. Am 31. Juli 1942, einen Tag nach Ab-
schluß einer Großaktion gegen die zwei Minsker Ghettos, erstattet K. Bericht an den Reichskommissar für das
Ostland, Hinrich Lohse. In dem Bericht hebt er u. a. die
Leistungen des SS-Obersturmbannführers Strauch besonders hervor:
   »Betr.: Partisanenbekämpfung und Judenaktion im Generalbezirk Weißruthenien.
   Bei allen Zusammenstößen mit Partisanen in Weißruthenien hat es sich herausgestellt, daß das Judentum sowohl
im ehemals polnischen wie auch im ehemals sowjetischen
Teil des Generalbezirks zusammen mit der polnischen Widerstandsbewegung im Osten und den Rotarmisten Mos-

kaus Hauptträger der Partisanenbewegung ist. Infolgedessen ist die Behandlung des Judentums in Weißruthenien angesichts der Gefährdung der gesamten Wirtschaft eine hervorragend politische Angelegenheit, die infolgedessen auch nicht nach wirtschaftlichen, sondern politischen Gesichtspunkten gelöst werden müßte. In eingehenden Besprechungen mit dem SS-Brigadeführer Zenner und dem hervorragend tüchtigen Leiter des Sicherheitdienstes, SS-Obersturmbannführer Dr. jur. Strauch, haben wir in Weißruthenien in den letzten 10 Wochen rund 55 000 Juden liquidiert. Im Gebiet Minsk-Land ist das Judentum völlig ausgemerzt, ohne daß der Arbeitseinsatz dadurch gefährdet worden ist. In dem überwiegend polnischen Gebiet Lida sind 16 000 Juden, in Slonim 8000 Juden usw. liquidiert worden. Durch einen bereits berichteten Übergriff des Rückwärtigen Heeresgebietes [Wehrmacht] sind die von uns getroffenen Vorbereitungen für die Liquidierung der Juden im Gebiet Glebokie gestört worden. Das Rückwärtige Heeresgebiet hat, ohne Fühlung mit mir zu nehmen, 10 000 Juden liquidiert, deren systematische Ausmerzung von uns sowieso vorgesehen war. In Minsk-Stadt sind am 28. und 29. Juli rund 10 000 Juden liquidiert worden, davon 6500 russische Juden – überwiegend Alte, Frauen und Kinder –, der Rest bestand aus nicht einsatzfähigen Juden, die überwiegend aus Wien, Brünn, Bremen und Berlin im November des vorigen Jahres auf den Befehl des Führers nach Minsk geschickt worden sind.

Auch das Gebiet Sluzk ist um mehrere tausend Juden erleichtert worden. Das Gleiche gilt für Nowogrodek und Wilejka. Radikale Maßnahmen stehen noch für Baranowitschi und Hanzewitschi bevor. In Baranowitschi leben allein in der Stadt noch rund 10 000 Juden, von denen 9000 Juden im nächsten Monat liquidiert werden.

In Minsk-Stadt sind 2600 Juden aus Deutschland übrig geblieben. Außerdem sind noch sämtliche 6000 russischen

Juden und Jüdinnen am Leben, die als Arbeitseinsatz während der Aktion bei den sie beschäftigenden Einheiten verblieben sind. Minsk wird auch in Zukunft noch immer den stärksten Judeneinsatz behalten, da die Zusammenballung der Rüstungsindustrie und die Aufgaben der Eisenbahn das vorläufig notwendig machen. In sämtlichen übrigen Gebieten wird die Zahl der zum Arbeitseinsatz kommenden Juden vom Sicherheitsdienst und mir auf höchstens 800, nach Möglichkeit aber auf 500 festgesetzt, sodaß wir nach Beendigung der noch angekündigten Aktionen in Minsk 8800 und in den 10 übrigen Gebieten, einschließend des judenfreien Gebietes Minsk-Land, etwa 7000 Juden übrig behalten. Die Gefahr, daß die Partisanen sich in Zukunft noch wesentlich auf das Judentum stützen können, besteht dann nicht mehr. Mir und dem Sicherheitsdienst wäre es natürlich das liebste, nach Wegfall der wirtschaftlichen Ansprüche der Wehrmacht das Judentum im Generalbezirk Weißruthenien endgültig zu beseitigen. Vorläufig werden die notwendigen Ansprüche der Wehrmacht, die in der Hauptsache Arbeitgeber des Judentums ist, berücksichtigt.

Zu dieser eindeutigen Einstellung dem Judentum gegenüber kommt noch die schwere Aufgabe für den Sicherheitsdienst in Weißruthenien, immer wieder neue Judentransporte aus dem Reich ihrer Bestimmung zuzuführen. Das nimmt die materiellen und seelischen Kräfte der Männer des Sicherheitsdienstes über Gebühr in Anspruch und entzieht sie ihren Aufgaben, die im Raume Weißruthenien selbst liegen.

Ich wäre daher dankbar, wenn der Herr Reichskommissar es ermöglichen könnte, weitere Judentransporte nach Minsk wenigstens solange zu stoppen, bis die Partisanengefahr endgültig überwunden worden ist. Ich brauche den Sicherheitsdienst im hundertprozentigen Einsatz gegen die Partisanen und gegen die polnische Widerstandsbewegung, die beide alle Kräfte der nicht überwiegend starken Sicherheitsdienst-Einheiten in Anspruch nehmen.

Nach Beendigung der Minsker Judenaktion meldet mir heute Nacht mit gerechter Empörung SS-Obersturmbannführer Dr. Strauch, daß plötzlich ohne Weisung des Reichsführers SS und ohne Benachrichtigung des Generalkommissars ein Transport von 1000 Juden aus Warschau für den hiesigen Luftgau eingetroffen sind.

Ich bin mit dem Kommandeur des Sicherheitsdienstes in Weißruthenien darin völlig einig, daß wir jeden Judentransport, der nicht von unseren vorgesetzten Dienststellen befohlen oder angekündigt ist, liquidieren, um weitere Beunruhigungen in Weißruthenien zu verhindern.

K.«

K. im Gespräch

Erzwungene Zustimmung. Gästeabend beim »Einsatzstab Rosenberg« (Ende 1942): Während des Gesprächs kommt man auf die Judenfrage. K. wendet sich an einen anwesenden höheren SS-Führer mit der Aufforderung, er solle sich mit dem Kommandeur Dr. Strauch in Verbindung setzen, damit bei Gelegenheit das 5. Polizei-Revier beobachtet werde. Der SS-Führer: Wir wissen, daß die weißruthenische Schutzmannschaft sehr undurchsichtig ist. K.: Diese ist im Gegenteil sehr durchsichtig, ich meine aber nicht die Weißruthenen, sondern vielmehr die Deutschen. Der SS-Führer: Inwiefern? K.: Man hat mir meinen besten Klavierstimmer erschossen, ohne jeglichen Grund vorzulegen. Im Laufe des Gesprächs bezeichnet K. den Wachtmeister, der den Juden erschossen hat, als »Schwein«. Der SS-Führer kann zu dieser Formulierung K.'s aber nicht Stellung beziehen, da K. vor den anderen Gästen behauptet, Kommandeur Strauch selbst sei über diesen Vorfall empört gewesen. Strauch, als er von dem Gespräch erfährt: Von einer Empörung meinerseits kann selbstverständlich keine Rede sein!

Generationsunterschied. Bei einer Besprechung kommt K. auf den Stuttgarter Dichter Georg Schmückle zu sprechen. Er lobt Schmückles Werk, darunter die Novelle »Die Rote Maske«. Ein Nationalsozialist der jüngeren Generation weist darauf hin, daß in diesem Stück der württembergische Finanzjude Süß Oppenheimer verherrlicht werde. K. entgegnet ihm, die jungen Nationalsozialisten hätten da noch nicht die richtige Einstellung. Sie würden, wenn von einem Juden die Rede sei, immer Angst haben, ihre Seele zu gefährden. Er selbst habe schon als Student vor dem Weltkrieg Mendelssohn und Offenbach gehört und sei deshalb von seiner völkischen Idee nicht abgekommen. Er verstehe nicht, daß man heute Mendelssohn zum Beispiel einfach totschweige und jüdische Werke nicht mehr gespielt werden dürften, so z. B. Offenbachs »Hoffmanns Erzählungen«. Er beschränke diese Aussage allerdings auf die Juden des 19. Jahrhunderts, die nach der Ghettobefreiung einen kolossalen Aufschwung genommen hätten. K.: Es steht einwandfrei fest, daß die Juden Kunst haben. Diese rührt von den 6 % nordischem Blutanteil her, den die Juden haben, eventuell auch von den westlichen und romanischen Einflüssen.

K. (weiter): Die jungen Nationalsozialisten hätten wohl biologisch die richtige Einstellung, geistig aber würden sie doch nicht das Richtige treffen. Er sei jedenfalls der Ansicht, daß man den jüdischen Beitrag zur Musikgeschichte in Gestalt eines Mendelssohn nicht einfach wegnehmen könne, ohne daß eine Lücke entstehe.

Sicherheitsvorkehrungen

Ende Oktober 1942 gibt K. folgenden »Erlaß betreffend Anzeigen an die Polizei und den Sicherheitsdienst« heraus, der an die Hauptabteilungsleiter seiner Zivilverwaltung gerichtet ist:

»Anzeigen über Verfehlungen von Mitgliedern der Behörde oder von Weißruthenen, Juden usw., die bei uns beschäftigt sind, sind mir vorher zur Genehmigung vorzulegen. Ich bitte die Herren Hauptabteilungsleiter, durch Umlauf an die ihnen unterstellten Dienststellen die strikte Beachtung dieser Anordnung sicherzustellen.«

SS-Obersturmbannführer Dr. Strauch versteht diesen Erlaß als Maßnahme gegen sich und seine Männer. Strauch: K. gehe es nicht um Mitglieder der Behörde oder um Weißruthenen, sondern ausschließlich um seine deutschen Juden, die er vor dem Zugriff der Sicherheitspolizei sichern wolle.

**»Wir machen Bahn ohne Gewissensbisse und dann:
... ›die Wellen schlagen zu, die Welt hat Ruh.‹«**[3]

Die Aktivitäten der Partisanen im weißruthenischen Gebiet stellen ein schwer zu lösendes Problem dar, das im Laufe der Zeit zunehmend bedrohlicher wird. Kein Mittel der Bekämpfung, wie konsequent und brutal es auch sein mag, zeigt positive Wirkung. Die Partisanen wachsen wie Pilze aus der Erde.

---

[3] Aus einem Bericht des SS-Standartenführers Dr. Hubert Achim-Pifrader, Chef des Einsatzstabes der Sicherheitspolizei und des SD.

Der Beauftragte des Reichsleiters Bormann, Albert Hoff-mann, nach seinem Besuch in Minsk (Mai 1942): Es gibt sogar eine polnische Widerstandsbewegung in Weißruthe-nien. Der Sicherheitsdienst hatte die Absicht, die polnische Intelligenz zu vernichten. Leider hat seinerzeit die Zivil-verwaltung nicht mitgezogen. Die Hoffnung, daß die Par-tisanen im ersten Winter erfrieren würden, erwies sich als trügerisch.

Tätigkeitsbericht:
Die erste Augusthälfte verlief, mit Ausnahme von zwei Judentransporten, ziemlich eintönig. Nach dem 15.8.42 wurde mit den Vorbereitungen zu der gro-ßen Aktion gegen die Banden und Partisanen im Raume Weißrutheniens begonnen.
Am 27.8.42 wurde das ganze Kommando gegen ein Partisanenlager, das sich angeblich an einer be-stimmten Stelle in einem Sumpf befinden sollte, an-gesetzt. Die Aktion verlief negativ. Wir gerieten, nachdem wir eine Stunde durch den Wald gestreift waren, in einen Sumpf, in dem es uns unmöglich war, weiter zu kommen. Nachdem die Granatwer-fer 15 Minuten lang wahllos in den Sumpf gefeuert hatten, zogen wir zurück. Eine einen Tag später durchgeführte Nachtaktion verlief auch erfolglos, da sich die in dem von uns durchsuchten Dorfe befind-lichen Partisanen so gut versteckt hatten, daß wir sie nicht finden konnten. Der Dorflehrer, der flüchten wollte, nachdem er vernommen worden war, wurde von Strm. H. erschossen.
SS-Unterscharführer A.

Motto: »Schwierigkeiten sind nur dazu da, um sie zu überwinden!« (SS-Standartenführer Dr. Pifrader). Beseelt vom unbedingten Willen, das Generalkommissariat Weißruthenien bandenfrei zu machen und das Gebiet umfassend zu befrieden, geht die Sicherheitspolizei mit unverminderter Kraft an ihre schweren Aufgaben.

SS-Obergruppenführer von dem Bach, Bevollmächtigter des Reichsführers-SS für Bandenbekämpfung: »Erfahrungen lehren, daß Massenerschießungen, das Niederbrennen von Dörfern, ohne die gesamten Einwohner zu liquidieren oder sie ordnungsgemäß zu evakuieren, nur nachteilige Folgen für uns haben. Die Entscheidung, ob Dörfer abgebrannt, die Bewohner liquidiert oder evakuiert werden, obliegt ausschließlich und allein dem Führer des SD-Kommandos.«

Im Herbst 1942 stellt der Reichskommissar für das Ostland, Hinrich Lohse, mit Bedauern fest, daß eine nicht unerhebliche Zahl von Beamten der Zivilverwaltung freiwillig an Erschießungen teilnimmt. In November 1942 sieht er sich gezwungen, dies ausdrücklich zu untersagen: »Aus Anlaß eines Einzelfalles verbiete ich hiermit die aktive Teilnahme von Amtsträgern der Ostverwaltung bei Exekutionen jeder Art. Die Durchführung der Exekutionen, insbesondere bei der Liquidierung der Juden, ist Aufgabe der Sicherheitspolizei und des Sicherheitsdienstes.«

Operation »Nürnberg« (November 1942). Die Kampfgruppe Gottberg meldet folgendes:
Gesamtverluste
a) des Feindes: 789 Banditen, 353 Bandenverdächtige, 1826 Juden, 7 Zigeuner.
b) eigene: 2 Mann gefallen, 10 verwundet.

(Nicht berücksichtigt in diesen Zahlen: die in den Häusern oder Bunkern verbrannten Banditen, Juden usw.)

Unternehmung »Hornung« (Februar 1943). SS-Brigadeführer Gottberg (»mein bisher schwierigstes Unternehmen«) meldet folgendes:

Feindverluste: Banditen: 2219, Bandenverdächtige: 7378, Gefangene: 65, erschossene Juden: 3300.

Eigene Verluste: (Deutsche) Tote: 2, Verwundete: 12; (Fremdvölker) Tote: 27, Verwundete: 26.

Beute und Erfassung: 221,8 Tonnen Getreide, 13,8 Tonnen Lein- und Hanfsaat, 60 Pferde, 9340 Rinder, 785 Schweine, 5490 Schafe, 2 Tonnen Flachs- und Hanffaser, 65 Schlitten.

Geänderte Politik (Mai 1943). Auf Grund des zunehmenden Mangels an Arbeitskräften wird vom Kommandeur der Sicherheitspolizei und des Sicherheitsdienstes, SS-Obersturmbannführer Strauch, folgender Erlaß herausgegeben: »Das Abbrennen von Dörfern und einzelnen Häusern hat zu unterbleiben. Ist einwandfrei festgestellt, daß Einwohner Banditen sind oder Banditen versorgungs- oder nachrichtenmäßig unterstützt haben, sind sie für den Arbeitseinsatz zu erfassen. In Fällen, in denen die Überstellung der Erfaßten aus zwingenden Gründen nicht durchgeführt werden kann, ohne die eigentlich gestellte Aufgabe zu gefährden, sind sie der Sonderbehandlung zu unterziehen. Das Besitztum ist zu beschlagnahmen und dem nächsten 1a-Führer zu melden bzw. dem Ortsältesten zur Verteilung an die Einwohner zu übergeben. Bei Sonderbehandlungen, die vor der Öffentlichkeit stattfinden, ist den Ortseinwohnern der Grund unter Angabe der vorliegenden Beweise bekanntzugeben.«

Unterwegs mit der Wehrmacht. Auswirkungen dieses Er-
lasses kann Propagandaleiter Lau. (Zivilverwaltung Minsk)
nicht feststellen. Lau. nimmt im Auftrag K.'s am Großeinsatz der SS und Polizei unter Führung des SS-Brigadeführers Gottberg im Gebiet Borrisow teil. Er wird der
Kampfgruppe Oberstleutnant Kluptsch (Wehrmacht) zugeteilt. Nachdem mit Kluptsch Vorschläge über Propagan-
daeinsätze besprochen wurden, muß Lau. wegen des Mo-
torschadens eines Propagandawagens zurück nach Minsk.
Vier Tage später trifft er die Kampfgruppe mit einem neuen
Propagandawagen in Nebyschino wieder. Hier findet er in
zwei Scheunen Leichen erschossener Partisanen bzw. »Ban-
denverdächtiger«. Die Scheunen wurden in Brand gesetzt,
die sich darin befindenden Leichen sind aber nicht völlig
mitverbrannt und werden von Tieren angefressen. Propagandaleiter Lau. beanstandet diesen Zustand bei Oberstleutnant Kluptsch. Er bittet darum, eine Bestattung vorzunehmen, um der Zivilbevölkerung diesen Anblick zu
ersparen. Nach zwei Tagen wird dies veranlaßt, jedoch
nicht bevor einzelne Dorfbewohner zurückgekehrt sind
und die Leichen der Erschossenen gesehen haben.

Kurz darauf erleidet Oberstleutnant Kluptsch eine Mi-
nenverletzung weniger schwerer Natur, die Führung der
Kampfgruppe übernimmt Oberstleutnant Klitzing.

Ein erster Erfolg: Am nächsten Tag kann Lau. zwei Pro-
pagandaversammlungen abhalten, die seines Erachtens einen sehr guten Eindruck auf die Bevölkerung machen.

Lau. muß aber feststellen, daß der Wehrmacht das Verständnis für seine Arbeit fehlt. Als Oberstleutnant Klitzing
zwei Tage später erfährt, daß die Partisanen sich tarnen
und in den Dörfern als Bauern betätigen, entschließt er
sich, die Dörfer niederzubrennen und die Bevölkerung zu
erschießen.

Propagandaleiter Lau.: Solche Dinge wirken besonders
krass. Dazu kommt, daß in den Dörfern sowohl Polizei als

auch Wehrmacht die Behausungen der Einheimischen sinnlos durchwühlen, das vorhandene Mobiliar, die Sämereien und andere Dinge auf die Äcker bzw. die Höfe werfen. Hühner liegen abgeschlachtet in den Ortschaften herum. Das Ganze bietet einen Anblick sinnloser Verwüstung und macht demgemäß auf die Bevölkerung den denkbar schlechtesten Eindruck. Gegen den Unfug dieser sinnlosen Abschlachtung von Tieren muß schärfstens Stellung genommen werden!

Da Lau. keine Möglichkeit sieht, propagandistisch erfolgreich zu arbeiten, kehrt er zurück nach Minsk. Er erstattet Bericht an Generalkommissar K.

Zur gleichen Zeit erhält K. von seinem Gebietskommissar Lang. (Abteilungsleiter Politik) einen ähnlichen Bericht über das Vorgehen der SS im Rayon Borrisow. K. schickt durch Reichskommissar Lohse sämtliche ihm zugegangenen Meldungen an Reichsminister Rosenberg mit der Bitte, die Angelegenheit dem Führerhauptquartier vorzulegen.

Weitere Beschwerden. K. erhält einen Bericht vom Strafanstaltsverwalter in Minsk: Bei den eingelieferten deutschen und russischen Juden werden 1–2 Stunden vor den betreffenden Aktionen Goldbrücken, Kronen und Plomben ausgebrochen. K. leitet den Bericht an Reichskommissar Lohse weiter, beschwert sich auch über das Unternehmen »Cottbus«, insbesondere über das Regiment Dirlewanger, das fast ausschließlich aus Vorbestraften aus Deutschland besteht. K.: Bei 4500 Feindtoten wurden nur 492 Gewehre erbeutet, das heißt, nur 10 Prozent der Toten waren bewaffnet; unter den 5000 Bandenverdächtigen, die erschossen wurden, sind zahlreiche Frauen und Kinder.

Reichskommissar Lohse zeigt sich empört: »Daß die Juden sonderbehandelt werden, bedarf keiner weiteren Erörterung. Daß dabei aber Dinge vorgehen, wie sie in dem Bericht des Generalkommissars vom 1.6.43 vorgetragen werden, erscheint kaum glaubhaft. Was ist dagegen Katyn?«

Endphase

Ende Juni 1943 ordnet Reichsführer-SS Himmler an, daß alle im Gebiet Ostland sich noch in Ghettos befindenden Juden in Konzentrationslagern zusammenzufassen seien und daß ab 1.8.1943 jeder Einsatz von Juden zu Arbeitszwecken verboten sei. Drei Wochen später entscheidet der Führer, die »bandenverseuchten« Gebiete von Rußland-Mitte von jeglicher Bevölkerung zu räumen.

13. Juli 1943. Eine Sitzung im Reichsministerium für die besetzten Ostgebiete zum Thema »Arbeitsaufgaben des Reichs unter besonderer Berücksichtigung der Verhältnisse in den besetzten Ostgebieten« (anwesend: Reichsminister Rosenberg, Generalkommissar Koch, Gauleiter Dr. Meyer, Gauleiter Sauckel, Staatssekretär Backe, Staatssekretär Körner, SS-Obergruppenführer Berger, Generalkommissar K. u.a.).

Eingehend wird der Mangel an Arbeitskraft in Deutschland besprochen. Mit dem Einsatz der deutschen Frauen (1,3 Millionen im Jahre 1943) sei die deutsche Kraft restlos erschöpft, auch aus dem Westen seien im wesentlichen keine Arbeitskräfte mehr zu erhalten. Daher sei in besonderem Maße der Einsatz der Menschen aus dem Osten notwendig.

Betr.: Arbeitseinsatz in Weißruthenien. Nach anerkennender Erwähnung der Bandenbekämpfungsmaßnahmen des SS-Obergruppenführers von dem Bach und des SS-Brigadeführers von Gottberg betont K., daß der größte Teil Weißrutheniens sich noch unter dem Einfluß der Militärverwaltung befinde. Um die erforderlichen Arbeitskräfte verfügbar zu machen, sei unbedingt die Übergabe des gesamten weißruthenischen Gebiets an K.'s Zivilverwaltung erforderlich. K.: Wenn man das ganze Gebiet evakuiert und die Bevölkerung familienweise ins Reich bringt, können wir das geforderte Kontingent an Arbeitskräften stellen. K. spricht sich gegen ein Auseinanderreißen der Familien aus, weil dies eine beachtliche Unruhe in das Land bringen würde. Darüber hinaus müsse die Evakuierung sich unbedingt friedlich abspielen, der Transport, wie alle anderen Maßnahmen, gut vorbereitet und die Behandlung ordentlich sein.

Betr.: Die Judenfrage in Weißruthenien. K. erklärt, er behandle das Problem eingehend. Er gibt zu, daß es in seinem Bezirk noch einige tausend Juden gebe, die in der Panjewagenfabrikation arbeiten. Er befürwortet zwar den beabsichtigten Abzug der Juden, fordert aber die Ersatzstellung von Arbeitskräften zur Aufrechterhaltung des Fabrikationsprogramms. Gegenüber SS-Obergruppenführer Berger behauptet K., eine Fabrik müsse »sofort auffliegen«, wenn die Juden weggenommen würden. Berger ist skeptisch: Ich habe K. nahegelegt, sich über den Höheren SS- und Polizeiführer an den Reichsführer-SS zu wenden und vielleicht diese Fabrik zum Konzentrationslager zu machen. Das würde allerdings bedeuten, daß er sie los wäre. Da es sich aber, wie K. behauptet, nur um die Herstellung von Wagen handelt, würde dies ja kein Opfer bedeuten.

Humanitätsduselei

Am 20. Juli 1943 nimmt SS-Obersturmbannführer Dr. Strauch die 70 noch bei K. beschäftigten »Hausjuden« in Haft und erschießt sie. K., der am selben Morgen aus Berlin zurückkommt, entdeckt ihre Abwesenheit und bestellt Strauch sofort telefonisch zu sich. Auf K.'s Befragung erklärt Strauch, er habe für diese Aktion strikte Befehle gehabt. K. will die Befehle sehen. Strauch erwidert, ihm genüge ein mündlicher Befehl.

K. (äußerlich ruhig): Es handle sich um einen schweren Eingriff in seine Hoheitsrechte. Die jüdischen Arbeitskräfte unterstünden ihm, und es gehe nicht, daß der Reichsführer-SS bzw. der Obergruppenführer von dem Bach in sein Generalkommissariat hineinregiere. Darüber hinaus fasse er diese Maßnahme als eine gegen ihn persönlich gerichtete Schikane auf. Selbstverständlich könne er nicht seine Männer bewaffnen, um den Sicherheitsdienst an Festnahmen zu hindern, müsse sich also der Gewalt beugen. Er lasse jedoch keinen Zweifel darüber, daß er in Zukunft jede Zusammenarbeit mit der Polizei – insbesondere mit der Sicherheitspolizei – ablehne. Er werde in Zukunft auch nicht mehr gestatten, daß ein Angehöriger der Sicherheitspolizei sein Dienstgebäude betrete.

Strauch (gekränkt, aber auch versöhnlich): Es sei ihm unverständlich, daß deutsche Menschen wegen einiger Juden uneins würden. Er stelle immer wieder fest, daß seinen Männern und ihm selbst Barbarei und Sadismus vorgeworfen würden, während sie lediglich ihre Pflicht täten. Sogar die Tatsache, daß Juden, die sonderbehandelt werden sollten, ordnungsgemäß durch Fachärzte Goldplomben entfernt worden seien, sei zum Gegenstand von Unterhaltungen gemacht worden.

K. (in höchster Erregung): Diese Art des Vorgehens sei eines deutschen Menschen und des Deutschlands eines Kant und Goethe unwürdig! Wenn der deutsche Ruf in aller Welt untergraben werde, so sei es ihre Schuld. Im übrigen sei es auch richtig, daß Strauchs Männer sich an diesen Exekutionen geradezu aufgeilen würden.

Strauch (energisch protestierend): Es sei bedauerlich, daß er und seine Männer über diese üble Arbeit hinaus auch noch mit Schmutz übergossen würden.

Abrechnung

SS-Obersturmbannführer Dr. Strauch wird Ende Juli 1943 zu SS-Obergruppenführer von dem Bach, dem jetzigen Chef der Bandenbekämpfung, versetzt. Kurz nach Übernahme des Postens als Generalstabsoffizier erstattet Strauch unaufgefordert einen 13seitigen Bericht über Generalkommissar K. an seinen neuen Vorgesetzen. Er beklagt folgendes:

1. Die verfehlte Personalpolitik K.'s. Strauch bringt sie kurz auf eine Formel: Alle Männer, die tüchtig und stark sind, werden beseitigt, Dummköpfe und Speichellecker werden gehalten.

Die persönliche Haltung K.'s. Obwohl einwandfreie Unterlagen zu diesem Punkte kaum vorlägen, sei es ziemlich sicher, daß K. bis zum Eintreffen seiner Frau in Minsk (September 1942) hin und wieder Verkehr mit seinen weiblichen Angestellten gehabt hätte. Seit dem Auftreten von Frau K. könnten allerdings Vorwürfe in dieser Beziehung nicht mehr erhoben werden.

2. Die ablehnende Einstellung K.'s gegenüber der SS und Polizei. Strauch: Exakte Nachweise dafür seien außerordentlich schwierig zu erbringen, weil K. anders spreche, als er denke. Nach außen zeige er eine freundliche Haltung zur SS, stelle eine Wertschätzung des Reichsführers-SS zur Schau. Beispiele dieser Hinterlist: a) K. habe SS-Brigadeführer Zenner das freundschaftliche »Du« angeboten und dieses »Du« selbst bei hochoffiziellen Anlässen gebraucht, aber zur gleichen Zeit hinter seinem Rücken mündliche und schriftliche Berichte an das Ostministerium gemacht, worin er die Unfähigkeit Zenners betonte. b) Nach dem Unternehmen »Sumpffieber« war SS-Obergruppenführer Jeckeln der Auffassung gewesen, daß Weißruthenien im großen und ganzen befriedet sei. K. habe ihm zugestimmt und ein Dankschreiben an ihn gerichtet. Im vertrauten Kreise jedoch habe K. sich über den Obergruppenführer lustig gemacht und behauptet, dieser habe falsche Meldungen an den Reichsführer erstattet. c) Nach den erfolgreichen Unternehmungen »Hornung«, »Föhn«, »Cottbus« usw. habe K. ein vertrauliches Rundschreiben an die Gebietskommissare gerichtet, worin er diese aufgefordert habe, nähere Angaben über die tatsächlichen Erfolge der Polizei zu machen. Er habe in diesem Rundschreiben offenbar die offiziellen Angaben der Polizei bezweifelt und somit die verantwortlichen Führer Lügen gestraft.

3. Die Einstellung K.'s zur Judenfrage [umfaßt acht von dreizehn Seiten des Berichtes]. Strauch: K.'s Zwiespältigkeit ist auch darin erkennbar, daß er in all seinen offiziellen Reden und Schreiben betont, daß die Judenfrage schnellstens und radikal bereinigt werden müsse. Über seine tatsächliche Einstellung aber geben Briefe, Aussprüche und Anordnungen, die ich nachstehend aufführe, Aufschluß. Wenn K. sich angegriffen fühlt, behauptet er sofort, auch er sei ein großer Gegner der Juden: »Daß das Judentum

in den Rahmen des politischen Verbrechertums hinein-gehört ist für mich als Ehrenzeichenträger der Partei eine Selbstverständlichkeit. Mir wäre am liebsten, wir könn-ten sämtliche russischen Juden so schnell und geräuschlos wie möglich dem verdienten Schicksal zuführen.« Strauch [dazu]: Ich sehe aber in seinen Reden und Schreiben, in de-nen K. zur Judenfrage Stellung nimmt, lediglich ein Mit-tel, sich für spätere Zeit abdecken zu können. Mir per-sönlich gegenüber hat K. häufig betont, daß man die aus dem Reich evakuierten Juden ohne Schwierigkeiten erhal-ten könnte, da sie die Sprache des Landes nicht verstehen und daher in bandenmäßiger Hinsicht nicht gefährlich werden könnten. Nicht eine einzige Festnahme eines bei K. beschäftigten Juden ist erfolgt, ohne daß es zu erheb-lichen Beschwerden K.'s geführt hätte. Man kann schon von »Judenhörigkeit« sprechen.

»Eine völlig unmögliche Haltung«. Beispiele [ausge-wählt]:

– K. erfuhr, daß ein deutscher Jude von einem Polizei-beamten eine Ohrfeige bekommen hatte. In Gegenwart des Juden stellte K. den Polizeibeamten zur Rede und brüllte ihn an, ob er etwa wie der Jude im Besitz des Eisernen Kreuzes sei. Glücklicherweise konnte der Beamte diese Frage bejahen.

– Bei einer Ghetto-Großaktion wurde durch V-Män-ner bekannt, daß die deutsch-jüdische Ghettopolizei, die vorwiegend aus ehemaligen Kriegsteilnehmern bestand, gewillt sei, mit der Waffe Widerstand zu leisten. Um Blut-vergießen auf deutscher Seite zu vermeiden, wurde der Ghettopolizei erzählt, in der Stadt sei ein Brand ausge-brochen, man hätte sich zu Löscharbeiten zur Verfügung zu stellen. Die Männer wurden dann auf LKWs verladen und sonderbehandelt. Auch diese Angelegenheit ist K. auf unerfindliche Art zu Ohren gekommen. Er regte sich dar-über auf, daß es brutal sei, diese ehemaligen Frontkämpfer zu beseitigen. Noch dazu sei die Art des Vorgehens unerhört.

– Ein Abteilungsleiter berichtete am 7. 11. 1942, daß er bei einem Durchgang durch das Generalkommissariat einen Juden habe herumlümmeln sehen. Auf die Frage, was er dort tue, habe dieser geantwortet: »Ich warte auf den Chef.« Auf die weitere Frage, wer denn der Chef sei: »Herr K.«

– Eine Anzahl von Juden und Jüdinnen wurden im Generalkommissariat festgenommen, weil sie den Judenstern abgelegt hatten. Bei der Vernehmung stellte sich heraus, daß einer von K.'s Referenten ihnen auf die bloße Behauptung hin, sie seien Vierteljuden, Ausweise ausgestellt hatte, die sie als nichtjüdische Weißruthenen auswiesen. Trotz Mitteilung des beschriebenen Tatbestandes erfolgte ein persönlicher Protest K.'s. Der Referent, der fahrlässig gehandelt hat, wurde nicht bestraft.

– Ein Jude, der als Elektrotechniker im Generalkommissariat beschäftigt war, hatte die Telefonleitung zu überprüfen und zu reparieren. Er schuf sich eine Abhörvorrichtung, durch die er in die Lage versetzt war, sämtliche Gespräche, auch die des Generalkommissars, abzuhören. Der Inhalt der Telefongespräche wurde an andere Juden weitergegeben. Gegen die Festnahme dieses Mannes protestierte K. persönlich und bezweifelte mehrfach den von der Sicherheitspolizei ermittelten Sachverhalt.

– Den deutschen Juden, insbesondere den Friseuren und Schneiderinnen, wurden seitens K. bzw. seiner Frau Lebensmittel-, Obst- und Gemüsezuwendungen gemacht.

Strauch: Aus allen diesen Erfahrungen habe ich die Überzeugung gewonnen, daß K. im Grunde seines Herzens Gegner unserer Judenaktionen ist. Wenn K. dies nach außen nicht zugibt, so tut er es nur aus Angst vor den Folgen nicht. Bei den russischen Juden wäre er noch einverstanden, weil er sein Gewissen hier insoweit beruhigt sieht, als es sich bei ihnen vorwiegend um Helfer der Banden handelt. Ein Verbleiben K.'s in seinem Amte scheint mir unter diesen Umständen untunlich zu sein.

Gesprengt

In Berlin häufen sich Berichte und Beschwerden von bzw. über K. SS-Obergruppenführer Berger, Himmlers Vertrauensmann beim Ostministerium, ist empört über »die unerhörte Leichtfertigkeit« der Meldungen K.'s. Besonders ärgerlich ist der Vorwurf, Berger selbst habe sich bei einem Viehtransport aus Weißruthenien persönlich bereichert. Ende August 1943 wird K.'s alter Freund, Gauleiter Meyer, nach Minsk geschickt, um K. ernstlich zu warnen.

Die Lage in Minsk wird immer schwieriger. Der aktive Widerstand innerhalb der Stadt, einschließlich Bombenanschläge und Sprengattentate, nimmt zu. Am 9. September 1943 wird sogar ein Anschlag auf den Speisesaal der Kommandantur der Sicherheitspolizei verübt. Zwei Tage später folgt ein weiterer Strengstoffanschlag auf das Labor der Waffen-SS. In dieser Zeit wird das Minsker Ghetto endgültig aufgelöst.

Trotz allem bleibt K. optimistisch und dem Führer treu. Mitte September erscheint General von Bogen im Auftrag des Generalfeldmarschalls von Kluge und kündigt an, dieser wolle seinen Sitz nach Minsk verlegen. Beiläufig erwähnt General von Bogen, der Führer habe dem Generalfeldmarschall das Weisungsrecht für den Generalbezirk Weißruthenien erteilt. Dies will K. nicht wahrhaben. Er wendet sich an das Ostministerium und bittet um eine dienstliche Bestätigung der Mitteilung. Bei Reichskommis-

sar Lohse beschwert er sich über die »schlappe Haltung«
der Wehrmacht.

Einen Tag später, in der Nacht zum 22. September 1943,
explodiert in K.'s Schlafzimmer eine Bombe. K.'s linke
Brustseite wird auf-, der linke Arm abgerissen. Die Verletzungen sind unbedingt tödlich. Seine neben ihm liegende
Frau, die sich im 8. Monat der Schwangerschaft befindet,
bleibt unverletzt, erleidet aber einen Nervenzusammenbruch. Die drei kleinen Kinder, die in einem anderen Zimmer schlafen, bleiben ebenfalls unverletzt.

Als Vergeltungsmaßnahme wird in der gleichen Nacht
eine unbestimmte Zahl Weißruthenen wahllos zusammengetrieben und erschossen. Eine sofort eingesetzte Sonderkommission, geleitet von SS-Sturmbannführer und Krimi-
nalrat Bohn., kommt zu dem Ergebnis, daß der Anschlag
von Partisanen ausgeführt wurde. Die mit den Partisanen
in Verbindung stehende Hausgehilfin K.'s, Jelena M.,
habe eine magnetische Haftmine englischer Herkunft an
der unteren Seite von K.'s Bett befestigt. Die Wirkung der
Mine wurde durch die Bettmatratze und K.'s Körper ab-
geschirmt. So sei es zu erklären, daß K.'s Frau unverletzt
blieb.

Bei den führenden Nationalsozialisten sind die Meinungen über K. nicht gerade positiv. Goebbels: Unter uns gesprochen, es war wirklich nicht viel Rühmliches aus K.'s
Leben zu berichten. Himmler soll geäußert haben, daß
K.'s Tod ein Segen für Deutschland sei, er hätte ihn sowieso ins KZ sperren müssen.

Eine Woche später wird für K. in Berlin ein Staatsbegräbnis abgehalten. Reichsminister Rosenberg hält den Ne-
krolog. K. wird das Ritterkreuz zum Kriegsverdienstkreuz

mit Schwertern verliehen. Der Höhere SS- und Polizeiführer Weißrutheniens, SS-Brigadeführer von Gottberg,
wird zum neuen Generalkommissar Weißrutheniens ernannt.

EIN SELTENER
GERECHTIGKEITSSINN

Am 7. November 1941 wird Dr. Karl L. gebeten, am nächsten Morgen in den Räumen der Gestapo in der Burgstraße 26/27 zu erscheinen. Er ist nicht zu Hause, als die Gestapo-Beamten in seiner Wohnung in Berlin-Weißensee vorbeikommen. Dies ist kein Zufall. Die Wohnung wurde ihm seitens der jüdischen Gemeinde auf Anordnung der Gestapo zum 30. September gekündigt. L., seinem Bruder und dessen Ehefrau hat man ein Zimmer in der Hohenstaufenstraße zugewiesen. Durch seine Beziehungen beim Auswärtigen Amt und das Entgegenkommen des zuständigen Polizeireviers erhält L. aber die Erlaubnis, einen Nebenraum seines Büros am Kurfürstendamm zu beziehen.

Die Hausgehilfin hat versäumt, L. anzurufen und ihm von dem Besuch zu berichten. L. erfährt davon erst am Abend, als er selbst in der Wohnung vorbeischaut. Die Wohnung, obwohl gekündigt, ist noch nicht geräumt. Wie üblich hat L. die Miete im voraus gezahlt und fühlt sich deshalb nicht verpflichtet, die Wohnung vor dem 31. Dezember völlig aufzugeben. Er weiß auch nicht genau, was er mit der Einrichtung machen soll. Die Zeit ist jetzt knapp, zwischendurch ist Fliegeralarm. Er sammelt einige Wertsachen zusammen: einen Stoß Wertpapiere, eine Geige, ein Gemälde. Die Hausgehilfin staubt das Bild ab und packt es ein. L. gibt ihr Geld, bevor er die Sachen in seine Büroräume bringt. Die Frau denkt, L. will endlich flüchten.

Das denken auch die Gestapo-Beamten am nächsten Tag, als sie die Panzerschränke in L.'s Büro öffnen und die Wertpapiere und Bargeld entdecken. L. hat aber nicht versucht zu flüchten. Pünktlich um 8 Uhr 15 ist er in Zimmer 313 in der Burgstraße erschienen. Obwohl seine zwei Kinder und seine ehemalige Frau sich schon im Ausland befinden, obwohl seine zwei Firmen bereits arisiert sind und ihm offiziell nicht mehr gehören, obwohl er als Volljude zusätzlich den Namen »Israel« führt und verpflichtet ist, den Judenstern zu tragen, ist L. in Deutschland geblieben. Er ist schließlich deutsch, hat sein ganzes Leben in Deutschland gelebt.

Deutsche Freunde hat er auch. Der Gestapo-Beamte in der Burgstraße teilt L. mit, daß es einer dieser Freunde war, der seine Verhaftung veranlaßt hat: Major a. D. Leonhardt S., Direktor des »Nationalen Clubs 1919« und SS-Oberführer. Die Freundschaft zwischen den beiden geht zurück bis ins Jahr 1922, als L. aus Oberschlesien nach Berlin gekommen ist. 1933 übernimmt L. eine in Zahlungsschwierigkeiten geratene Herrenbekleidungsfirma. Im Laufe der Zeit zeigt sich, daß es für die Firma lebenswichtig ist, im Völkischen Beobachter zu inserieren. Berührungsängste hat L. nie gehabt. Der Vertreter des Völkischen Beobachters hingegen beanstandet, daß L.'s Firma jüdisch sei und lehnt die Annahme von Inseraten ab. Er setzt sich mit dem Reichstreuhänder der Arbeit in Verbindung, der L. vorlädt. Zu dieser Besprechung wird L. von Major S. begleitet. In der Verhandlung wird bestimmt, daß General a. D. Ber., seit langer Zeit Mitglied der NSDAP und ein Bekannter L.'s, das Mitbestimmungsrecht über Aktien von L.'s Bankhaus erhält. Jetzt werden Inserate vom Völkischen Beobachter angenommen. Auf Vorschlag Major S.'s läßt L. weitere Aktien durch arische Freunde vertreten: 8000 RM durch den exkaiserlichen Flügeladjutant, Graf

Detlef von Mo., und 7000 RM durch Major S. selbst. 1938 scheidet General Ber. wegen Krankheit aus, Graf von Mo. und Korvettenkapitän Fritz A. übernehmen seinen Anteil. Im gleichen Jahre wird L., offiziell nicht mehr Vorstand des Bankhauses A. Busse & Co., von der Deutschen Arbeitsfront vorgeladen und aufgefordert, die restlichen Aktien an einen Arier zu übertragen. L. weist darauf hin, daß nach dem Gesetz eine Aktiengesellschaft nichtjüdisch sei, wenn weniger als 25% sich in jüdischer Hand befinden. Der Verhandlungsführer: Die Gesetze bestimmen wir. L. tritt 8000 RM Aktien an seine Sekretärin, Fräulein M., ab. Zwei Wochen nach L.'s Vorladung bei der Gestapo in der Burgstraße beruft Major S. eine Vorstandsversammlung der Busse-Bank ein. Er erscheint in dem Büro am Kurfürstendamm mit einem Herrn Max Schm., der von Unregelmäßigkeiten in der Aktiengesellschaft spricht und droht, zu den zuständigen Behörden zu gehen. Graf von Mo., Korvettenkapitän A. und Fräulein M. verkaufen die Aktien zu einem erniedrigten Preis. Major S. wird zum Stellvertretenden Vorstand der Firma ernannt.

Verhaftet

Bei der Gestapo wird L. verschiedenes gefragt. Warum habe er seine Wohnung nicht geräumt? Warum sei er nicht in das ihm angewiesene Zimmer gezogen? Wo habe er sich im Oktober aufgehalten? Ob er meine, daß sie nicht wüßten, wo er sei? Sei er Mitglied der Bekenntniskirche? Sei er sich bewußt, daß er sich damit strafbar mache? Warum stelle sich die Bekenntniskirche gegen den Führer? L. wird verhaftet und in den Keller des Gestapogebäudes geführt. Der Dienstleiter erklärt L., er werde ihn das Arbeiten lehren. L. wird ein Besen in die Hand gedrückt. Er muß den Keller ausfegen. Danach wird er in das Gefängnis Tegel gebracht. Eintragung bei der Personalaufnahme: »Staatsfeind, Judenaktion«.

Als sie von der Festnahme L.'s erfahren, begeben sich Graf von Mo. und Korvettenkapitän A. zum Polizeipräsidium. Sie wollen sich beschweren. Beim Polizeipräsidium wird ihnen klargemacht, was sie zu erwarten haben, wenn sie weiterhin für L. eintreten. Beide sind derselben Ansicht: Sie müssen die Verbindung unter allen Umständen schleunigst lösen. Als Max Schm. zehn Tage später anbietet, ihre Aktien zu kaufen, sind sie eigentlich erleichtert.

Vier Tage lang sitzt L. in Tegel. Am 12. November wird er von zwei Gestapo-Beamten abgeholt. Sie fahren ihn zu seiner Wohnung in Weißensee. Er muß ein Vermögensverzeichnis unterschreiben, danach soll er packen. Folgendes darf er mitnehmen: einen kleinen Koffer, ein Kopfkissen, eine Wolldecke. Man erlaubt ihm, doppeltes Unterzeug zu tragen und zwei Mäntel überzuziehen. Er wird zum Polizeirevier in die Goethestraße gefahren und am Abend in die Transportstelle »Levetzowstraße« eingeliefert.

In der Transportstelle. Viel Platz gibt es nicht. L. muß zwei Nächte auf einem Klappstuhl verbringen. Obwohl zahlreiche Gerüchte kursieren, bleibt das Ziel des Transports unbekannt. Kurz vor der Abreise stellt man L. durch einen Obergerichtsvollzieher einen Beschluß zu: Als Staatsfeind wird sein ganzes Vermögen zugunsten des deutschen Reiches beschlagnahmt. Erst Wochen später jedoch räumt man seine Wohnung in Weißensee. In der Zwischenzeit halten sich Gestapo-Beamte in den Räumen auf. Es wird ordentlich getrunken und gefeiert. Die Beamten probieren die Anzüge und Mäntel an. Zu der Hauswartin: Herr L. hat ja schöne Garderobe.

Abreise. Nach zwei Tagen ist es soweit. Auf die Kennkarten der ungefähr 1000 eingelieferten Juden wird folgendes gestempelt: »Am 14. November 1941 von Berlin nach Minsk evakuiert«. Die Transportteilnehmer werden in verdeckten Polizei-Lastkraftwagen zur Bahn gebracht, direkt vor den Zug gefahren und in ehemalige IV. Klasse-Waggons geladen. L. hat Glück. Er bekommt die Transportnummer 170, das heißt, ihm wird ein Sitzplatz im zweiten Waggon hinter der Lokomotive zugewiesen. Der Zug ist nicht geheizt, nur die ersten zwei Waggons sind etwas gewärmt. Die Reise dauert vier Tage. Zu essen gibt es nur ein kleines Kommißbrot, in Scheiben geschnitten und mit Paste beschmiert, es wurde in Berlin zugeteilt und ist nach 24 Stunden hart wie Stein. In Warschau hält der Zug, Verpflegung gibt es aber nicht. Wegen Typhusgefahr wird das Trinken von Wasser untersagt. Man hat vor Epidemien großen Respekt.

Minsk

Am 18. November erreicht der Zug Minsk. Lettische Hilfspolizisten empfangen die Transportteilnehmer und treiben sie mit Peitschenhieben und Kolbenschlägen aus den Waggons heraus. L. beschäftigt sich mit dem Ausladen des Gepäcks, wird größtenteils von Mißhandlungen verschont. Die Deportierten werden dann zu Fuß durch die Stadt in einen Außenbezirk getrieben, der auch als Ghetto für die einheimischen Juden dient. Die aus Reihen kleiner Holzhäuser bestehende Gegend wirkt arm und zerstört. Bei der Ankunft stellen die Berliner fest, daß sie der vierte Transport aus Deutschland sind. In den letzten Tagen sind schon Züge aus Hamburg, Düsseldorf und Frankfurt am Main angekommen. Nach ihnen kommen Transporte aus Bremen, Wien und Brünn.

Minsk. Nach einigen Tagen werden die Berliner in Holzhäuser eingewiesen. Die SS teilt ihnen mit: Um für sie Raum
zu schaffen, seien vor kurzem 25 000 russische Juden erschossen worden. Trotzdem ist der Platz knapp. In einem
Zimmer hausen 6 bis 10 Menschen. Es gibt keine Matratzen, sie schlafen anfangs auf nacktem Boden. Auch Wasser und Strom gibt es in den Häusern nicht. Für das ganze
Ghetto steht eine einzige Pumpe zur Verfügung. Um vier
Uhr nachmittags wird es dunkel. Da es kein Licht gibt,
geht man schlafen. Essen: täglich pro Kopf 300 Gramm
»Suppe« (Wasser mit 5 Gramm Buchweizen, eventuell einer verfaulten Kartoffel), 150 Gramm »Brot« (schmeckt
scheußlich, wird von Pferden abgelehnt). Fett und Salz
gibt es nicht. Der Winter von 1941 auf 1942 ist besonders
streng, Temperaturen um minus 40 Grad sind keine Sel-
tenheit. Nach wenigen Wochen sind bereits etwa 700 von
den insgesamt 7300 deutschen Juden an Entkräftung und
Lagerkrankheit (Durchfall) gestorben.

Ghettopolizei. L., der ohnehin einen straffen Eindruck
macht, wird von einem SS-Offizier gefragt, ob er im letzten Krieg gedient habe. L.: Bei der Marine. Er wird von der
SS beauftragt, eine jüdische Lagerwache zu organisieren.
Die Truppe, die L. zusammenstellt, besteht hauptsächlich
aus ehemaligen deutschen Soldaten und Offizieren. Täglich wird geübt und exerziert. Aufgaben der Ghettopolizei:
Wache (u. a. Nachtpatrouille, Torbewachung), Transport-
hilfe (Essen, Kranke, Tote), Ausführung sonstiger Befehle
der SS. Es gibt nächtliche Überfälle marodierender deutscher Soldaten bzw. lettischer Polizisten auf das Ghetto. L.
meldet dies dem zuständigen SS-Oberführer, der den Befehl
erteilt, in Zukunft derartige Personen festzunehmen. Da
die Ghetto-Wache nur mit Knüppeln ausgerüstet ist, erweist sich dies als äußerst schwierig.

»Sonderghetto«. Die deutschen Juden sind in ihrem Ghetto von der Außenwelt abgeschnitten. Jeglicher Kontakt zur einheimischen Bevölkerung, einschließlich derjenigen im russischen Ghetto, ist strengstens verboten und steht, wie fast alle Vergehen in Minsk, unter Todesstrafe. Eine Verständigung zwischen deutschen und einheimischen Juden ist auch dadurch erschwert, daß die deutschen Juden kein Russisch und viele kaum Jiddisch sprechen. Hinzu kommt, daß die deutschen Juden in die Häuser der kurz zuvor ermordeten einheimischen Juden eingewiesen wurden und Privilegien zu genießen scheinen. Ihre Wohngegend wird offiziell als »Sonderghetto« bezeichnet, sie selbst sind verpflichtet, einen gelben Davidstern mit dem Wort »Jude« zu tragen, während die einheimischen Juden nur einen gelben Fleck Stoff an die Brust angeheftet haben. Letztere schauen mißtrauisch zu, als deutsche Juden beginnen, Stacheldraht zwischen den zwei Ghettos zu spannen. Was sie nicht wissen: Es wurde von der SS befohlen. Am Anfang bilden sich viele der deutschen Juden ein, daß sie unter besonderem Schutz stünden oder eine bevorzugte Behandlung genießen. Dies erweist sich schnell als falsch. Trotzdem ist es schwer, die Illusion aufzugeben.

Zusatzkost. Es gibt zwei Möglichkeiten, die Hungerrationen zu ergänzen. Die erste ist das Tauschen, was strengstens verboten ist und unter Todesstrafe steht. Hier ziehen die deutschen Juden, trotz ihrer Sonderstellung, immer den kürzeren. Ohne familiäre oder persönliche Beziehungen sind sie auf Einheimische angewiesen. Sie tauschen ihre letzten Habseligkeiten – Kleider, Gold, Schmuck – für ein bißchen Fett, ein paar Kartoffeln oder einen Laib Brot. Die andere Möglichkeit ist Arbeiten. Anfragen nach Arbeitskräften kommen von der SS, der Wehrmacht, der Organisation Todt, der Reichsbahn, der deutschen Zivilverwaltung und von Privatfirmen. Beim Arbeitseinsatz gibt es oft zusätzliche, wenn auch mangelhafte Lebensmittel. Manchmal auch nicht. Nach 12 Stunden Schwerstarbeit einschließlich Prügel und Demütigungen kommt man zurück, ohne irgend etwas gegessen zu haben.

Entscheidung. Im Winter 1941 flüchten drei Berliner Juden aus dem Sonderghetto. Als Leiter der Ghettopolizei muß L. dies dem SS-Oberführer Schmiedel melden. Am nächsten Tag verlangt Schmiedel von dem »Judenältesten« Dr. Frank als Vergeltungsmaßnahme für die Flucht eine Liste von 300 Häftlingen, die erschossen werden sollen. Dr. Frank nimmt dies erschrocken, aber stillschweigend zur Kenntnis, unternimmt zunächst nichts. Am übernächsten Tag fordert Schmiedel nochmals die Liste. L. wird die schwierige Aufgabe zugeteilt, eine solche zusammenzustellen. Er versucht zu verhandeln. Nach einigen Diskussionen erklärt sich Schmiedel mit einer Anzahl von 100 Häftlingen einverstanden. L. will weiter Zeit gewinnen, kommt auf die Idee, Kranke mit offener Tuberkulose anzubieten, die den Winter höchstwahrscheinlich nicht überleben können. Er stellt eine Liste von 30 an Tuberkulose erkrankten Häftlingen zusammen. Schmiedel gibt sich schließlich mit diesen zufrieden. Die 30 werden an Ort und Stelle erschossen. Am nächsten Tag werden die drei Geflüchteten, die mangelhaft bekleidet und ohne Geld und Sprachkenntnisse nicht weit gekommen sind, ins Lager zurückgeführt und vor den übrigen Ghettoinsassen exekutiert.

Verwechselt. Ab Dezember 1941 kommen laufend Anfragen von der deutschen Zivilverwaltung an den Judenältesten des »Sonderghettos« über das frühere Leben der Ghettoinsassen im Altreich. L. wird als einziger Friedensausgezeichneter gemeldet – 1935 hatte er eine Frau vor dem Ertrinken gerettet. Einige Tage darauf wird ihm mitgeteilt, daß Generalkommissar Kube im Ghetto sei und ihn sprechen wolle. Als er Kube begegnet, scheint dieser ihn wiederzuerkennen. Er glaubt, sie hätten in Berlin zusammen studiert.[1] L. schweigt ein wenig verblüfft. Kube behauptet weiter, sie seien Verwandte, sein Schwager sei mit der Tochter des Justizrats Abraham L. aus Paderborn verheiratet. L. (zögernd), er glaube schon, sein Vater sei mit der Familie verwandt. Ohnehin haben die beiden vieles gemeinsam: gleicher Jahrgang, von Geburt bzw. durch Wahl Oberschlesier, nach dem Weltkrieg persönlicher Einsatz für das Deutschtum gegen die Polen und aus diesem Grund Anfang der zwanziger Jahre Flucht nach Berlin. Kube ist begeistert. Er verlangt von L. einen Lebenslauf, verspricht, seinen Fall dem Führer persönlich vorzutragen. In dem Lebenslauf beschreibt sich L. wie folgt: Halbjude evangelischen Glaubens, Oberleutnant bei der Kaiserlichen Marine, Freikorpskämpfer in Oberschlesien und promovierter Volkswirt.

Geschlagen. L., der sich als Leiter der Ghettopolizei für das Wohl des Lagers verantwortlich fühlt, mischt sich überall ein. Er berät, warnt, ermahnt, vermittelt und paßt auf das ganze Ghetto auf. In der zweiten Januarwoche 1942 bestellt ein SS-Mann eine Arbeitskolonne. Obwohl L. eigentlich nicht zuständig ist, stellt er sich quer, weigert sich, die Kolonne freizugeben: Diese habe bereits in der Woche zuvor für den SS-Mann gearbeitet, entgegen dessen Versprechungen aber nichts zu essen bekommen. Der SS-Mann nimmt L. zu einem Gespräch unter vier Augen zur

---

[1] Hier verwechselt Kube ihn anscheinend mit einem anderen Karl L. (Jahrgang 1891), der 1912 in Berlin ein Semester lang studierte und später dann in München in Rechtswissenschaft promovierte (1922). 1933 ist dieser Karl L. in die USA geflohen, wird nach dem Krieg angesehener Professor für Jura und Politikwissenschaft am Amherst College in Massachusetts.

Seite. Ergebnis: L.'s Ober- und Unterkiefer sind zertrüm-
mert, sämtliche Zähne ausgeschlagen, sein rechtes Auge
beschädigt, mehrere Rippen gebrochen, Finger an beiden
Händen zersplittert, ein Bruch getreten. Ohnmächtig geworden wird L. mit Wasser begossen, weiter geprügelt
und dann in der eiskalten Nacht in einem ungeheizten Keller zurückgelassen. Er erleidet Erfrierungen an Händen
und Füßen, zieht sich eine schwere Lungenentzündung zu.
L. besitzt aber einen zähen Lebenswillen. Mit nur mangelhafter ärztlicher Hilfe und ohne Medikamente kommt
er langsam durch.

Gerettet. Mitte April 1942 sucht Generalkommissar Kube
L. nochmals im Ghetto auf, teilt ihm mit, daß er gemeinsam mit Reichsminister Dr. Lammers seinen Fall dem Führer vorgetragen habe. Darauf habe der Führer Himmler befohlen, L.'s Entlassung aus Minsk anzuordnen. L. solle in
den nächsten Tagen zurück nach Deutschland fahren. Drei
Wochen später wird L. unter Begleitung der SS zur Bahn
gebracht und in einen Personenzug geladen, der Richtung
Westen fährt. Der Zug kommt drei Tage später in Wien
an. Nach weiteren zwei Tagen wird L. in Theresienstadt
eingeliefert und dort in eine Einzelzelle im Gefängnis eingewiesen. Nur zwei weitere Berliner Juden werden das
Minsker Ghetto überleben.

Theresienstadt

Die kleine Garnisonsstadt 60 Kilometer nördlich von Prag
gehört nach dem Münchener Diktat vom März 1939 zum
besetzten »Protektorat Böhmen und Mähren«. Die erste
Erwähnung Theresienstadts als mögliches jüdisches Lager
erfolgt am 10. Oktober 1941 in einer Besprechung über
die Lösung der Judenfrage im Protektorat in Prag. Der

stellvertretende Reichsprotektor, SS-Obergruppenführer Heydrich, befaßt sich mit der Ghettoisierung tschechischer Juden: »In Frage kommt nur ein etwas abgelegener Vorort, oder ein kleines Dorf oder eine kleine Stadt mit möglichst geringer Industrie. Die Juden können gut mit Arbeitsmöglichkeiten versorgt werden (im Lager durch Anfertigung von kleineren Gegenständen ohne maschinellen Aufwand, z. B. Holzschuhen, Strohgeflechten für die Wehrmachtsstelle im Norden, usw.). Der ›Ältestenrat‹ hat diese Gegenstände einzusammeln und bekommt dafür das geringste Maß an Lebensmitteln mit dem errechneten Minimum an Vitaminen usw. (unter Kontrolle der Sicherheitspolizei). In Böhmen käme in Frage: eventuell die alte Hussitenburg Alt-Ratibor, aber am besten wäre die Übernahme Theresienstadts durch die Zentralstelle für jüdische Auswanderung. Nach Evakuierung aus diesem vorübergehenden Sammellager (wobei die Juden ja schon stark dezimiert wurden) in die östlichen Gebiete könnte dann das gesamte Gelände zu einer vorbildlichen deutschen Siedlung ausgebaut werden.« Ende November 1941 kommen die ersten Transporte tschechischer Juden in Theresienstadt an.

»Um nach außen das Gesicht zu wahren«. Zu der Aufgabe Sammeln und Dezimieren wird bald eine zusätzliche erdacht: Theresienstadt als »vorbildliches« Lager für ältere, angesehene deutsche Juden. Am 20. Januar 1942, einen Tag nachdem SS-Sturmbannführer Eichmann den Ort inspiziert hat, wird in Wannsee erklärt: »Es ist beabsichtigt, Juden im Alter von über 65 Jahren nicht zu evakuieren, sondern sie einem Altersghetto – vorgesehen ist Theresienstadt – zu überstellen. Neben diesen Altersklassen – von den am 31. 10. 1941 im Altreich und der Ostmark befindlichen Juden sind etwa 30% über 65 Jahre alt – finden in den jüdischen Altersghettos weiterhin die schwerkriegsbeschädigten Juden und Juden mit Kriegsauszeichnungen

(EK I) Aufnahme. Mit dieser zweckmäßigen Lösung werden mit einem Schlag die vielen Interventionen ausgeschaltet.« Erst im Juni 1942 beginnen Transporte älterer Juden aus Deutschland.

Der ehemalige Leiter des Palästina-Amtes in Prag, Jakob Edelstein, wird von der SS zum ersten »Judenältesten« Theresienstadts bestellt. Am 4. Dezember 1941 reist er mit seinem Stab dorthin. In Theresienstadt verfolgt Edelstein eine Politik der Rettung durch Arbeit, versucht vor allem junge Menschen auf diese Weise am Leben zu halten. Wenn seine Politik letzten Endes fehlschlägt, hat es seinen Grund darin, daß die SS von Anfang an mehr Interesse an der endgültigen Lösung der Judenfrage hat als an der begrenzten Arbeitskraft unterernährter Häftlinge. Angesichts der beschränkten Handlungsmöglichkeiten, die innerhalb des Sammel- bzw. Musterlagers entstehen, erweist sich Edelstein als kluger Taktiker. Mutig und unerschrocken versucht er, Transporte nach Osten zu verhindern und Zeit zu gewinnen.

> Der Leiter der tschechischen Gendarmen, die gemeinsam mit der SS das Lager bewachen, erklärt Edelstein, wie gut es die Juden doch in Theresienstadt hätten: Sie seien beschützt und bräuchten nicht an die Front. Edelstein: Herr Hauptmann, Sie können sich gerne taufen lassen.

Die ersten sieben Monate bleibt Theresienstadt ein Durchgangslager für tschechische Juden. Mangelhaftes Essen, strenge Ordnung (eine strikte Trennung von Frauen und Männern, Todesstrafe bei Fluchtversuch und illegalem Postverkehr), Arbeitskommandos und vor allem Transporte machen den Alltag des Ghettos aus. Ständig kommen Züge an mit Juden aus dem Protektorat. Ab Januar 1942 gehen auch Transporte nach Osten (»Polen«) ab. Die SS bestimmt die Zahl der zu Transportierenden und welche Altersstufen, Herkunftsländer und Menschenkategorien zu wählen bzw. zu schonen sind, die jüdische »Selbstverwaltung« muß die Einreihung in die Transporte selbst vornehmen. Obwohl das Ziel unbekannt bleibt, wissen die Häftlinge, daß der Transport nichts Gutes verspricht.

»Normalisierung«. Die SS versucht Hierarchien einzuführen, da dies an sich dem eigenen Denken entspricht, aber auch um eine möglichst große Spaltung unter den Häftlingen zu bewirken. Der Sozialist und Zionist Edelstein lehnt den Vorschlag einer Sonderküche ab, beansprucht kein eigenes Zimmer. Die Mitglieder des Ältestenrates wohnen gemeinsam in einigen bescheidenen Räumen. Dies ändert sich jedoch im März 1942 mit der Ankunft ihrer Familien in Theresienstadt. Im selben Monat werden von der jüdischen Leitung zusätzliche Rationen für Schwerstarbeiter und Normalarbeiter auf Kosten der Nichtarbeiter eingeführt. Zu dieser Zeit werden von der SS auch die anerkannten Gründe für eine nachträgliche Ausgliederung aus dem Ost-Transport bekanntgegeben: Familienzerreißung, Alter über 65 Jahre, Kriegsauszeichnung, Kriegsbeschädigung bei mindestens 60% Erwerbsunfähigkeit, gültige arische Mischehe, ausländische Staatsbürgerschaft (beschränkt), ärztlich attestierte Transportunfähigkeit. Weitere, nicht offizielle Gründe: Beziehungen, Bestechungen.

»Selbstverwaltung«. Innerhalb des Lagers entwickelt sich ein schwerfälliger bürokratischer Apparat, der alles andere als selbständig ist. Höchste Instanz bleibt immer die SS. Wegen der verschiedenen Vorteile (u. a. Transportschutz), die manche ihrer Mitglieder genießen, weitet sich die Selbstverwaltung erheblich aus.

Gliederungsplan der Selbstverwaltung [gekürzter Auszug]:

(1) Leitung, (2) Arbeitszentrale, (3) Abteilung für Innere Verwaltung, (4) Wirtschaftsabteilung, (5) Technische Abteilung, (6) Finanzabteilung, (7) Gesundheitswesen und Fürsorge, (8) Jugendfürsorge, (9) Freizeitgestaltung.

Zu (1) Die Leitung besteht aus dem Judenältesten, zwei Stellvertretern und dem Ältestenrat (12 Mitglieder). Der Leitung direkt unterstellt sind A. Zentralevidenz, B. Zentralsekretariat, C. Bank der Selbstverwaltung, D. Sicherheitswesen.

Zu A. Zentralevidenz: Zentralkartei, Familienkartei, Tranportevidenz, Statistik, Zentralstand, Außenevidenzen, Meldewesen, Recherchendienst.

Zu B. Zentralsekretariat: Kanzlei des Zentralsekretariats (Zentrale Einlaufstelle, Vervielfältigung, Statistisches Zentralarchiv, Beschwerdestelle), Personalkanzlei, Transportabteilung, Tarifkommission, Abteilungen für Sonderaufgaben (Sippenforschung, Bucherfassungsgruppe), usw.

Zu (2) Die Arbeitszentrale besteht aus: Leitung (Kanzlei der Leitung, Organisation, Planung, Statistik, Personalevidenz, Revisionsstelle), Erfassung der Arbeitenden, Männereinsatz, Fraueneinsatz, Jugendeinsatz, Arbeitskontrolle (Betriebskontrolle, Einsatzkontrolle, Gewerbekontrolle, Begutachtungsstelle für Sondervergütungen, Betriebsunfallstelle, Einigungsprüfungen), Arbeiterbetreuung (Antragsstelle, Beschaffungs- und Zuteilungsstelle [Ernährung, Bekleidung und Ausrüstung, Unterbringung, Hygiene, Freizeit, Fürsorge für erkrankte Arbeitende], Evidenz der Arbeitsleistung [Leistungserfassung, Standmeldung, Lohnverrechnung], Einsatzstellen), usw.

Einzelfall

L., der in seiner Zelle völlig getrennt von den anderen Häftlingen bleibt, darf mit niemandem sprechen, auch nicht spazierengehen, genießt aber Sonderkost und erhält täglich eine deutsche Zeitung, was nicht einmal dem Judenältesten gestattet wird. Dies erregt unvermeidlich die Aufmerksamkeit der anderen Lagerinsassen. L.'s bevorzugte Behandlung, seine deutsche Herkunft, seine ihm in Berlin nachgesagten Beziehungen und die mysteriösen Umstände seiner Einlieferung in Theresienstadt – es ist der einzige bekannte Fall, in dem ein Jude aus dem Osten zurückgeholt wurde – lösen zahllose Gerüchte aus.

Nach vier Monaten wird L. zur Kommandantur bestellt. Dort erwarten ihn der Lagerkommandant SS-Hauptsturmführer Dr. Siegfried Seidl und einige SS-Offiziere aus Berlin. Es folgt eine kurze Unterredung. L. wird verschiedenes gefragt und dann zurück in seine Zelle gebracht. Eine Woche später, am 17. September 1942, läßt der Lagerkommandant L. noch einmal vorführen und teilt ihm mit, daß er die Leitung des Sicherheitswesens innerhalb des Lagers zu übernehmen habe. Er befiehlt ihm, sich dem Judenältesten Edelstein als neuer Chef der Ghetto-Polizei vorzustellen. Die Ernennung fällt besonders auf, da der Ältestenrat bisher die Leiter der verschiedenen Abteilungen selbst bestimmen durfte. Acht Tage nach seinem Amtsantritt wird L. vom Häftlingsarzt Dr. Springer am Bruch operiert, bleibt bis Mitte Oktober im Krankenhaus. Auch eine Zahnprothese wird für ihn angefertigt.

Während L.'s viermonatiger Einzelhaft in Theresienstadt ist vieles geschehen. Die Ankunft älterer Juden aus dem Altreich und Österreich verändert die Lagergesellschaft schlagartig. Deutsch sprechende Juden bilden bald die Mehrzahl der Häftlinge, das Durchschnittsalter im Lager beträgt jetzt über 65 Jahre.[2] Viele der älteren Juden kommen aus gutbürgerlichen Verhältnissen und wurden häufig vorher von der SS getäuscht: Sie haben ihr ganzes Vermögen an die »Reichsvereinigung der Juden in Deutschland« abgegeben, um in dem »Kurort« bzw. »Altersheim« Theresienstadt wohnen zu dürfen. Gebrechlich und unvorbereitet, erschöpft und verwahrlost kommen sie in Theresienstadt an, werden in überfüllte Kasematten oder auf Dachböden gebracht, wo sie elend umkommen.

Theresienstadt im September 1942: 56 717 Gefangene, 61 % Frauen; 1,6 m² Wohnfläche pro Person; 38 912 Nichtarbeitende; 3349 Todesfälle, davon 1938 an Enteritis; 38 Transporte mit 18 467 Gefangenen nach Theresienstadt und 8 Transporte mit 13 004 Gefangenen zu Vernichtungslagern im Osten, 7 davon nach Trostinetz bei Minsk.

Zu dieser Zeit führt die SS einen Prominenten-Status für Häftlinge mit hohen zivilen und militärischen Auszeichnungen ein. Es gibt »A Prominente«, die direkt von der Gestapo in Berlin ernannt werden, und »B Prominente«, welche vom jüdischen Ältestenrat vorgeschlagen werden und deren Ernennung vom Lagerkommandanten bestätigt werden muß. Vorteile, welche die Prominenten genießen:

---

[2] Durchschnittsalter der Häftlinge in den Transporten nach Theresienstadt: Aufbaukommandos: 31 Jahre; übrige Transporte aus dem »Protektorat«: 46 Jahre; Transporte aus Berlin und München: 69 Jahre, Transporte aus Köln: 70 Jahre, Transporte aus Wien: 73 Jahre.

Transportschutz, bessere Unterkunft (sie dürfen ein Zimmer in den Prominentenhäusern teilen, statt in den großen Sälen der Kasernen bzw. auf Dachböden zu schlafen), Befreiung von der allgemeinen Arbeitspflicht. Einige Prominente bekommen, ebenso wie die jüdische Leitung, doppelte Essensrationen, dürfen häufiger Pakete empfangen und genießen erweitertes Schreibrecht. Die Gesamtzahl der Prominenten bleibt äußerst gering, sie liegt über die nächsten zweieinhalb Jahre einschließlich der Familienangehörigen bei weniger als zweihundert. L. wird zum »A Prominenten« ernannt.

Diener des Ghettos

L. erfüllt die ihm zugeteilte Aufgabe mit einer für alle Seiten unerwarteten Gründlichkeit, versucht, das Sicherheitswesen nach preußischem Muster umzubilden. Sein erstes Vorhaben: sämtliche Sicherheitsorgane im Ghetto zusammenzuschließen. Als Leiter des Sicherheitswesens unterstehen ihm bereits die Ordnerwache, der Orientierungsdienst und die Kriminalwache. Nach kurzem, aber heftigem Kampf mit dem Leiter der Inneren Verwaltung kann L. die Feuerwehr, den Luftschutz und die Baupolizei unter seine Obhut nehmen. Auch die von L. aufgebaute Wirtschaftsprüfstelle wird in das Sicherheitswesen eingereiht.

L.: Ich bin der einflußreichste Mann im Lager.

Dienstordnung: »Die Aufgabe des Sicherheitswesens ist es, als Vollzugsorgan der vorgesetzten Behörde [das heißt der SS] und des Ältestenrates für die Aufrechterhaltung der Ruhe und Ordnung im Ghetto zu sorgen und die Ghettoinsassen an Leben, Gesundheit und Eigentum zu schützen.«

Seine schwierige Lage zwischen den Anforderungen der deutschen Behörden und den Interessen der Ghettoinsassen ist L. von Anfang an bewußt. L. [bezüglich seines Verhaltens zur SS]: Du mußt Deine eigene Unantastbarkeit unter Beweis stellen. Du mußt bei dem Lagerkommandanten ein untadeliges Ansehen genießen, nur so kannst Du dem Allgemeinwohl, dem ganzen Lager dienen. Er muß davon überzeugt sein, daß das, was Du sagst, unbedingt stimmt, daß alle Deine Behauptungen hieb- und stichfest sind.

Sprüche L.'s.
Motto: »Alles für das Ghetto!«
Leitsatz: »Das Wesentliche bleibt die Tat. Geist ohne Willen ist wertlos. Willen ohne Geist ist gefährlich.«
Grundsatz: »Wir sind kein Polizeistaat, sondern Polizei im Staat, deren Parole heißt: Wir sind die Freunde der Ghettoinsassen, wir wollen nicht strafen, sondern helfen.«
Parole: 1.) Höflichkeit, 2.) Höflichkeit, 3.) Höflichkeit den Schicksalsgenossen gegenüber.

»Die Treue halte ich dem, der mir die Treue hält, bedingungslos und ohne jede Einschränkung.« Von Anfang an ist L. bestrebt, das Sicherheitswesen so zu gestalten, daß es zu jeder Zeit jeder Lage gewachsen ist. L.: Im Fall der Not, gleich woher sie kommt und wie sie aussieht, muß der von mir geleitete Körper so intakt und so fest in sich gefügt sein, daß er wie ein Uhrwerk abläuft und sich – frei von irgendwelchen Hemmungen – nur nach meinem Befehle richtet. Dazu ist es aber notwendig, der Truppe das Gefühl zu geben, daß an ihrer Spitze ein Mann steht, der ihr unverbrüchliche Treue hält und dafür als Gegengeschenk die unverbrüchliche Treue der Truppe zurückerhält. Wenn dieses Bewußtsein in meine Truppe eingeht, dann kann ich von ihr verlangen, was ich will.

Ein verläßliches Organ
der öffentlichen Ruhe und Ordnung

Am 14. Mai 1942, drei Tage vor L.'s Einlieferung in Theresienstadt, war die Ghetto-Wache wegen illegalen Postverkehrs mit der Außenwelt strafweise aufgelöst und durch eine Ordnerwache ersetzt worden, die ihren Dienst unbewaffnet (das heißt ohne Holzknüppel) und mit begrenzten Vorrechten hatte erledigen müssen. Nach seinem Dienstantritt verschafft L. sich als erstes einen Überblick über die Sicherheitslage im Ghetto. Die Ordnerwache ist seinem Urteil zufolge mehr oder weniger eine Schmugglerbande, deren Hauptaufgabe darin besteht, ankommende Transporte um Lebensmittel, Zigaretten, Wertsachen und Geld »zu erleichtern«. L. entläßt die vermeintlichen Hauptübeltäter und führt eine straffe Disziplin ein. Da die Mitglieder großen Wert auf die alte Bezeichnung legen, bespricht L. sich mit dem Lagerkommandanten und kann erwirken, daß die Ordnerwache wieder den Namen Ghetto-Wache tragen darf.

Aufgaben. Die Ghetto-Wache ist ein auf militärischer Grundlage aufgebauter Wachkörper, welcher im Rahmen der allgemeinen Aufgabe des Sicherheitswesens (s. o.) den Wachdienst versieht. Dieser besteht u. a. aus: Sperrposten, Kasernendienst, Bewachung der Gefängnisse, Assistenz bei Transporten, allgemeinem Wachdienst, Feststellung bzw. Festnahme von Personen.

Vorbild. Die Mitglieder der Ghetto-Wache sind in und außer Dienst verpflichtet, sauber und ordentlich gekleidet zu sein, sich anständig und höflich gegenüber den anderen Ghettoinsassen zu betragen und in jeder Beziehung beispielgebend zu sein.

Tageseinteilung (Sommer). 6.00 Uhr: Wecken, Bettenlüften. Von 6.30 bis 7.00 Uhr abwechselnd Turnen, Freiübungen, Jiu-Jitsu, Schattenboxen. Anschließend bis 8.30 Uhr Waschen, Ankleiden, Reinigung der Zimmer. Von 8.30 bis 9.30 Uhr Exerzieren und Schulung nach festgesetztem Programm. Anschließend Rapport, Befehlsausgabe, Essen, Beziehen der Wachen und Bereitschaften. Die aus dem Wachdienst zurückkehrende Mannschaft hat nachmittags dienstfrei, sofern keine besondere Bereitschaft oder Befehle angeordnet bzw. ergangen sind. Falls sich in der dienstfreien Zeit besondere Vorfälle (Großfeuer, Ansammlungen und ähnliches) ereignen, begeben sich die betreffenden Männer ohne Aufforderung in ihre Kaserne, um sofort als Verstärkung eingesetzt werden zu können. Um 21 Uhr hat alles auf den Zimmern zu sein, ab 22 Uhr herrscht vollkommene Ruhe. Der Stubendiensthabende dreht um 22 Uhr das Licht aus.

Wachdienst. Das Ghetto ist in vier Bezirke eingeteilt, in jedem Bezirk versieht eine Wache in der Stärke von einem Zugführer, einem Aufführenden und zehn bis vierzehn Mann mit 24stündiger Ablösung den Straßen-, Verkehrs- und Sicherheitsdienst. Die Wache stellt bei Tag Einzelposten, in der Nacht Doppelposten bzw. Patrouillen auf. Die Posten versehen abwechselnd zwei Stunden Straßendienst (bei Kälte, Hitze, Unwetter eine halbe bis eine Stunde), zwei Stunden erste Bereitschaft, dann zwei Stunden zweite Bereitschaft, während der sich der Wachmann niederlegen kann.

Der Wachhabende ist für die Ruhe, Ordnung und Sicherheit seines Bezirks voll verantwortlich. Er kontrolliert Tag und Nacht mindestens vier- bis achtmal die Straßenposten. In seiner Abwesenheit vertritt ihn der Aufführende.

Die Posten melden besondere Vorfälle sofort, alle übrigen beim Einrücken in die Wachstube. Verhaftete sind zunächst der Bezirkswache vorzuführen. In besonderen Fällen (Feuer, Ansammlungen, Unruhen und Anforderungen) rückt die erforderliche Mannschaft unter dem Befehl des Wachhabenden an die betreffende Stelle aus, wobei mindestens zwei Mann im Wachlokal verbleiben müssen. Im Bedarfsfall ist weitere Verstärkung von der Zentralbereitschaft anzufordern.

Der Wachhabende verzeichnet alle Vorfälle im Journal. Ein Durchschlag ist der Leitung täglich um 6.30 und um 22.00 Uhr vorzulegen. Besondere Vorfälle sind sofort zu melden.

Der diensthabende Vorgesetzte trägt die Ergebnisse seiner Inspizierung im Tagesjournal ein. In jedem Wachlokal hat ein Wachbuch mit allen für die Wache geltenden Obliegenheiten und ein Inventarverzeichnis vorzuliegen. Dieses Wachbuch ist nach Bedarf zu ergänzen und monatlich durch den Leiter der Ghetto-Wache zu überprüfen. Der Wachkommandant der aufziehenden Wache übernimmt das Inventar und die Obliegenheiten der einzelnen Posten und sonstigen Geschehnisse vom Vorgänger und bestätigt dies im Journal.

Grußpflicht. Alle Angehörigen der Ghetto-Wache sind verpflichtet, nachstehende Personen in und außer Dienst zu grüßen:

– Durch Abnehmen der Kappe: alle Uniformträger des Deutschen Reichs, die tschechischen Gendarmen[3];

– Durch Salutieren: den Judenältesten und dessen Stellvertreter, die Mitglieder des Ältestenrates, den Leiter des Sicherheitswesens, den Leiter der Ghetto-Wache, sämtliche Vorgesetzte innerhalb der Ghetto-Wache, sich selbst unter-

---

[3] Diese allgemeine Grußpflicht wird seitens der SS allen Ghettoinsassen vorgeschrieben.

einander, die Abteilungsleiter und stellvertretenden Abteilungsleiter der Kriminalpolizei und der Wirtschaftspolizei und alle anderen Mitglieder des Sicherheitswesens.

Dienstgrad. Als L. die Leitung der Ghetto-Wache übernimmt, gibt es folgende Dienstgrade: Wachmann, Aufführender, Zugführer, Abteilungsleiter, Dienstführender. L. ändert diese im Einvernehmen mit dem Lagerkommandanten ab in: Ghetto-Wachmann, Oberwachmann, Gruppenführer, Obergruppenführer, Zugführer, Oberzugführer, Kompanieführer, Dienstführer. Diese Bezeichnungen werden jedoch in Berlin beanstandet, da der Dienstgrad »Gruppenführer« bzw. »Obergruppenführer« einem SS-General zusteht. Im Mai 1943 müssen schließlich die nachstehenden Dienstgrade eingeführt werden: Ghetto-Wachmann, Oberwachmann, Schwarmführer, Oberschwarmführer, Hauptschwarmführer, Schwarmmeister, Oberschwarmmeister. Da die neuen Bezeichnungen bei der Ghetto-Wache selbst nie Boden gewinnen können, bleibt es letztendlich bei den ursprünglichen.

Ausrüstung. Während des Dienstes tragen Mitglieder der Ghetto-Wache eine Dienstkappe, einen Dienstgürtel, eine Dienstnummer auf einem gelben Band um den linken Ärmel[4], eine Schrillpfeife, eine elektrische Lampe (ohne Batterien) und einen Holzknüppel. Außerdem führt L. eine Kokarde in Gestalt eines vierblättrigen Kleeblattes ein, worauf die Buchstaben »GW« eingraviert sind und das auf der Stirnseite der Kappe getragen wird.

---

[4] Da das gelbe Band zu schnell verschmutzt und die Nummer nicht zu lesen ist, wenn sich das Band in Falten legt, läßt L. es später durch ein auf der linken Brustseite zu tragendes Metallschild mit Nummer ersetzen.

Dienstkappe (nach österreichischem Muster): Unterhalb des oberen Randes schlingt sich ein 2 cm
breites gelbes Band um die Kappe. Der Oberwachmann hat eine 4 cm lange und $1/2$ cm breite gelbe
Borte oberhalb des Kappenschirmes, parallel zu
diesem verlaufend. Der Gruppenführer hat eine
4 cm lange und $1/2$ cm breite Leiste in vertikaler
Richtung auf dem Kappenrand in der Mitte, der
Obergruppenführer unter dieser Leiste die Borte
des Oberwachmannes, der Zugführer trägt eine
4 cm lange und $1/2$ cm breite Leiste von oben in der
Mitte der Kappe nach unten zu verlaufend, der
Oberzugführer dieselbe Leiste, jedoch 1 cm breit,
der Kompanieführer trägt zwei ebensolche Leisten,
der Kommandeur der Ghetto-Wache zwei 2 cm
breite gelbe Leisten unterhalb des oberen Kap-
penrandes um die ganze Kappe verlaufend. Die
Offiziere haben auf ihrem Metallschild statt der
Nummer den Kopf eines Ghettowachmanns eingraviert.

Unterkunft. Als L. seinen Posten antritt, ist die Ghetto-
Wache in den Pferdeställen der Magdeburger Kaserne untergebracht. L. empfindet dies als unwürdig und unge-
sund. Er beschwert sich und bekommt das ehemalige Hotel
»Deutsches Haus« zugewiesen, welches er von eigenen
Kräften in eine Kaserne umgestalten läßt: Mansarden werden ausgebaut, eine Küche eingebaut, ein großes Kranken-
zimmer eingerichtet. Die gelieferten Dreistockbetten werden so umgebaut, daß sie als zusammenschiebbare Couches
genutzt werden können, was den Vorteil hat, daß die Zimmer leicht sauberzuhalten sind. Aus alten Wolldecken läßt
L. für die Außenwachen schwere Mäntel mit Kapuzen und

warm gefütterte Überschuhe mit Holzsohlen herstellen. Um die Posten vor Nässe zu schützen, werden Schilderhäuser aufgestellt.

Vorteile

L. kann der SS bzw. dem Ältestenrat folgende Vorrechte für die Mitglieder des Sicherheitswesens abringen:

Erstens. Transportschutz (die Mitglieder und ihre Familienangehörigen, also Ehepartner, Kinder, Eltern, Schwiegereltern und Lebensgefährtinnen, sind vor Deportationen nach Osten geschützt).

Zweitens. Kofferschutz (alle Mitglieder und ihre Familien werden somit vor den »Beruskys« geschont, den arischen Frauen, die als Beauftragte der SS täglich Haus- und Kofferdurchsuchungen vornehmen).

Drittens. Schwerstarbeiterkost (eine doppelte Mahlzeit).

Auf Grund dieser Vorteile melden sich zwanzigmal mehr Bewerber, als L. einstellen kann. Dies versetzt ihn in die Lage, eine scharfe Auslese zu treffen. Er wählt nur nach strengster Prüfung, die sich sowohl auf geistige und moralische als auch auf körperliche Qualitäten erstreckt. Zusätzliche Bedingung ist Kenntnis der deutschen und der tschechischen Sprache: Ein Mitglied des Sicherheitswesens muß mit jedem Lagerinsassen in seiner Muttersprache kommunizieren können. Die Mehrzahl der Rekrutierten sind Reserveoffiziere der tschechisch-slowakischen Armee, einige ehemalige aktive Offiziere sind auch dabei. Im Laufe der Zeit erweitert sich das Sicherheitswesen, umfaßt 420 Mitglieder.

Die Begünstigungen werden nicht von allen Seiten begrüßt, müssen entsprechend hart erkämpft und verteidigt werden. Erst als Mitglieder des Ältestenrates L. persönlich zu einer Schicht des Wachdienstes begleitet haben, wollen sie einsehen, daß der Dienst Schwerstarbeit gleichkommt und die Zuteilung von Sonderkost verlangt. Auch die Regelung zum Transportschutz ist im allgemeinen eine empfindliche Angelegenheit, da die Zahl der zu Transportierenden von der SS festgesetzt wird und jeder Häftling, der ausfällt, durch einen anderen ersetzt werden muß. Der Vorwurf gegen solche Ausnahmebestimmungen: Man weiß gewöhnlich, wen man schützt, nicht aber, wen man gefährdet. L. weist dies zurück: »Die Mitglieder des Sicherheitswesens dienen dem Interesse der Allgemeinheit. Diesen Dienst können sie aber nicht verrichten, wenn ihnen die Gefahr droht, verschickt zu werden.« Obwohl der Transportschutz für Mitglieder des Sicherheitswesens offiziell genehmigt ist, muß L. ständig auf der Hut sein, damit nicht doch einer seiner Beamten deportiert wird. So erfährt er kurz nach seinem Dienstantritt, als er noch im Krankenhaus liegt, daß sechzehn Sicherheitsbeamte für einen Transport vorgesehen sind. Trotz frischer Operationswunde kehrt er nicht eher zum Krankenhausbett zurück, als alle sechzehn von der Liste genommen sind. L.: Während meiner Amtszeit ist kein objektiv Geschützter mit einem Transport abgegangen.

Reine Hände. Mit Vorrechten kommen auch Verpflichtungen. Der Lagerkommandant stellt folgende Bedingung für die von ihm genehmigten Vorteile: Bei geringster Zuwiderhandlung, auch nur durch einzelne, wird das ganze Sicherheitswesen aufgelöst. L. achtet deswegen strengstens darauf, daß nicht nur Sicherheitsbeamte, sondern auch deren Familienangehörige sich absolut nichts zuschulden kommen lassen. Als sich die Mutter eines Ghetto-Wachmanns, die in der Essensausgabe arbeitet, einmal widerrechtlich Lebensmittel aneignet und vom Ghetto-Gericht verurteilt wird, entläßt L. den Sohn vom Dienst. L. meldet den übrigen Mitgliedern des Sicherheitswesens, daß er diese Maßnahme zutiefst bedaure, sie aber im Interesse der Sauberkeit des gesamten Sicherheitswesens für unbedingt erforderlich halte. Der Transportschutz sei kein Geschenk. Diejenigen, denen er zugute komme, sollten wissen, daß sie sich persönlich untadelig zu benehmen und alles zu vermeiden haben, was im Lager Anstoß erregen könnte. Es sei für das Sicherheitswesen untragbar, daß sich eine Person auf Kosten von Lagerinsassen, die sich nicht wehren können, persönlich bereichere. Durch gesetzwidrige Handlungen von Familienmitgliedern werde das betreffende Mitglied des Sicherheitswesens kompromittiert, für Kompromittierte aber gebe es in den Reihen des Sicherheitswesens keinen Platz.

Die Familie des Ghetto-Wachmanns verliert damit den Transportschutz. Auf Anordnung der SS werden Verurteilte des Ghetto-Gerichts und deren Familienangehörige routinemäßig in die nächste Deportation nach Osten eingereiht.

Ein fanatischer Anhänger der Gerechtigkeit

Nach seinem Dienstantritt stellt L. zu seiner Empörung fest, daß Diebstahl innerhalb des Lagers weit verbreitet ist. Solche Vergehen erstrecken sich im Prinzip auf alle Wertsachen, angesichts der systematisierten Unterernährung der Häftlinge sind aber Lebensmitteldelikte die häufigsten und bedeutendsten. Manche Lagerinsassen bezeichnen dieses Aneignen nicht als Stehlen, sondern als »Organisieren«, rechtfertigen es mit der Behauptung, es werde der SS genommen, nicht der Lagergemeinschaft. L. lehnt diese Form der Argumentation strikt ab: Das Gestohlene fehle bei der allgemeinen Verteilung, da eine bestimmte Anzahl von Menschen mit den letztlich zur Verfügung stehenden Lebensmitteln eine bestimmte Zeit auszukommen habe. Es handle sich also um ein Verbrechen an der Gemeinschaft. Darüber hinaus werde nicht nur gestohlen, um sich oder die Familie zu ernähren, sondern auch, um zu Wucherpreisen weiterzuverkaufen.

An der Krippe. Als besonders schwerwiegend betrachtet L. den Diebstahl an Gemeingut durch offizielle Stellen, d. h. durch die jüdische Selbstverwaltung. Innerhalb der Lebensmittelbetriebe, wo zahlreiche Möglichkeiten für das Organisieren bestehen, entdeckt L. »eine ungeheure Mißwirtschaft«. Dies kann er nicht dulden: Wir leben in Notzeiten, in denen die Masse der Bevölkerung zum Hunger verdammt ist. Es geht nicht, daß durch Handel mit knappen Lebensmitteln eine relativ kleine Gruppe auf Kosten der Schwächeren ein besseres Leben führt.

Quellen der Korruption. Mittelpunkt ist die Zentralproviantur, die Einlaufstelle für alle im Lager ankommenden Lebensmittel. Von der Zentralproviantur aus werden die Zweigstellen beliefert, die Provianturen in den Kasernen, welche wiederum Lebensmittel an die Küchenbetriebe, die Brotlager und die Hausältesten verteilen. L.: Ein Herd der Korruption. Die Zentralproviantur beliefert auch die Arbeitszentrale, die auf Grund des besonderen Prämiensystems zusätzliche Lebensmittel an die Arbeitenden verteilt. L.: Auch ein Herd der Korruption.

Weitere Herde.
– Die Küchen. Einer der treuesten Mitarbeiter L.'s berichtet: In den Großküchen wird bei der Herstellung von Knödeln fast regelmäßig ein ganzer Sack Mehl zum Scha-

den der Kostgänger eingespart, obwohl er der Zentralproviantur als verbraucht gemeldet wird.

– Die Fleischerei. Nach Schätzung L.'s werden täglich bis zu 50 Kilogramm Fleisch gestohlen.

– Die Spedition. L.: Für Diebereien biete die Spedition den Beschäftigten ein weites Feld. Manch ein Würfel Margarine, manch ein Beutel Zucker seien hier schon verschwunden.

– Die Post. L. stellt fest, daß Pakete mit Lebensmitteln und anderen Wertsachen, die von Freunden und Familienmitgliedern nach Theresienstadt geschickt werden, ihre Empfänger regelmäßig erst erreichen, nachdem sie restlos ausgeplündert sind.

– Die »Schleuse«. Schon am Lagertor beginnt das Verbrechen. Neu angekommene Häftlinge müssen als erstes durch die »Schleuse«. Hier werden sie zuerst von der SS, dann von den tschechischen Gendarmen und schließlich von anderen Häftlingen bestohlen. In der Schleuse werden die Neuankommenden zwangsläufig von ihrem Gepäck getrennt. Was nicht schnell abgeholt wird, gilt als herrenlos. L.: Natürlich ist es für die Ghetto-Wache schwer festzustellen, was wirklich herrenloses Gut und was gestohlen ist. Das ist der Beginn der Korruption!

»Mein Kampf gegen die Korruption«

L. entschließt sich, rücksichtslos durchzugreifen. Sein Hauptziel: eine gerechte Verteilung des Essens. Jeder Lagerinsasse soll bekommen, was ihm zusteht. Dabei müssen besonders die alten Menschen, die schwach und gebrechlich sind und sich nicht wehren können, in Schutz genommen werden.

Küchenkampf. In erster Linie richtet L. seine Aufmerksamkeit auf die Küchenbetriebe. Hier stellt er zu seinem Erstaunen fest, daß das Küchenpersonal besondere Vorrechte genießt. Nicht nur wird ein nahrhaftes und schmackhaftes Essen für das Personal bereitet, sondern jedes Mitglied erhält – offiziell genehmigt – sieben Knödel oder Buchteln, während die übrigen Lagerinsassen nur einen bekommen. L. kann diese Maßnahme, die dem Stehlen in den Küchen entgegenwirken sollte, nicht abschaffen, kann jedoch durchsetzen, daß der normale Knödel erheblich vergrößert werden muß. Dabei will er nicht mißverstanden werden: Sein Kampf gilt der Korruption, nicht den Korrumpierenden. L.: »Ich betrachte die Köche nicht als meine persönlichen Gegner. Ich will lediglich Mißstände beseitigen, die die Allgemeinheit belasten.«

Maßnahmen. In jeder Küche läßt L. eine schwarze Tafel anbringen, worauf geschrieben steht, was in welcher Menge serviert wird. Dazu ordnet er an, daß täglich eine »Schauportion« ausgestellt wird und eine Waage vorhanden ist. Als L. feststellt, daß Fleischportionen nur als Gulasch serviert werden, wobei manche Lagerinsassen nur Saft und kein Fleisch bekommen, greift er nochmals ein. Er verlangt, daß das Fleisch, auch wenn es nur 40 Gramm pro Woche sind, in meßbarer Form – als Hackbraten, Klops oder in Scheiben – ausgegeben wird. Auch hier stößt er auf Widerstand, muß die Reform mühsam durchkämpfen. Da er wiederholt den Einwand hört, es lasse sich nicht anders machen, entschließt er sich, eine Musterküche bei der Ghetto-Wache zu errichten, wo jeder Lagerinsasse willkommen ist. L.: Das Essen in meiner Küche ist schmackhafter und die Portionen sind größer, weil hier nicht gestohlen wird.

Razzia. Da ihm Berichte über Veruntreuungen bei Lieferungen der Zentralproviantur zu Ohren gekommen sind, setzt L. auf einen Schlag 300 Mitglieder des Sicherheitswesens ein und läßt alle ausgegebenen Zuteilungen überprüfen. L.: »Das Ergebnis ist erschreckend. In den meisten Fällen stimmen die ausgegebenen Mengen mit dem, was den einzelnen Lagerinsassen zusteht, nicht überein.« Überprüfung der Bäckerei: Offiziell werden 10500 Buchteln ausgegeben, in Wirklichkeit hat aber die Bäckerei 1400 Stück mehr ausgeliefert, welche die Köche bekommen haben und nicht die Arbeiter. Zum Verbleib von weiteren 1700 Buchteln haben der Provianturleiter und der Leiter der Bäckerei keine Erklärung. Eine kurz darauf folgende Fleischrazzia erbringt ein ähnliches Ergebnis. L. läßt solche Maßnahmen regelmäßig wiederholen.

Wirtschaftsprüfstelle. Um die ordnungsgemäße Erledigung der wirtschaftlichen Angelegenheiten des Ghettos sicherzustellen, ruft L. eine Wirtschaftsprüfstelle ins Leben. Diese soll in der Lage sein, jeden Wirtschaftszweig Tag und Nacht zu überwachen und zu überprüfen.[5] L. sucht die Mitglieder der Wirtschaftsprüfstelle besonders sorgfältig aus. Jeder ist Fachmann auf seinem Gebiet: Nahrungsmittelchemiker, Wirtschaftsführer, Buchhaltungsvorstände, Fleischer- und Bäckermeister, Mehlhändler, Müller, Magazinverwalter, Konfektionäre, Schuhmachermeister, Schneider, Architekten, ein Arzt, ein Tierarzt, Lebensmittelimporteure und -exporteure, Chefköche. Dazu stellt L. ältere Häftlinge, die nicht mehr der Arbeitspflicht unterstehen, ehrenamtlich

---

[5] Die Wirtschaftsprüfstelle ist auch beauftragt, Verbesserungsvorschläge vorzulegen und Untersuchungen in allen Fällen durchzuführen, in denen der Verdacht einer Schädigung der wirtschaftlichen Interessen des Lagers besteht.

als Helfer ein, um die Essensausgabe an Gebrechliche und Kranke zu kontrollieren.

Kompetenz. L.: »Die Wirtschaftsprüfstelle ist berechtigt, alle Abteilungen des Ghettos zu kontrollieren und unter ihre Aufsicht zu stellen. Sie ist in jeder Hinsicht allen Abteilungen übergeordnet und damit gleichzeitig das höchste Vertrauensamt der Leitung.«

Da sie ständig mit den Überprüften in Kollision geraten, sind viele Angehörige der Wirtschaftsprüfstelle in den Betrieben nicht gern gesehen. Die Wirtschaftsabteilung der Selbstverwaltung beabsichtigt, die Prüfstelle zu übernehmen oder eine eigene Überprüfungsinstanz einzurichten. Dies läßt L. nicht zu.

Weitere Maßnahmen. Um sicherzustellen, daß die gebührenden Mengen an Zucker und Milch verteilt werden, läßt L. einheitliche Hohlmaße einführen – zuerst leere Konservenbüchsen, später aus Holz gedrehte Hohlgefäße. Nach langem Suchen kann L. geeichte Gewichte ausfindig machen, die er dann an die Provianturen verteilt.

Im Dienste der Allgemeinheit

L. ist mit Leib und Seele in seinem Beruf, kennt in der Ausübung des Dienstes kaum eine freie Stunde. Konferenzen, Besichtigungen, Sitzungen, Besprechungen, Gerichtsverhandlungen, das Tempo ist atemberaubend. Überall taucht er plötzlich auf. Für die Sicherung des Ghettos fühlt er sich allein verantwortlich. Einmal, vor einem Appell des Sicherheitswesens, soll er sogar verkündet haben: »Ich decke den Judenältesten Edelstein mit meinem Körper, habe keine Furcht vor dem Lagerkommandanten Dr. Seidl« – was nicht wenig Bestürzung bei seinen Untergebenen auslöst.

»Auf kurzem Weg«. Mit großem Unmut betrachtet L. die mühsame, bürokratische Verfahrensweise der Selbstverwaltung: »Anstatt die Bittsteller schnell zu befriedigen und ihnen das Gewünschte – wenn vorhanden – sofort auszuhändigen, zieht man einen umfangreichen Recherchenapparat auf, der jeden Fall umständlich überprüft und nach langwierigem Hin und Her darüber entscheidet, ob die Betreffenden auch tatsächlich das Angeforderte benötigen.« Gegen diesen Apparat kämpft L. verbissen. Die Notlage derjenigen, die bei der Fürsorge um etwas bitten, ist ihm offensichtlich, die zahlreichen Prüfungen betrachtet er als völlig unnötig. L. redet nicht, er handelt. Güter, die das Sicherheitswesen beschlagnahmt, werden sofort an Bedürftige verteilt: frische Orangen und Zitronen an das Kinderheim, Schweinefleisch und Speck an Tuberkulose- und Typhuskranke, leichtverderbliche Lebensmittel an die Jugendfürsorge.

Kompetenzfragen. Überall greift L. ein, ohne viel darüber nachzudenken, wer eigentlich zuständig ist. Da scheinbar niemand für Ordnung im Ghetto sorgt und Beschwerden auf den Grund geht, fühlt er sich verpflichtet, nach dem Rechten zu sehen. Manchmal handelt er auch vorbeugend. Er betrachtet es als seine Pflicht, dem Ghetto die unangenehmen Folgen, die aus Dummheit, Nachlässigkeit oder Gleichgültigkeit entstehen können, zu ersparen. Für seine Handlungen findet er, besonders bei der Selbstverwaltung, manchmal wenig Verständnis. L.: Man glaubt irrtümlich, in mir einen Mann zu sehen, der sich willkürlich über jede Kompetenz hinwegsetzt. Mein Standpunkt ist aber, daß es – soweit Sicherheit, Ruhe, Ordnung und das Allgemeinwohl in Frage stehen – keine Kompetenzen geben kann und darf. Eine Polizei, die nicht in der Lage ist, sofort und schnell zu handeln, verliert jede Stoßkraft. Was in normalen Zeiten ohne weiteres hingenommen werden kann, wirkt sich in Notzeiten, in Momenten der Gefahr, als Hemmnis und unter Umständen tragisch aus. Dazu darf es niemals kommen. Zuerst das Gemeinwesen, und erst dann die Kompetenzen!

Als L. ein Sitz im Ältestenrat in Aussicht gestellt wird, lehnt er glatt ab. Die Freiheit seiner Handlungsweise müsse gewährleistet bleiben, als Leiter des Sicherheitswesens wolle er nach jeder Richtung hin unabhängig sein.

Allein und verlassen

Trotz seines Einsatzes für das Ghetto sind die Meinungen über L. gespalten. Die bescheidenen Erfolge, die er in seinem Kampf gegen Korruption und Diebstahl erzielen kann, schaffen ihm nicht nur Freunde. L. fühlt sich häufig mißverstanden. Beispiel: Er übernimmt von den tschechischen Gendarmen das Ghetto-Gefängnis und bekommt die Erlaubnis, kleine Vergehen im Namen des Sicherheitswesens mit einer Strafe bis zu 3 Tagen zu ahnden. Dies macht ihn bei manchen Häftlingen unbeliebt. L.: Daß sich die Bedingungen im Gefängnis erheblich verbessert haben und daß meine Bestrafungen dem Lagerkommandanten nicht gemeldet werden müssen, wird von vielen einfach übersehen. Auch L.'s bevorzugte Position bei der SS – er hat ständigen Zutritt zur Kommandantur, erstattet dort täglich Bericht – kommt vielen verdächtig vor. Er selbst glaubt, die Psychologie der SS, besonders die des Lagerkommandanten Dr. Seidl, der alles Militärische liebe, zu verstehen und sogar ausnutzen zu können. Die Tatsache, daß L. bei der SS einiges für das Lager erwirken kann, wird aber sowohl vom Ältestenrat als auch von einigen Lagerinsassen mit Mißtrauen verfolgt.

Das Verhältnis zum Judenältesten Edelstein ist, nach einigen anfänglichen Schwierigkeiten, verträglich, wenn auch distanziert. Edelstein steht dem Sicherheitswesen prinzipiell skeptisch gegenüber. »Ich liebe die Polizei nicht, bediene mich lediglich ihrer Einrichtung.« L. muß seinerseits Edelsteins Mut und Intelligenz in Verhandlungen mit der SS anerkennen, wenn er auch dessen ungenügende Energie im Kampf gegen die Korruption bemängelt. Dies alles ändert sich Ende Januar 1943 mit der Ankunft von Dr. Paul Eppstein aus Berlin, einem ehemaligen Vorstandsmitglied der »Reichsvereinigung der Juden in Deutschland«, und Dr. Benjamin Murmelstein aus Wien, dem stellvertretenden Leiter der dortigen Kultusgemeinde. Die SS führt eine neue Machthierarchie ein – Eppstein wird zum Judenältesten ernannt, Edelstein und Murmelstein werden seine Stellvertreter. Dies geschieht angeblich, um den veränderten Verhältnissen im Lager Genüge zu tun, hat aber die nicht unerwünschte Folge, weitere Spaltungen unter den Häftlingen hervorzurufen. L., der keinerlei Neigung zeigt, sich dem Ältestenrat unterzuordnen, kommt weder mit Eppstein noch mit Murmelstein klar, was die SS auch nicht zu stören scheint. Auch der neue Judenälteste zeigt wenig Interesse an einem Kampf gegen die Korruption. In dieser Zeit verschlechtert sich L.'s Verhältnis zu dem entmachteten Edelstein. L. glaubt, Edelstein verbreite falsche Gerüchte über ihn. Er bricht die Beziehung ab, grüßt ihn nicht mehr in der Öffentlichkeit, gibt ihm nicht einmal die Hand. Nur mit dem Oberrabbiner Dr. Leo Baeck bleibt das Verhältnis gut. L.: »Ich habe das Gefühl, als ob ich in meinem Kampf gegen die Korruption allein stehe. Leitende Personen sind beleidigt, wenn ich an diejenigen, die sich vergehen, unmittelbar herantrete, anstatt mich eingehendst zu unterstützen.«

Schmerzenskind. L. muß zu seinem Bedauern feststellen, daß es auch innerhalb der eigenen Reihen Korruption gibt. Manche Sicherheitsbeamte gehen nicht energisch genug gegen Diebstahl und Veruntreuungen vor, einige beteiligen sich sogar daran. Besonders gespannt ist L.'s Verhältnis zur Kriminalwache. Als die Lage im Ghetto sich nicht bessert, droht er, sämtliche Mitglieder der Kripo zu entlassen, wenn sie nicht binnen vier Wochen den Handel mit gestohlenen Lebensmitteln unterbinden.

Angesichts fehlender Unterstützung von offizieller Seite wendet L. sich direkt an die Lagerinsassen (Aufruf vom 1.2.1943): »Jedermann kann sich davon überzeugen, daß ich bestrebt bin, Ordnung und Sicherheit im Ghetto zu unterhalten. Ich erachte es als meine Pflicht und Aufgabe, darüber zu wachen, daß die uns zugeführten Waren, in welcher Form auch immer, entsprechend verwendet und ihren Zwecken zugeführt werden. Es darf keine Ware durch Unachtsamkeit verderben oder in unberufene Hände kommen. ›Jeder muß das bekommen, was ihm zusteht.‹ Allein bin ich zu schwach, überall zu sein. Ich brauche die Mitwirkung eines jeden von Ihnen. Kauft nicht von einem Händler, denn es handelt sich um Eure Waren. Haltet Disziplin. Kommt mit Euren Beschwerden vertrauensvoll zu mir. Jeder wird angehört. Ich betrachte niemand als den Störer meiner Ruhe, der mit einem Anliegen zu mir kommt. Ich bin eingesetzt, um zu helfen. Bitte, helft mir in meinem Kampfe gegen die Korruption. Es geht um die Sauberkeit des Ghettos.«

Auf eigene Faust

Von Anfang an ist L. mit der Ernährungspolitik des Ältestenrates nicht einverstanden, die seines Erachtens Kinder und Schwerstarbeiter zu sehr zuungunsten älterer Häftlinge bevorzugt. L.: Viele unserer Alten sind einfach an chronischer Unterernährung gestorben. Vergeblich versucht er durchzusetzen, daß ein Teil der nach Theresienstadt gekommenen unzustellbaren Pakete, die jetzt an die Kinder verteilt werden, auch älteren Lagerinsassen zugute kommt. L.: »Die Kinder haben nicht nur eine Sonderküche, sondern werden darüber hinaus von Eltern, Verwandten und Freunden versorgt, während sich um die Alten, die ohne Familienanhang in Theresienstadt sind, niemand kümmert.« Der Ältestenrat verspricht, das Problem zu untersuchen und die nötigen Schritte einzuleiten.

Das dauert L. alles zu lange, die vorgeschlagenen Maßnahmen scheinen ihm wenig geeignet. Im Mai 1943 entschließt er sich, das Problem selbst anzugehen. Sein Plan: die Schwerstarbeiter auffordern, einmal in der Woche auf eine halbe Mahlzeit zugunsten der älteren Häftlingen zu verzichten. L. veranlaßt zunächst einen einwöchigen Probeversuch bei den Mitgliedern des Sicherheitswesens, läßt von den gesparten Lebensmitteln in der Großküche eine Suppe kochen, die an die Alten verteilt wird. Der Versuch beginnt erfolgreich, schon am ersten Tag bekommt L. Dankesbriefe und spontane Gedichte. Leider muß er aber auch feststellen, daß die Beweglicheren unter den Alten sich mehrmals eine Suppe holen, während andere, die nicht vordringen können, nichts erhalten. Er läßt deswegen durchnumerierte Karten ausgeben und an die älteren Lagerinsassen verteilen.

Zufrieden mit dem vorläufigen Ergebnis, richtet L. ein Schreiben an die Schwerstarbeiter:

Ich wende mich heute unmittelbar an Sie mit einer Bitte, und ich werde mich freuen, wenn sie mir eine zustimmende Antwort geben könnten. Als ich bei Obduktionen amtlich zugegen sein mußte, habe ich mit Entsetzen feststellen müssen, daß unsere alten Verstorbenen aus Haut und Knochen bestehen. Es ist Ihnen allen bekannt, daß die Schwerarbeiterkost nur deshalb zur Verfügung gestellt werden kann, weil sie aus Ersparnissen, das heißt aus Abzügen, die man den anderen Ghetto-Insassen machen muß, besteht. Wenn dreitausend Menschen einmal in der Woche auf die Schwerstarbeiterzulage, das heißt auf eine halbe Mittagsmahlzeit an einem Tage verzichten würden, dann könnten jede Woche dreitausend Menschen sich an einem Tag einmal gründlich sattessen. Wäre dies nicht wundervoll und Ihrer aller würdig? Bedenken Sie, bitte, Sie haben oder hatten selbst Eltern und werden selbst einmal alt werden. Wie würde Ihnen ums Herz sein, wenn Sie zum alten Eisen geworfen würden, als nutzlos und verbraucht, um das sich niemand kümmert. Ich glaube, wenn Sie daran denken, werden Sie mich unterstützen, den Alten und Gebrechlichen zu helfen. Ich werde mich riesig freuen, wenn Sie alle zustimmen würden, daß Sie umschichtig an einem Tage der Woche, das heißt einmal am Sonntag, einmal am Montag, einmal am Dienstag usw. je auf eine halbe Mittagsmahlzeit zugunsten der Alten und Gebrechlichen Verzicht leisten.

Am nächsten Tag wird L. zu einer Sondersitzung des Ältestenrates vorgeladen und von dem Judenältesten Eppstein scharf gerügt. Eppstein beanstandet, daß der Vorgang weit über L.'s Zuständigkeit als Leiter des Sicherheitswesens hinausgehe und vielmehr geeignet sei, die Disziplin im Ghetto zu gefährden. Er erinnert L. daran, daß der Ältestenrat sich mit der Frage der Altersbetreuung bereits befaßt und zunächst beschlossen habe, die Genehmigung des Lagerkommandanten zu den vorgeschlagenen Maßnahmen einzuholen. L. wird jede weitere Betätigung auf dem Gebiet der Altenbetreuung untersagt, er darf aber die schon begonnene Probeaktion beim Sicherheitswesen zu Ende führen. L. gibt nach, das Verhältnis zum Ältestenrat bleibt jedoch gespannt.

Methodenstreit

I.

Besonders schwierig ist das Verhältnis zwischen L. und Dr. Erich Munk, Leiter des Gesundheitswesens und Mitglied des Ältestenrates. Munk ist prinzipiell nicht mit der Verfahrensweise L.'s einverstanden. Bei einer Sitzung des Ältestenrates: Wir haben aus dem Lager eine Stadt gemacht, L. macht aus der Stadt wieder ein Lager. Schon im Dezember 1942 kommt es zu einem schweren Zusammenstoß zwischen L. und Munk. Ein Patient berichtet L. über Unregelmäßigkeiten in der Infektionsabteilung. Lebensmittel, von Eltern und Verwandten für Kranke abgegeben, seien nicht weitergeliefert worden. L. entschließt sich, Ordnung zu schaffen, schleust eine Krankenschwester, die in Wirklichkeit eine Beamtin der Kriminalpolizei ist, in die Abteilung ein. In kurzer Zeit kann die »Schwester« den Fall lösen. Nach diesem Erfolg will L. weitere Kriminalbeamtinnen in Krankenhäusern einstellen. Als Munk aber zufälligerweise davon erfährt, spricht er sich dagegen aus, daß außenstehende Personen zu Bewachungszwecken in Krankenstuben eingesetzt werden. Er sei mit einem System der Bespitzelung nicht einverstanden. Trotz L.'s Einspruch beharrt Munk auf seinem Entschluß.

Wütend wendet sich L. an den Judenältesten. L.: »Es ist beleidigend für Mitglieder der Kriminalwache, wenn deren Tätigkeit als Bespitzelung bezeichnet wird. Ich habe mir eingebildet, daß ein Mitglied des Ältestenrates den größten Wert darauf legen müsse, daß die unhaltbaren Zustände, insbesondere in den Siechenheimen, Krankenstuben und Infektionsabteilungen, verschwinden müßten. Es erweckt den Eindruck, als ob Herr Dr. Munk, der selber nie versucht hat, Sauberkeit und Ordnung in seinen Betrieb hineinzubringen, aus reiner Oppositionslust sich dagegen wehrt, daß ich Ordnung schaffe. Sollte Dr. Munk seiner Aufgabe nicht gewachsen sein und versteckt er sich hinter betonter Ruppigkeit? Es hat den Anschein, als ob Dr. Munk ein Mann ist, der alles Sachliche persönlich nimmt und dadurch eine Schärfe in jede, auch die kleinste Angelegenheit hineinträgt. Er scheint schon dadurch beleidigt, daß man die leider aufgetretenen Schäden im Gesundheitswesen aufdecken will. Meiner Ehre würde es als Leiter des Gesundheitswesens Abbruch tun, wenn ich untätig zuschauen würde, wie Ärzte gegen ihre Standesehre verstoßen. Welche Angst muß im Gesundheitswesen herrschen, daß man Kräfte, die mithelfen, dem Allgemeinwohl zu dienen, unterdrücken will.«

Nach hartem Kampf kann L. durchsetzen, daß Kriminalbeamtinnen beim Gesundheitswesen als Krankenschwestern aufgenommen werden.

II.

Anfang Mai 1943 kommt mit einem Transport aus Oppeln ein Medikamentenkoffer an. Der Koffer wird von zwei Beamten der Kriminalwache abgeholt und L. übergeben. Da in der Krankenstube der Ghetto-Wache eine nicht geringe Zahl an Sicherheitsbeamten liegt, ordnet L. an, daß der Koffer bei dem der Ghetto-Wache zugeteilten Arzt abzugeben sei. Als Dr. Munk davon erfährt, beschwert er sich schriftlich beim Judenältesten:

»Betr.: Medikamentenkoffer aus Ratibor. Veruntreuung durch das Sicherheitswesen.

Mit dem letzten Oppeln-Transport kam aus Ratibor ein Medikamentenkoffer. Der zuständige Arzt, Dr. Reinisch, gab den Befehl, den Koffer in der Apotheke abzugeben. Diesen Befehl erhielten die Kriminalbeamten, dirigierten diesen aber in das Haus L 3 1 3 [Unterkunft der Ghetto-Wache]. Wir gestatten uns, die Leitung auf diesen Vorfall aufmerksam zu machen und ersuchen, beim Leiter des Sicherheitswesens unverzüglich einzuschreiten und dafür Sorge zu tragen, daß Medikamente im Heilmittelzentrallager, aber nicht zur Ghetto-Wache abgeliefert werden. Wir sehen in diesem Vorfall eine Verletzung der Pflichten der Kriminalbeamten und ersuchen um Untersuchung. Bei dieser Gelegenheit erlaube ich mir, die Leitung darauf aufmerksam zu machen, wie Medikamente auf kuriose Weise dem Arzt, der der Ghetto-Wache zugeteilt ist, zugewiesen werden. Woher diese Medikamente stammen, darüber möge der Leiter der Ghetto-Wache freundlichst Aufklärung geben.«

Der Judenälteste Eppstein bittet L. um einen Bericht bzw. Rückstellung des Koffers. L.'s Antwort (14. Mai 1943): »Zunächst möchte ich festhalten, daß der Ausdruck ›Veruntreuung‹ für das Sicherheitswesen eine Entgleisung gröbster Art bedeutet. In dem Schreiben des Leiters des Gesundheitswesens ist lediglich richtig, daß mit dem letzten Oppeln-Transport ein Medikamentenkoffer aus Ratibor hier anlangte. Die Erklärung, daß Dr. Reinisch den Befehl gab, diesen Koffer in die Apotheke abzuführen, ist falsch. Ich habe bei Dr. Munk jetzt schon wiederholt festgestellt, daß er wie ein Elefant im Porzellanladen einfach Behauptungen als wahr anführt, bei denen er sich nicht einmal der Mühe unterzog festzustellen, ob die Angaben, die ihm gemacht wurden, richtig sind. Da ich Dr. Munk inzwischen kennengelernt habe, versage ich es mir, mit ihm zu polemisieren, da ich nicht die Absicht habe, diesen Herrn zu erziehen. Der Medikamentenkoffer, es handelt sich um ein Köfferchen, wurde als herrenloses Gut auf der Bahn gefunden und mir übergeben. Ich habe daraufhin und zwar mit Rücksicht auf den ungeheuerlichen Krankheitszustand bei der Ghetto-Wache, verfügt, daß der Koffer am selben Abend anstatt in der Fundstelle, in der Hausapotheke der Ghetto-Wache abgegeben wurde. Da ich schon öfter gefundene Medikamente an die verschiedenen Institutionen des Gesundheitswesens unmittelbar abführte, berührt es eigenartig, daß der Leiter des Gesundheitswesens überhaupt einen Brief schreibt, da er wissen muß, daß die Medikamente von einem von ihm bestellten Arzt den Kranken der Ghetto-Wache zugeführt wurden. Ich nehme zugunsten des Leiters des Gesundheitswesens an, daß er über den Ausdruck Veruntreuung nicht im Bilde ist. Auf jeden Fall ist es eine Ungehörigkeit, von Abteilung zu Abteilung einen derartigen Ausdruck zu gebrauchen, auch wenn man ihn nicht versteht.«

Dr. Reinisch bestätigt jedoch schriftlich, daß er die diensthabenden Kriminalpolizisten ersucht habe, den Koffer ins Heilmittelzentrallager oder in die Apotheke schaffen zu lassen, was diese ihm auch zugesagt hätten. Der Koffer sei von ihm ausdrücklich als neu angekommener Medikamentenkoffer mit einem roten Kreuz gezeichnet worden, so daß kein Zweifel bestehen konnte, daß es sich um herrenloses Gut gehandelt habe.

L.'s Schreiben wird von der jüdischen Leitung entschieden zurückgewiesen. L. habe die sachliche Auseinandersetzung über die Verwendung des Koffers in einer Form geführt, die insbesondere gegenüber einem leitenden Mitarbeiter des Ältestenrates nicht geduldet werden könne.

Wenn es in der Anfrage des Gesundheitswesens über den Verbleib des Koffers Anlaß zu einer Meinungsverschiedenheit gebe, dürfe deren Austragung in keiner Weise zu einer förmlichen Beleidigung führen.

Diese Zurückweisung ist L. unverständlich. Dr. Munk habe seine Zuschrift an die Leitung in nicht mißzuverstehender Art mit den Worten »Veruntreuung durch das Sicherheitswesen« überschrieben, seine Absicht, das Sicherheitswesen – also jene Ghettobehörde, die gerade Veruntreuungen zu bekämpfen habe – lächerlich zu machen und zu beleidigen, werde aus dieser Diktion ohne jeden Zweifel offenbar. L. bedauert, daß die Leitung sich an das Echo und nicht an den Rufer gewandt habe. Wenn der Leiter des Gesundheitswesens die Angelegenheit persönlich nehme, dürfe er sich nicht beklagen, wenn ihm mit gleicher Münze heimgezahlt werde. L. ist aber nicht rachsüchtig: Wenn Dr. Munk den Stein des Anstoßes aus dem Weg räume, sei er selbst ohne weiteres bereit, seinen Brief vom 14. Mai zurückzuziehen.

Dazu ist Dr. Munk nicht bereit. Statt dessen reicht er am 25. Mai ein ausführliches Schreiben ein [Auszug]:
  Betr.: Frage der Zuständigkeit. »Das Gesundheitswesen hat die im Ghetto eintreffenden Heilmittel zu verwalten und zu verwahren. Es ist verpflichtet, über sein Verhalten sowohl dem Ältestenrate als auch der SS-Kommandantur Rechenschaft abzulegen. Insbesondere werden die mit Transporten eintreffenden Medikamente unter dieser Bezeichnung ins Eingangsbuch des Zentralheilmittellagers aufgenommen. Auf Grund des von Dr. Reinisch erstatteten Berichtes mußte ich sehen, daß ein Organ des Sicherheitswesens den ihm für das Zentralheilmittellager übergebenen Koffer mit Medikamenten seiner Bestimmung nicht zugeführt hat. Ich habe diese Tatsache – um eine Handlung,

nicht aber eine Person zu charakterisieren – als Veruntreuung bezeichnet.«

Betr.: Begriff der »Veruntreuung«. »Die vom Leiter des Sicherheitswesens vertretene Ansicht veranlaßte mich, Rückschau zu halten und mich über den Begriff ›Veruntreuung‹ näher zu unterrichten. Ich finde nunmehr im § 181 des Strafgesetzbuches unter der Bezeichnung ›Die Veruntreuung wird zu einem Verbrechen‹ nachstehende Bestimmung: Als ein Verbrechen ist diejenige Veruntreuung zu behandeln, wenn jemand ein vermöge seines öffentlichen (Staats- oder Gemeinde-)Amtes ihm anvertrautes Gut im Betrage von mehr als 500 Kronen vorenthält oder sich zueignet. §461 des Strafgesetzbuches sieht insofern eine Änderung vor, daß bei Gegenständen, deren Wert 500 Kronen nicht erreicht, die Veruntreuung bloß als Vergehen zu werten ist. Der Begriff ›Veruntreuung‹ erfährt jedoch durch keinen Umstand eine Verschiebung.«

Diesem Standpunkt kann sich L. nicht anschließen (16. Juni 1943): Erstens sei der Medikamentenkoffer als herrenloses Gut angekommen und sollte als solches bei der Fundstelle abgegeben werden, die von ihm als Leiter des Sicherheitswesens verwaltet werde. Zweitens sei für Veruntreuung eine eigennützige Absicht erforderlich, welche aber in diesem Fall fehle. Veruntreuung sei die Zueignung eines fremden beweglichen Gutes zu eigenem Gebrauch. Wer habe das Gut bekommen? Das Ghetto!

Dr. Munk (18. Juni 1943): »Die Veruntreuung ist mit einer solchen Behauptung, daß der Koffer für die Behandlung der Kranken der Ghetto-Wache zur Verfügung gestellt worden ist und vom Leiter des Sicherheitswesens für seine persönlichen Zwecke nicht zurückbehalten wurde, ebenso nicht stichhaltig. Genauso wäre es, wenn der Leiter des Sicherheitswesens verfügen würde, daß ein Sack Mehl oder

Brote, die mit einem Transport einlangten, nicht in der Zentralproviantur abgegeben werden, sondern in der Küche der Ghetto-Wache. Auch in diesem Falle wäre ja keine eigennützige Absicht vorhanden und doch wäre es eine Veruntreuung.« Darüber hinaus verlangt Dr. Munk von L. jetzt eine Ehrenerklärung für die in seinem ersten Brief enthaltenen persönlichen Beleidigungen und eine Entschuldigung.

L. bleibt bei seiner Position (24. Juni 1943): »Ich habe den Medikamentenkoffer, der als herrenloses Gut anfiel, anstatt ihn in die Fundstelle zu bringen, der Krankenstube der Ghetto-Wache zum Aussuchen der notwendigen Medikamente übergeben, während der Rest an die Apotheke abgeführt wurde. Wieviel Medikamente damals aus diesem Koffer nicht abgeführt wurden, entzieht sich heute meiner Kenntnis. Es kann aber nicht viel gewesen sein. Ich habe – ohne viel über die Kompetenzen der einzelnen Behörden des Ghettos nachzudenken – im Hinblick auf die Vordringlichkeit der Ghettowache-Kranken diese Medikamente, also für das Ghetto bestimmtes Gut, einer Institution des Ghettos zugeleitet; wo liegt dann die Veruntreuung? Ich habe nicht einmal einzelnen Menschen die Medikamente zugeführt, sondern die Medikamente durch den Arzt, der mir vom Gesundheitswesen zugeteilt worden ist, verabfolgen lassen.« Eine Entschuldigung bietet er nicht an.

Dies ist Dr. Munk zuviel. Da die jüdische Leitung selbst nichts unternimmt, begibt er sich am gleichen Tag zum Lagerkommandanten SS-Hauptsturmführer Seidl und bittet, seine Funktion als Leiter des Gesundheitswesens niederlegen zu dürfen. Nach den Gründen gefragt erklärt Munk, die unmittelbare Ursache sei eine selbständige Verfügung des Leiters des Sicherheitswesens in Zusammenhang mit der nicht erfolgten Ablieferung von Medikamenten an das

Heilmittelzentrallager. Er legt die Originalkorrespondenz vor. Seidl entscheidet, daß die Angelegenheit viel zu kleinlich sei, als daß sie der Grund einer Demission sein könnte, fordert, daß der Judenälteste die Sache binnen 24 Stunden zur beiderseitigen Befriedigung erledigen möge.

Noch am selben Tag wird folgende Niederschrift gefertigt und von allen Beteiligten unterschrieben:

1. Die Leitung stellt fest, daß es sich bei der Überstellung eines auf dem Bahnhof aufgefundenen Medikamentenkoffers in die Apotheke der Ghetto-Wache statt in die Fundstelle um einen Mißbrauch der Amtsbefugnis handelt, die gegenüber dem Sicherheitswesen gerügt worden ist.

2. Der Leiter des Gesundheitswesens nimmt dies zur Kenntnis und stellt daher fest, daß es sich nicht – wie von ihm in dem strittigen Briefwechsel angegeben – um eine Veruntreuung des Sicherheitswesens handelt.

3. Der Leiter des Sicherheitswesens erklärt, daß ihm bei seinem Schreiben vom 14.5.1943 eine beleidigende Absicht gegenüber dem Leiter des Gesundheitswesens ferngelegen habe.

4. Es besteht Übereinstimmung darin, daß durch diese Feststellung die Angelegenheit einvernehmlich bereinigt ist.

Zweieinhalb Monate später stellt L. fest, daß Dr. Munk doch recht hatte. Der Medikamentenkoffer ist nicht als herrenloses Gut angekommen. Als die zwei Mitglieder der Kriminalwache den Koffer abholten, war er tatsächlich mit einem roten Kreuz und dem Namen eines Arztes bezeichnet. Beides war aber nicht mehr zu sehen, als L. den Koffer zu Gesicht bekam. Außerdem wurden aus dem Koffer Privatgegenstände entfernt – ein englisches Rasiermesser, 2 Füllfederhalter, eine Flasche Brennsprit. Ursprünglich war L. davon überzeugt gewesen, daß die Detektive sich geirrt hätten, jetzt kommt er auf andere Gedanken. In einem Brief entschuldigt er sich bei Dr. Munk, bedauert sehr, ihm nicht geglaubt zu haben.

Vor dem Fall

Öffentlichkeitsarbeit. Alles in allem bleibt die Ghetto-Wache L.'s ganzer Stolz. L.: »Ich darf sagen, daß der Ghetto-Wachmann ein Helfer, ein Freund des Ghettos ist. Jeder in der Ghetto-Wache sucht dem Kollektiv, dem er angehört, Ehre zu machen.« Wegen der Schärfe jedoch, mit der sie ihren Dienst ausübt, ist die Ghetto-Wache bei manchen Lagerinsassen nicht gerade beliebt. L. ist deshalb stets bemüht, ihr Ansehen zu verbessern. Im März 1943 wird unter seiner Aufsicht die Operette »Das Ghettomädel« – geschrieben von Mitgliedern der Ghetto-Wache und gespielt von deren Kindern – aufgeführt, in der die Arbeit des Sicherheitswesens in ein sehr positives Licht gerückt wird. Das Stück sorgt für Aufregung im Lager.

Gipfel. Bereits seit wenigen Monaten nach L.'s Dienstantritt müssen die neuen Mitglieder des Sicherheitswesens vereidigt werden. So fand am 1. Januar 1943 ein öffentliches Gelöbnis statt, nach der Zeremonie gab es eine feierliche Parade. Die ganze Ghetto-Wache marschierte im Stechschritt durch das Lager, was nicht wenig Aufsehen erregte.
In der Zwischenzeit hat sich die Anzahl der Sicherheitsbeamten erheblich vergrößert. Ein neues Gelöbnis ist längst fällig. Anläßlich des einjährigen Bestehens der Ghetto-Wache unter L.'s Leitung wird Mitte Mai 1943 eine zweite Vereidigung veranstaltet, welche die vorige weit übertrifft. Die Festlichkeiten finden im Hofe der Dresdner Kaserne statt. Über 5000 Personen wohnen dem feierlichen Akt bei. L. läßt eine Marschkapelle auftreten, sogar das »Na-

tionallied« der zionistischen Bewegung wird gespielt. Zum ersten Mal erscheinen die Mitglieder der Ghetto-Wache in ihren neuen Uniformen aus dunkelgraublau gefärbten Leintüchern, mit Taschen in den Jacken links und rechts. Nach dem Gelöbnis gibt es einen schneidigen Vorbeimarsch der ganzen Truppe vor L., dem Ältestenrat und Tausenden von Zuschauern.

L.: »Nach allgemeiner Ansicht war dies das schönste, was Theresienstadt je gesehen hat.«

Am Abend wird eine Festvorstellung im Saal der Ghetto-Wache gegeben. Programm (Auszüge):

- Ledec Quartett: 1. Satz Harfenquintett (Beethoven)
- Ghetto-Wachmann H.: Prolog
- Frau N.: Arie aus Hugenotten (Meyerbeer)
- Herr Ne.: »Ringerzählung« aus Nathan der Weise (Lessing)
- F-L.: Air palestinienne (Kirmann)
- Dr. Str.: Heitere Rezitationen
- Irma G.: Jüdische Volkslieder
- Anny Fr.: Slawisches Potpourri
- Brüder G.: Mundharmonika-Duo
- Otto B.: »Theresienstadt, die schönste Stadt der Welt«

Nicht bei allen aber ist die Parade, die einen Tag nach der endgültigen Niederschlagung des Aufstands im Warschauer Ghetto stattfindet, gut angekommen. Schon am nächsten Morgen sind die neuen Uniformen von der SS, die auch bei der Feier zugegen war, beschlagnahmt.

Gestürzt

Am 3. Juni 1943 wird der Lagerkommandant, SS-Hauptsturmführer Seidl, abgelöst. Der neue Kommandant, SS-Obersturmbannführer Anton Burger, ist der Ghetto-Wache weniger freundschaftlich gesonnen als sein Vorgänger. Unter Burger wird eine Reihe von gegen das Sicherheitswesen gerichteten Anordnungen durchgeführt. Im Juni wird L. gezwungen, 150 Mann aus der Ghetto-Wache zu entlassen. Die Männer werden drei Monate später unter dem Vorwand, sie sollten in einem neuen Lager eine Ghettopolizei gründen, nach Auschwitz deportiert. Ende Juli wird angeordnet, sämtliche Mitglieder der Ghetto-Wache zu entlassen, die jünger als 45 Jahre sind. Am 16. August bestellt der neue Lagerkommandant L. zu sich und suspendiert ihn vom Dienst.

Intrige. Zehn Tage später wird L. von Beamten des Sicherheitswesens verhaftet und vor das jüdische Ghetto-Gericht gestellt. Der Grund der Anklage wird vor dem Prozeß weder L. noch seinem Anwalt mitgeteilt, die Öffentlichkeit ist für die gesamte Dauer des Verfahrens ausgeschlossen. Die Verhandlungen finden am 29. und 30. August 1943 statt. L. wird Amtsmißbrauch und Veruntreuung vorgeworfen. Mitglieder des Ältestenrates und der Kriminalwache sowie Angestellte aus den Küchenbetrieben treten als Zeugen gegen ihn auf.

Am 1. September 1943 wird L. folgender Delikte für schuldig befunden:
    – Amtsmißbrauch (u. a.):
    (2) infolge der eigenmächtigen Verteilung beschlagnahmter Lebensmittel und Corpora delicti an andere als die bezugsberechtigten Personen (ein Glas Schweinefett und Marmelade, den Inhalt zweier auf der Straße gefundener Säcke, ein zweites Glas Schweinefett, einen gefundenen Sack mit Zwiebeln, Knoblauch u. dergl.);
    (3) infolge der Anweisung erhöhter Mengen von Menagen an die eigenen Ordonnanzen,

(4) infolge eigenmächtigen Austausches zweier eigener gegen zwei von der Sicherheitsbehörde beschlagnahmter Koffer.
– Veruntreuung von ihm anvertrauten Gegenständen im Wert von mehr als 500 Kronen (ein Nähkästchen, ein gestrickter Herrenpullover, 1 Paar gestrickte Damensokken und ein Damenregenschirm; ein Karton mit Seife, Puder und Parfüm; etwa 400 g beschlagnahmtes Beefsteak-Fleisch).

Von folgenden Anklagepunkten wird L. freigesprochen:
– dem Vorwurf des Amtsmißbrauchs infolge der Überweisung eines Medikamentenkoffers in die Ghetto-Wache anstatt ins Zentralheilmittellager und dem der Annahme erhöhter Diätkost;
– dem Vorwurf der Veruntreuung im Falle der unrechtmäßigen Aneignung von 60 Stück Seife, die er von der Kommandantur zur Verteilung erhalten hatte, und nicht feststellbarer Mengen von Lebensmitteln, die seitens der Kriminalwache beschlagnahmt worden waren.

L. wird zu einer Kerkerstrafe von fünf Monaten sowie zum Verlust seiner Dienststellung verurteilt. Er wird der Bekleidung eines öffentliches Amtes für unfähig erklärt.

L. selbst bestreitet den Tatbestand der Anklage wegen Amtsmißbrauchs nicht. Er gibt zu, beschlagnahmte Lebensmittel eigenmächtig verteilt zu haben, besteht aber darauf, daß er sämtliche, zum Teil leichtverderbliche Waren nur an verschiedene Wohlfahrtseinrichtungen der Gemeinschaftsverwaltung weitergeliefert habe – Fleisch und Schweinefett an Krankenstuben, frische Zitronen und Orangen an erkrankte Kinder –, und versucht geltend zu machen, daß er sich als Leiter des Sicherheitswesens im guten Glauben dazu berechtigt sah. Außerdem habe er dem Judenältesten regelmäßig von seinem Tun berichtet. Das Gericht bestätigt, daß L. in keinem einzigen Fall beschlagnahmte Lebensmittel zu seinem eigenen Vorteil nutzte, weist aber darauf hin, daß diese grundsätzlich an die Zentralproviantur abzuführen seien, welche sie dann an berechtigte Personen bzw. Einrichtungen zu verteilen hätte. Daß L. dies nicht getan hat, ist nach Meinung des Gerichts eine Schädigung des Gemeinschaftszweckes und deshalb Amtsmißbrauch.

L. bestreitet auch nicht, zwei Ordonnanzen durch Ausstellung sogenannter Nachschubkarten erhöhte Menagemengen zugewiesen zu haben. Dies sei aber zu einer Zeit geschehen, als die Nachschubfrage noch nicht offiziell geregelt war. Als Leiter der Ghettowachen-Küche habe er damals solche Karten eigenmächtig verteilen dürfen.

Bezüglich der Koffer erklärt L., daß zwei ihm privat gehörende Koffer im Dienst beschädigt worden waren und er sie durch zwei von der Ghetto-Wache beschlagnahmte, minderwertige Koffer ersetzt habe. Als Leiter der Fundstelle sei er auch dazu berechtigt gewesen.

Die Argumente werden vom Gericht nicht in Betracht gezogen.

Hinsichtlich der Anklage wegen Veruntreuung erklärt L. folgendes:

Betr. das Nähkästchen. Das Kästchen sei gebraucht, bestehe aus mit Papier beklebtem Zigarrenholz, habe einen Neuwert von ca. 1,90 Mark. L. habe es dem Judenältesten und seinem Stellvertreter in seinem Zimmer gezeigt, beide hätten nichts einzuwenden gehabt.

Betr. Pullover, Socken und Regenschirm. Er habe die Fundstelle angewiesen, die Gegenstände an seine 70jährige ehemalige Schwiegermutter weiterzugeben, die Ende Juli 1942 in Theresienstadt eingeliefert worden war. Nach ihrem Tod einige Monate später habe er die Sachen an die Fundstelle zurückgegeben.

Betr. das Beefsteak. Nach einer Fleischrazzia habe er dem 69jährigen, gesundheitlich heruntergekommenen Oberrabbiner Dr. Leo Baeck eine Freude machen wollen. Er habe Baeck zu sich bestellt und ihm ein 400 g-Steak braten lassen. Der Judenälteste Dr. Eppstein sei zugegen gewesen, als er Baeck zu sich bestellt habe, sei von L. darüber informiert worden und habe nichts beanstandet. Dies gibt Dr. Eppstein zu, behauptet aber, er habe angenommen, Dr. Baeck würde das Fleisch im Dienst- und nicht im Privatraum kosten.

Betr. Puder, Seife, Parfüm. L. besteht darauf, diese Gegenstände nie gesehen zu haben.

Unmittelbar nach dem Urteil reichen L.'s Anwälte eine Nichtigkeitsbeschwerde und eine Berufungsbegründung ein. Sie bestreiten, daß L.'s Tätigkeit als Polizeichef in irgendeiner Weise bestimmt oder begrenzt gewesen sei oder daß es klare Anweisungen schriftlicher oder mündlicher Art über die Verteilung beschlagnahmter Lebensmittel in Theresienstadt gegeben hätte. Darüber hinaus weisen sie darauf hin, daß im Verlauf des Verfahrens keine Schädigungsabsicht festgestellt worden sei, dies sei jedoch erforderlich, um Amtsmißbrauch bzw. Veruntreuung zu beweisen.

Berufung. Zwei Wochen später, nachdem der ehemalige Judenälteste Edelstein nochmals vernommen worden ist, verkündet die Berufungskammer des jüdischen Ghetto-Gerichts ihr Urteil, welches größtenteils das erstinstanzliche Urteil bestätigt. L. wird zusätzlich des Vergehens schuldig gesprochen, einen Medikamentenkoffer statt dem Zentralheilmittellager der Ghetto-Wache zugewiesen und über längere Zeit hinweg die fortgesetzte Zuteilung von Diätkost in einer ihm nicht gebührenden Menge angenommen zu haben. Wegen des geringfügigen Wertes der veruntreuten Gegenstände wird die Kerkerstrafe auf 3 Monate reduziert.

Über den Vorwurf, in ihm nicht gebührender Menge Essen bezogen zu haben, ist L. besonders empört. Er weist darauf hin, daß der Lagerkommandant bei seiner Einlieferung in Theresienstadt angeordnet habe, er solle Sonderkost bekommen. Er selbst sei das einzige Mitglied des Sicherheitswesens gewesen, das nicht bei der Ghettowachen-Küche gegessen habe, obwohl das Essen dort wesen:lich besser sei, und zwar allein um den Anschein zu vermeiden, daß er auf Grund seiner Stellung mehr bekomme. Beweisstücke: 1.) Ein Brief, den L. im November 1942 geschrieben hat: »Post festum habe ich festgestellt, daß ich 6 dkg Sana und ¹/₂ Blutwurst bezogen habe, die mir nicht zustehen. Da ich mein Brot nicht selbst schmiere, fiel mir dies nicht auf, und ich bitte Sie zu veranlassen, daß mir bei meiner nächsten Zuteilung die zuviel empfangene Zulagenmenge entzogen wird. Mit den besten Grüßen, L.« 2.) Eine Erklärung des Chefkochs der Ghettowachen-Küche: »Bei öfteren Inspektionen durch den Leiter des Sicherheitswesens, Herrn L., wurde größere Kost als ein Eßlöffel unter Hinweis darauf, daß diese Menge genüge, abgelehnt. Insbesondere rügte L. es, wenn man ihm oder mitgebrachten anderen Personen mehr anbot.«

L. will versuchen, eine Änderung des Urteils durch die Lagerkommandantur zu erreichen. Sein Anwalt rät ihm davon ab, nachdem er durch den Judenältesten Eppstein erfahren hat, daß das Urteil schon vor der Verkündigung vom Lagerkommandanten genehmigt wurde. Auch Eichmanns Adjutant, SS-Hauptsturmführer Möhs, habe das Urteil gebilligt und Berlin davon unterrichtet.

Anfang Oktober 1943 tritt L. seine Kerkerstrafe an. Er beschäftigt sich hauptsächlich mit der – aussichtslosen – Vorbereitung eines Wiederaufnahmeverfahrens. Auch im Gefängnis sorgt er für Aufregung im Ghetto. Er bekommt von einem Gefängniswärter, der bis vor kurzem sein Untergebener gewesen war, die Erlaubnis, frei durch das Ghetto zu spazieren. Darüber hinaus nutzt er sein Schreibrecht dazu, Beschwerdebriefe und Verbesserungsvorschläge an die jüdische Leitung zu richten. Als der Gefängniswärter plötzlich versetzt wird, beschwert sich L. beim Leiter der Detektivabteilung. In dem Schreiben bringt L. zum Ausdruck, daß er sich unschuldig fühle und sich seines Erachtens in Ehrenhaft befinde. Er beklagt sich, daß seine Erklärung als ehemaliger Offizier, der Disziplin zu halten verstehe, nicht genüge. Er unterwerfe sich freiwillig der im Gefängnis geübten Disziplin, da er ganz genau wisse, daß seine Rolle in Theresienstadt noch nicht ausgespielt sei. L. wird in eine abgeschlossene Zelle verlegt, die Schreiberlaubnis wird ihm entzogen. Bei der Durchsuchung seiner Papiere wird ein nicht abgeschickter, an den Lagerkommandanten adressierter Brief gefunden, in dem L. Vorschläge zu einer während des Appells vorzunehmenden Volkszählung macht und sich abfällig über die jüdische Leitung äußert. Daraufhin wird seine Strafe wegen Verstoßes gegen die öffentliche Ruhe und Ordnung um 30 Tage verlängert.

Im Februar 1944 wird L. aus dem Gefängnis entlassen. Um seine Unschuld zu beweisen, ruft er ein Ehrengericht aus sieben ehemaligen höheren Offizieren zusammen, welches einstimmig erklärt, daß L. nicht gegen die Offiziersehre verstoßen habe und sein Verhalten einwandfrei gewesen sei. Parallel dazu beruft L. ein Ehrengericht aus sieben inhaftierten Juristen ein, die zu keinem Urteil mehr kommen können, da mehrere von ihnen vorher nach Auschwitz deportiert werden. Es werden jedoch zwei Gutachten erstellt – von Oberlandesgerichtsrat Dr. Arthur G. und von Amtsrichter Dr. Otto St. –, die scharfe Kritik an den Urteilen des Ghetto-Gerichts üben bzw. sie als Fehlurteile bezeichnen.

Befreiung

Nach seiner Entlassung lebt L. zurückgezogen im Lager, strebt kein offizielles Amt mehr an. Gesundheitlich angeschlagen wird er von Leo Baeck mit Lebensmittelpaketen versorgt. Er erlebt die »Stadtverschönerung« mit, die den Zweck erfüllt, die Delegierten des Roten Kreuzes bei ihrem Besuch im Juni 1944 über die wahren Verhältnisse in Theresienstadt zu täuschen. Nach der Besichtigung wird an einem Propaganda-Film gearbeitet. Mitte September sind die Dreharbeiten zu Ende. Zwei Wochen später wird der Judenälteste Eppstein verhaftet und am selben Tag in der »kleinen Festung« bei Theresienstadt erschossen. Der ehemalige Judenälteste Edelstein, bereits im November 1943 nach Auschwitz deportiert, ist schon drei Monate vorher ermordet worden. Jetzt wird Murmelstein Judenältester Theresienstadts. Am 27. September 1944, zwei Tage nach der Erschießung Eppsteins, beginnen neue Transporte nach Auschwitz. In den nächsten vier Wochen werden 18 400 Häftlinge in das Vernichtungslager deportiert. Als die Vergasungen in Auschwitz am 2. November 1944 eingestellt werden, ist fast die gesamte Selbstverwaltung Theresienstadts tot. Wie durch ein Wunder bleibt L. von der Deportation verschont.

Nach den Herbsttransporten ist die Lagergemeinschaft endgültig zerschlagen. Im Dezember 1944 befinden sich nur noch 11 000 meist ältere Häftlinge in Theresienstadt. Es erreichen nur kleinere Transporte das Ghetto: im Februar 1945 Juden aus Mischehen, dann ungarische Juden und Mitte April Häftlinge aus anderen Konzentrationslagern. Die SS sammelt Dokumente und Beweise im Lager zusammen und vernichtet sie. Anfang Mai 1945 wird Theresienstadt unter den Schutz des Roten Kreuzes gestellt, wenige Tage später übernehmen sowjetische Soldaten das Ghetto. Die Befreiung bleibt zuerst nur theoretisch, da wegen der Fleckfiebererkrankungen strenge Quarantäne verhängt wird. Am 5. Juni 1945 wird L. während eines Spaziergangs außerhalb des Lagers von sowjetischen Soldaten festgenommen. Er ist am Anfang wenig bekümmert, glaubt, den Irrtum bald geklärt zu haben. Einige Tage später wird er jedoch in das Gefängnis »Pankrác« in Prag eingeliefert.

Von den tschechischen Behörden werden gegen L. Ermittlungen wegen Kollaboration eingeleitet. Murmelsteins ehemaliger Sekretär Robert Prochník und das Ältestenratsmitglied Jiří Vogel, beide kurz nach L.'s Verhaftung vom Beauftragten des Nationalkomitees für Theresienstadt vernommen, belasten ihn nicht mit ihren Aussagen. Im Verlaufe der Ermittlungen, die nur langsam und mit Unterbrechungen in Gang kommen, werfen drei Mitglieder der Kriminalwache, die schon vor dem jüdischen Ghetto-Gericht gegen ihn ausgesagt hatten, L. vor, Ghettopolizisten bedroht bzw. mißhandelt zu haben. Sie machen ihn für die Auflösung der Ghetto-Wache und den Abtransport zweier Kriminalbeamter nach Auschwitz verantwortlich. Zwei weitere ehemalige Häftlinge bezeichnen L. als ergebensten Diener bzw. Steigbügelhalter der Deutschen. In den nächsten 15 Monaten werden mehrere Beteiligte vernommen. Die meisten Aussagen sind für den Beschuldigten entlastend: L. wird als typisch preußischer Offizier beschrieben, der eine sehr strenge bzw. überstrenge Führung des Sicherheitswesens ausgeübt habe, erwähnt werden aber auch sein Einsatz für Untergebene und sein rücksichtsloser Kampf gegen Diebstahl. Der Leiter der Feuerwehr, Ing. Leo Holzer, beschreibt L. als einen harten, aber nur der Pflicht ergebenen Chef. In einem Brief aus London bestätigt der Oberrabiner Dr. Leo Baeck, daß, obwohl L. möglicherweise als Leiter der Ghettopolizei Fehler begangen habe, seine Absicht und seine Gesinnung stets gut gewesen seien. Sogar einer der

Hauptgegner L.'s, der letzte Judenälteste Murmelstein, der sich selbst wegen Kollaboration in Haft befindet, bezweifelt die Richtigkeit der Vorwürfe, erwähnt L.'s »unbestreitbare Verdienste« für das Lager.

Während der Ermittlungen sitzt L. im Prager Gefängnis, teilt eine Zelle mit anderen Deutschen, hauptsächlich SS-Mitgliedern. Das Essen im Gefängnis ist spärlich und schlecht, was L. nach jahrelanger Unterernährung im KZ besonders hart trifft. Der Hunger ist so groß, daß sogar Gras und Eierschalen verzehrt werden. Über die Anklage oder die Ergebnisse der Ermittlungen erfährt L. nichts, erst im Februar 1946 wird er selbst vernommen. Ende März kommen die Ermittlungsbeamten zu dem Schluß, daß es auf Grund der bisherigen Vernehmungen nicht möglich sei, L. irgendwelche Mißhandlungen von Häftlingen oder die Schuld für Deportationen zuzuschreiben. Drei Monate später wird L. in das Gefängnis in Litoměřice verlegt, im August 1946 in die Krankenabteilung des Lazaretts aufgenommen. Am 9. Januar 1947, kurz nachdem mehrere Mitglieder der Ghetto-Wache vernommen wurden und L. als strengen, aber gerechten Vorgesetzten beschreiben, wird er plötzlich aus dem Litoměřicer Gefängnis entlassen.

Heimatlos

L. bleibt ein paar Monate bei Freunden in Prag, um sich körperlich und gesundheitlich zu erholen. Sein Gesuch an die tschechoslowakische Regierung um eine Entschädigung für die 19monatige Haft wird abgelehnt. L. will eigentlich nach Australien auswandern, wo sein älterer Sohn lebt. Dazu muß er aber erst nach England, um Reisedokumente und Passage zu erhalten. Mitte März 1947 fliegt L. von Prag nach Amsterdam. Über Deutschland schließt er die Augen.

In Amsterdam besucht er seine 75jährige Schwester, die einzige Überlebende unter seinen Geschwistern, bevor er zu seinem jüngeren Sohn nach Petersborough, England, übersetzt.

Nach Australien zu kommen ist nicht einfach. Die australischen Dockarbeiter weigern sich, holländische Schiffe zu entladen, und englischen Schiffen ist es verboten, ausländische Fahrgäste zu befördern. Nur mit viel Mühe gelingt es L., einen Platz auf einem ägyptischen Schiff zu erhalten, das von Marseille auslaufen wird. Erst im Februar 1948 verläßt L. England mit dem Ziel Australien.

Melbourne. L. findet Arbeit in einer Fabrik, United Wollen Mills, die von einem jüdischen Philanthropen geleitet wird. Nach den vielen Jahren Hunger und Elend ist die große Insel beeindruckend. Aus einem Brief (1948): Hier ist wirklich alles im Überfluß. Knochen, an denen viel Fleisch hängt, Fett, Schmalz, Margarine. Man merkt nicht, daß in der Welt überhaupt einmal Krieg war.

Ab 7 Uhr morgens ist L. in der Spinnerei. Seine Arbeitskollegen sind Tschechen, Ungarn, Slowaken, Polen, Russen und auch Deutsche, so daß L. gezwungen ist, in der Fabrik deutsch zu sprechen. Seine Freizeit verbringt er mit anderen »Theresienstädtern«, denen er in Melbourne begegnet ist. Er schwimmt im Meer, geht ins Kino. Auf der Leinwand sieht er zum ersten Mal ein völlig zerstörtes Deutschland, was zwiespältige Gefühle in ihm hervorruft. Eindrücke nach dem Film »A Foreign Affair«: So groß habe ich mir die Zerstörung nicht vorgestellt. Obwohl ich eine Heidenwut auf die Deutschen habe, habe ich doch eine Erschütterung verspürt. Nach dem Film »Berlin Express«: Die Zerstörungen, die ich gesehen habe, hatte ich nicht erwartet; aber leider ist es noch zu wenig gewesen.

Trotzdem spielt L. mit dem Gedanken, nach Deutschland zu fahren, um seine Entschädigungsbelange zu ordnen. Oder vielleicht doch in Deutschland zu bleiben. Die Arbeit in der Spinnerei ist anstrengend, und er wird schließlich nicht jünger. Im September 1950 bucht L. einen Platz auf einem Dampfer nach Deutschland, fährt dann aber doch nicht. Er ist unsicher. Da sein letzter Wohnsitz im jetzigen Ostsektor Berlins lag, fürchtet er, im Westsektor keine Rente beziehen zu können. Seine Rückerstattungsanträge lassen sich jedoch schwer von Australien aus regeln, schon im ersten Verfahren tauchen Probleme auf. Nach mehreren Monaten bekommt L. schließlich eine Zuzugsgenehmigung für Westberlin. Er ist immer noch unsicher. Dann ändert sich seine Lage in Australien plötzlich. Im April 1952 wird er entlassen, ein Versuch, durch Beziehungen Büroarbeit bei der Bahn in Melbourne zu bekommen, schlägt fehl, da er schon 65 Jahre alt ist. In Deutschland wird ihm eine kleine Rente versprochen. Ein Freund rät ihm, nach England auszuwandern. L.: Nein, ich bin immer noch Deutscher, möchte auch nicht Brite werden. Ich muß halt in den sauren Apfel beißen und versuchen, mich mit den 170 DM so lange durchzuschlagen, bis meine Entschädigungsfrage geregelt ist.

Rückkehr

Ende Juli 1952 fährt L. mit einem Dampfer von Melbourne nach Rotterdam. Am 19. September kommt er in Berlin an. Er findet vorübergehend Unterkunft bei einem alten Freund, bevor er ein Zimmer in einer Wohnung in Wilmersdorf mietet. Seine anfängliche Rente beträgt 165 DM im Monat, wovon 47 DM Miete zuzüglich Licht und Gas abgehen. Dazu kommen die Anwaltskosten für die Rückerstattungsverfahren und das Geld für Ärzte und Medikamente. L.

beginnt einen langwierigen Kampf um die Wiedergutmachung des ihm angetanen Unrechts.

Entschädigung

Die Hoffnung auf schnelle Entschädigung erweist sich als
grundsätzlich falsch. Im ersten Monat muß L. von gelie-
henem Geld leben, da sogar seine Grundrente auf Grund
politisch-rassischer Verfolgung noch nicht geregelt ist. Er
bittet schriftlich um eine prompte Behandlung. Das Entschädigungsamt teilt ihm mit: Die Bearbeitung Ihres erst
im Januar 1952 eingereichten Entschädigungsantrags ist
vorerst nicht möglich. Es wäre denjenigen gegenüber, die
wesentlich früher Anträge gestellt haben und sich ebenfalls
in einer Notlage befinden, eine nicht vertretbare Ungerechtigkeit, wenn wir die Anträge nicht in der Reihenfolge ihres
Eingangs bearbeiteten. L.: Ich möchte bemerken, daß ich
meinen Antrag schon am 19. November 1951 eingereicht
habe. Bereits 1947 habe ich einen Antrag beim Zentralamt
für Vermögensverwaltung in Bad Nenndorf abgegeben,
noch bevor die Wiedergutmachung oder Rückerstattung
geregelt wurde. Das Entschädigungsamt besteht darauf,
daß es erst im Januar 1952 einen Antrag bekommen habe.
L. muß warten.

Entschädigungs-Kategorien:
– PrV [Politisch-rassisch Verfolgte]
– »B« [Schaden an Körper und Gesundheit]
– »C« [Schaden an Freiheit]
– »D« [Schaden an Vermögen]
– »E« [Schaden im beruflichen und wirtschaftlichen Fort-
  kommen]
– Sternträgerschaden

Betreffend »B« [Schaden an Körper und Gesundheit]. L.'s Antrag auf »B«-Rente wird relativ schnell bearbeitet. Am 6. Juli 1953 wird ein Teil der beanspruchten Schäden an Körper und Gesundheit als durch nationalsozialistische Verfolgungsmaßnahmen verursacht anerkannt. Die darüber hinaus von L. angeführten Herz- und Augenleiden werden jedoch nicht anerkannt. Dies ist L. unverständlich. Vor seiner Inhaftierung seien sein Herz und seine Augen vollkommen in Ordnung gewesen, die Leiden direkte Folgen der schweren Mißhandlungen in Minsk. Am nächsten Tag legt er Einspruch ein. Die Entschädigungsbeamten zeigen sich stur. Im August 1953 reicht L. ein Gutachten eines Facharztes für Chirurgie ein, in welchem bestätigt wird, daß L. ein Herzleiden habe, das im Anschluß an eine schwere Thoraxverletzung entstanden sei. Das Entschädigungsamt teilt L. mit, daß der Bescheid nur durch das Landgericht und nach vorheriger Verhandlung geändert werden könne. L. erhebt Klage vor dem Landgericht Berlin. Diese wird als unbegründet zurückgewiesen.

Im Juni 1954 bittet L. das Entschädigungsamt, eine Untersuchung seines Magens vornehmen zu lassen. Anfang August wird dies abgelehnt. Eine Woche später beschwert sich L. schriftlich: »Ich habe bei der Anmeldung meiner Gesundheitsschäden lediglich meine Verletzungen infolge schwerer Mißhandlung angegeben. Ich wäre mir wie ein Hypochonder vorgekommen, auch noch anzugeben, daß mein Magen nicht in Ordnung ist, daß meine Atmungswege seit meiner schweren Bronchitis und Lungenentzündung aufgrund der Übernachtung in begossenem Zustande in einem offenen Keller in dem furchtbaren russischen Winter 1941 auf 1942 verschleimt sind.« L. reicht ein Gutachten von Dr. Felix M., Arzt für Magen, Darm und Herz, ein. Aus dem Gutachten: »L.'s Gewicht beträgt netto 60 kg, kann nicht erhöht werden, im Gegenteil hat L. in letzter

Zeit abgenommen. Alle subjektiven Beschwerden und objektiven Änderungen sind auf Einwirkung einer langen Haft und einer längeren Inhaftierung im KZ zurückzuführen.« Das Entschädigungsamt bleibt bei seiner Ablehnung.

L. gibt jedoch nicht auf. Anfang 1955 reicht er folgende ärztliche Atteste ein: 1.) ein Gutachten des ehemaligen Theresienstädter Häftlings und Arztes Dr. H., welcher bezeugt, daß L. zwischen 1943 und 1945 wegen verschiedener Krankheiten und diversen Komplikationen behandelt wurde; 2.) ein Gutachten des Augenarztes, Professor Dr. V., der bestätigt, daß L.'s Augenleiden nicht eine Alterserscheinung ist, sondern durch ein Trauma verursacht wurde; 3.) ein Gutachten des Direktors des Städtischen Krankenhauses Steglitz, Professor Dr. R., der in seinem ausführlichen Schreiben urteilt, daß die körperlichen Leiden L.'s mit überwiegender Wahrscheinlichkeit ein Folgezustand der zahlreichen schweren Gesundheitsschädigungen während der Inhaftierungszeit von 1941 bis 1947 sind.

Am 18. Januar 1955 richtet L. nochmals ein Schreiben an das Entschädigungsamt: Unter Bezugnahme auf die dem Landgericht eingereichten Gutachten der Professoren R. und V. bitte ich zu erwägen, ob der Ärztedienst nunmehr meiner Bitte entsprechen kann, anzuerkennen, daß meine Gesundheitsschäden verfolgungsbedingt sind. Ich habe an der Führung eines Prozesses kein Interesse, da sich mein Gesundheitszustand infolge der Aufregungen wesentlich verschlechtert hat. Mein Herz macht mir Schwierigkeiten. Trotz Einnahme der Medikamente finde ich so gut wie keinen Schlaf. Kopfschmerzen plagen mich. Ich habe kein Interesse an einer höheren Rente bzw. Kapitalnachzahlung. Mein Interesse besteht lediglich darin, daß die oben aufgeführten Leiden als verfolgungsbedingt anerkannt werden und daß mir ein Heilverfahren zusteht, und vor allen Dingen endlich Ruhe zu haben. Ist das solch ein unbilliges Verlangen?

Im Februar 1955 wird ein weiterer Teil der Leiden anerkannt. Erst im Dezember 1957, nachdem L. sich einen Monat vorher einer Augenoperation hatte unterziehen müssen und zwei zusätzliche ärztliche Gutachten von Theresienstädter Häftlingen eingereicht hat, wird sein Augenleiden als verfolgungsbedingt anerkannt.

Betreffend »C« [Schaden an Freiheit]. L. beantragt Haftentschädigung für 1856 Tage, vom Tage seiner Verhaftung durch die Gestapo im Jahre 1941 bis zu seiner Entlassung aus dem tschechischen Gefängnis in Litoměřice im Jahre 1947. Das Entschädigungsamt erkennt nur 1276 Tage Haft an. Begründung (13. 2. 1953): »Der weitergehende Anspruch auf Geldentschädigung für Freiheitsentzug für die Zeit von 9. Mai 1945 bis 9. Januar 1947 kann nicht anerkannt werden, weil das Konzentrationslager Theresienstadt am 8. Mai 1945 von den sowjetischen Truppen ~~befreit~~ besetzt wurde und eine Entschädigung nach § 1 des Berliner Entschädigungsgesetzes über den 8. Mai 1945 hinaus nicht erfolgt.«

Betreffend »D« [Schaden an Vermögen]. Bereits vor L.'s Rückkehr nach Berlin hat das Finanzamt Weißensee folgendes mitgeteilt: Die eingehend durchgeführten Nachforschungen nach eventuell noch vorhandenen Besteuerungsunterlagen verliefen ohne Ergebnis, die Steuerakten sind vermutlich durch Kriegseinwirkung verlorengegangen. L. ist deshalb auf Zeugen angewiesen. Er sammelt eidesstattliche Erklärungen von Bekannten und Freunden, die sowohl den Wohlstand seiner Glanzzeit (Chauffeur, Dienstmädchen, Auslandsreisen) als auch seinen Charakter in Notzeiten (Einsatz für Häftlinge in Theresienstadt) bezeugen. Da aber der Großteil der Entschädigungsansprüche bezüglich seines Vermögens durch das Wiedergutmachungsamt gedeckt ist, zieht L. fast alle seine Anträge zurück. Zuerkannt werden ihm lediglich im Januar 1955 eine Geldentschädigung für seine »Judenvermögensabgabe« (1939) und im Dezember 1959 die Reisekosten von Australien nach Deutschland. Seine Anträge auf Erstattung der Auswanderungskosten von Theresienstadt nach Australien über England und der Kosten der »Paßabgabe« von 5000 RM, die L. 1939 für seine geschiedene Frau bei der Gestapo bezahlen mußte, damit sie nach England auswandern konnte, werden als unbegründet zurückgewiesen.

Betreffend »E« [Schaden im beruflichen Fortkommen]. L. kann überzeugend darstellen, wie sein Jahreseinkommen ab dem Jahr 1936 drastisch gesunken ist. Am 19. November 1957 wird ihm eine Kapitalentschädigung in Form einer monatlichen Rente zuerkannt.

Wiedergutmachung: materiell

Bis zum Jahr 1960 stellt L. mehr als zwanzig Rückerstattungsanträge beim Wiedergutmachungsamt in Berlin. Beanspruchtes Vermögen (u.a.): Aktien, Wertpapiere, Gegenstände, Schuldscheine, Immobilien, Bargeld, Ölgemälde. Die Mehrzahl dieser Anträge wird im Laufe der Jahre von der Wiedergutmachungskammer des Landgerichts Berlin als unbegründet bzw. nicht rückerstattungsfähig zurückgewiesen.

L.'s Hauptbegehren gilt der A. Busse & Co. Aktiengesellschaft, deren Vorstand und Besitzer er gewesen ist. In der Weimarer Republik war die Gesellschaft u.a. eine Bank gewesen, hatte aber nach der Machtergreifung wegen der politischen und wirtschaftlichen Verhältnisse ihre Banktätigkeit aufgeben und das Aktienkapital erheblich herabsetzen müssen. Nach Einführung der Rassengesetze (1935) verfügte die Gesellschaft nur noch über zwei Hauptvermögensgegenstände, die sie im Laufe der dreißiger Jahre übernommen hatte: zwei Mietshäuser in Berlin-Borsigwalde und die »HBG – Herrenbekleidungsgesellschaft mbH«.

Häuser. Der erste Wiedergutmachungsantrag L.'s betrifft die Rückerstattung der zwei Mietshäuser von ihrer jetzigen Besitzerin, Frau Frieda B. Anfang 1942, kurz nachdem Max Schm. die Busse Aktiengesellschaft von L.'s Treuhändern bzw. Strohmännern, Graf von Mo., Korvettenkapitän A. und Fräulein M., übernommen hatte, verkaufte er die Häuser für 30 000 RM an Frau B. In dem Rückerstattungsverfahren behauptet Frau B., sie habe die Häuser rechtmäßig von einem Arier, Max Schm., gekauft. L. hat Beweise dafür, daß Frau B. die Häuser nicht gutgläubig erworben hat, daß sie wußte, daß diese eigentlich einem Juden gehört hatten. Die von L. genannte Zeugin wird vom Gericht nicht vernommen. Frau B.'s Anwalt kann geltend machen, daß Frau B. selbst im Besitz eines Ausweises des Hauptausschusses »Opfer des Faschismus« ist, der sie offiziell als Opfer anerkennt, und daß es eine besondere Härte wäre, wenn Frau B., die wegen aktiver Unterstützung von Juden in der Hitler-Zeit zu 10 Jahren Zuchthaus verurteilt worden war und hiervon 1 ¹/₂ Jahre verbüßt hat, als Wiedergutmachungsverpflichtete in Anspruch genommen würde. Die Wiedergutmachungskammer weist den Antrag L.'s mit der Begründung zurück, L. sei nicht mehr der Majoritätsbesitzer der Busse A.G. gewesen, als die Häuser verkauft wurden.

Herrenbekleidungsgesellschaft. L. begegnet ähnlichen Schwierigkeiten bei seinem Rückerstattungsantrag bezüglich der Herrenbekleidungsgesellschaft (HBG). Im Mai 1942 verkaufte Max Schm. die HBG an drei Geschäftsmänner. Kurz danach trat der Kaufmann Werner H. als alleiniger Geschäftsführer auf. In den nächsten zwei Jahren gab es mehrere Kapitalerhöhungen, unter anderem eine im Jahre 1944 unter erneuter Beteiligung von Max Schm. Im Februar 1945 flüchtete Werner H. nach Hamburg. Die HBG wurde daraufhin unrechtmäßig von einem Angestellten übernommen, der die Gesellschaft nach dem Krieg weiterverkaufte. Ende 1945 zahlte der Angestellte 60 000 RM als Erlös an H.; 1949 erhielt H. in einem Vergleich mit dem neuen Besitzer weitere 16 500 DM. In dem Rückerstattungsverfahren argumentiert H.'s Anwalt, daß sein Mandant die HBG von einer arischen Aktiengesellschaft gekauft habe. Das Gericht schließt sich diesem Standpunkt an. Die Anträge L.'s auf Rückerstattung werden durch den Teilbeschluß der Wiedergutmachungskammer (27.1.1956), den Beschluß des 3. Zivilsenats des Kammergerichts (2.4.1958) und den Beschluß des Obersten Rückerstattungsgerichts (13.12.1962) konsequent zurückgewiesen. Am 10. Februar 1966, eineinhalb Jahre nach dem Tod des Antragsgegners Werner H. weist die Wiedergutmachungskammer die Rückerstattungsansprüche L.'s in einem Schluß-Beschluß noch einmal zurück.

Busse & Co. Schon 1947, kurz nach seiner Entlassung aus dem Gefängnis in Litoměřice, hatte L. versucht, bei der Staatsanwaltschaft in Berlin ein Strafverfahren gegen Max Schm. einleiten zu lassen. Die Ermittlungsbeamten kamen jedoch zu dem Ergebnis, daß Herr Schm. keinen direkten Druck auf die Treuhänder L.'s ausgeübt und deshalb die Busse-Aktien nicht unrechtmäßig erworben hätte. Nach seiner Rückkehr nach Berlin stellt L. fest, daß Graf von

Mo. 1944 gestorben ist, daß Major S. 1945 von den Russen abgeholt wurde und seitdem verschwunden ist und daß Korvettenkapitän A. und Fräulein M. vermögenslos sind. Korvettenkapitän A. bezeugt in einer Erklärung an das Wiedergutmachungsamt (1953), daß Graf von Mo. und er die Aktien nur unter Androhungen von seiten Max Schm.'s verkauft hätten. Fräulein M. – kurz nach der Verhaftung L.'s von der Gestapo stundenlang vernommen und wegen ihrer gesetzeswidrigen Beziehung zu ihm mit Einweisung in ein KZ bedroht – gibt an, daß sie nur auf Rat eines Freundes, der Max Schm. von früheren Geschäften kannte und als rücksichtslos bezeichnete, dem Verkauf zugestimmt habe. Max Schm. selbst, der sich nach dem Krieg mit seiner Firma in Ansbach angesiedelt hat, bestreitet, Drohungen jeglicher Art geäußert zu haben. Mitarbeiter der Firma Max Schm.'s bezeugen schriftlich, daß Major S. kein fanatischer Nazi war. Es seien ihnen sogar Fälle bekannt, in denen er seinen Einfluß dazu verwendet hätte, rassisch Verfolgten und Fremdarbeitern ihr Los zu erleichtern, sie aus Lagern herauszuholen und in Schm.'s Firma unterzubringen. Major S. sei auch nur deshalb SS-Offizier geworden, weil er Präsident des »Nationalen Clubs 1919« gewesen sei und mit dieser repräsentativen Stellung zwangsläufig ein Parteidienstgrad verbunden war.[6] Das Verfahren zieht sich lange hin, da Max Schm. die Briefe

---

[6] Diese Aussagen stehen im Widerspruch zu dem, was sich aus Major S.'s SS-Unterlagen ergibt. S.'s Personalakte belegt, wie er jahrelang vergeblich eine Beförderung zum SS-Brigadeführer anstrebte, daß er 1944 sogar aus der evangelischen Kirche austrat und dem Reichsführer-SS kurz darauf meldete, er sei jetzt gottgläubig. Aus der Akte: »S. hält ständig mit den SS-Kameraden enge Verbindung. Er ist immer bestrebt, der Schutzstaffel zu dienen. So hat er bei Beginn des Krieges mehrfach die Gestapo auf Persönlichkeiten, die staatsfeindlich eingestellt waren, aufmerksam gemacht.«

und Bestellungen des Anwalts von L. und des Wiedergutmachungsamtes jeweils nur unter Strafandrohung beantwortet. 1956 weist die Wiedergutmachungskammer den Schadensersatzanspruch L.'s zurück. Leitsatz der Begründung: »Eine im Kaufantrag als arisch bezeichnete Aktiengesellschaft mit arischem Vorstand und arischen Aktionären kann nicht als im Zeitpunkt des Kaufantrages verfolgt angesehen werden, selbst wenn die Aktien ursprünglich vom rassisch verfolgten Eigentümer an arische Personen übertragen worden sind, die sie zum großen Teil rechtsgeschäftlich weiter übertragen haben.« L. legt eine sofortige Beschwerde ein. Erstens seien Graf von Mo. und Korvettenkapitän A. nur Treuhänder gewesen, hätten die Aktien nie in ihrem Besitz gehabt und seien nicht berechtigt gewesen, diese zu verkaufen. Zweitens habe er selbst zu keiner Zeit die Aktien freiwillig auf Arier übertragen, sondern sei von dem Treuhänder der Arbeit bzw. der Deutschen Arbeitsfront dazu gezwungen worden. Anfang 1960 lehnt das Gericht L.'s Antrag erneut ab. Ende 1960 weist die Wiedergutmachungskammer einen Rückerstattungsantrag L.'s in der gleichen Sache zurück, den er gegen das Deutsche Reich wegen der erzwungenen Übertragung der Aktien an Treuhänder gestellt hatte. Begründung: »Es handelt sich lediglich um eine der üblichen von den nationalsozialistischen Behörden durchgeführten wirtschaftlichen Erpressungsmaßnahmen, die als solche aber noch keinen rückerstattungsrechtlichen Schadensersatzanspruch begründen.«

Wiedergutmachung: ideell

1957 taucht ein Dokument aus L.'s Vergangenheit auf. Eine Urkunde, ausgestellt vom Berliner Polizeipräsidium am 8. Juli 1936, die bestätigt, daß L. im Jahre 1935 eine Frau vor dem Ertrinken gerettet hat. Unmittelbar nach der Rettung war L. für eine Medaille vorgeschlagen worden. Kurz vor der Verleihung jedoch war ein höherer Polizeibeamter im Auftrag des Polizeipräsidenten zu L. gekommen, um ihm nahezulegen, als Nichtarier auf die Verleihung freiwillig zu verzichten. Damit war L. keineswegs einverstanden gewesen, er wollte unbedingt die Rettungsmedaille, die ihm dem Sachverhalt nach zustand. Nach langer Diskussion konnte L. den Polizeibeamten, der kein Nationalsozialist war, von seinem Standpunkt überzeugen. Der Polizeipräsident wagte es dann aber nicht, L. offiziell vorzuschlagen. Anstatt einer Medaille erhielt L. die Urkunde.

Nach einigen Erkundigungen stellt L. fest, daß das Land Berlin die Verleihung der Rettungsmedaille mit Wirkung vom 28. Mai 1953 wiedereingeführt hat, nicht aber mit rückwirkender Kraft. Ein Bekannter L.'s bespricht den Fall mit dem Innensenator Berlins. Das Problem: Die Juristen können keine Möglichkeit erdenken, die eine nachträgliche Verleihung erlauben würde. L. wird geraten, sich an eine möglichst im Ausland lebende Persönlichkeit zu wenden, die sein Gesuch schriftlich unterstützen könnte. Es käme hier ein Brief an den Bundespräsidenten in Frage.

L. schreibt an seinen Freund Dr. H. G. Adler, der kurz zuvor eine lange Studie über Theresienstadt veröffentlicht hat und den Bundespräsidenten Heuss daher kennt. L. fügt in seinem Schreiben sogar einen Musterbrief bei: »Da es neben der materiellen Wiedergutmachung auch eine ideelle gibt, darf ich mir die Frage erlauben, ob Sie, sehr verehrter Herr Präsident, Herrn L. nachträglich die Rettungsmedaille verleihen könnten.« Trotz mehrerer Nachfragen L.'s verschiebt Dr. A., der die Angelegenheit für nicht vielversprechend hält, das Absenden des Briefes.

1961 muß L. sich endgültig damit zufriedengeben, daß die Lebensrettungsmedaille nicht rückwirkend verliehen werden kann. Besonders ärgerlich ist, daß zur gleichen Zeit ein Herr Ka., erfolgreicher Schrotthändler in Bremen und ehemaliger Provianturleiter in Theresienstadt, das Bundesverdienstkreuz wegen seiner Einsätze für Mithäftlinge im Lager verliehen bekommt. L.: Ich habe keinen Provianturleiter kennengelernt, der nicht seine Kameraden benachteiligt hätte! Welch unsauberen Kampf mußte ich allein wegen ungeeichter Gewichte gegen die Proviantur führen. Ich hätte es verstanden, wenn man mir eine derartige Auszeichnung als Ausgleich gegeben hätte.

Aufarbeitung der Vergangenheit

L. setzt sich weiterhin für seine Theresienstädter Mithäftlinge ein. Wenn er sich nicht mit seinen eigenen Rückerstattungsverfahren beschäftigt, bearbeitet er kostenlos Entschädigungsanträge für Freunde und Bekannte, da viele sich im Ausland befinden und nur schwer bei den örtlichen Behörden durchkommen. L.: Man kann ja nicht die Hände in den Schoß legen.

Die Gefühle meistern. Außerdem arbeitet L. an einem Erlebnisbericht über seine Inhaftierung in Minsk, Theresienstadt, Prag und Litoměřice. Der Bericht beginnt schon während des Krieges zu entstehen. Infolge der vielen Prozesse und Gesuche war L. gezwungen, sich intensiv mit den Ereignissen der Zeit auseinanderzusetzen, insbesondere seine eigenen Handlungen schriftlich zu erklären bzw. zu rechtfertigen. In England, als er auf die Passage nach Australien wartet, beginnt L. dann an einem Manuskript zu arbeiten. Über die Jahre weitet es sich aus, umfaßt mehr als 300 Seiten. Das Niederschreiben des Erlebten wirkt therapeutisch. Je mehr L. schreibt, desto freier fühlt er sich. Der Haß, den er gegen Deutschland und die Deutschen empfindet, zerbricht langsam.

So leicht aber läßt sich die Vergangenheit nicht bewältigen. Es gibt andere ehemalige Häftlinge, die, getrieben durch das Erlebte, Berichte über das Ghetto verfassen. Im Jahr 1953 erscheint das erste umfassende Buch über Theresienstadt. Der Verfasser Zdenek Lederer, ein tschechischer Jude, stellt L.'s Rolle im Lager in einem wenig schmeichelhaften Licht dar, deutet sogar auf Privilegien und Amtsmißbrauch L.'s hin. Die Anschuldigungen treffen tief. L. überlegt, ob er Lederer vor Gericht bringt, um ihn zur Rücknahme des Geschriebenen zu zwingen. Zwei Jahre später wird H. G. Adlers ausführliche Studie über Theresienstadt veröffentlicht. Während Adler die anderen leitenden Figuren der jüdischen »Selbstverwaltung« mit großer Strenge und meist negativ beurteilt, wertet er die Rolle L.'s als Leiter des Sicherheitswesens im allgemeinen positiv: »L. hat viel für das Lager bei der SS durchgesetzt. Für seine Untergebenen tat er, was in seiner Macht lag. Seine Anordnungen waren knapp, entschieden und militärisch straff. Er scheute sich nicht, Mißstände, vor allem Diebstahl und Korruption, unnachsichtig anzugreifen, wobei er leider undiplomatisch vorging und einen immer mehr verwickelten Kampf gegen fast alle Abteilungen führte, so daß er sich mehr Feinde schuf, als nötig gewesen wäre. Wäre sein Auftreten im Grundsatz nicht weniger energisch, in der Form aber konzilianter und vorsichtiger gewesen, dann wäre viel Gutes für das Lager zwar langsamer, aber um so nachhaltiger erzielt worden. So war er wohl im besten Sinne stets ein Ritter ohne Furcht und Tadel, ohne doch bei mangelnder Umsicht und Menschenkenntnis Fehler zu vermeiden.« Die Debatte über L.'s Rolle in Theresienstadt ist jedoch mit Adlers Urteil keinesfalls beendet. So verweist der ehemalige Leiter der Bibliothek in Theresienstadt in einer kritischen Rezension des Buches auf den merkwürdigen Umstand, daß L. vom Ghettogericht verurteilt, anschließend aber nicht nach Osten deportiert worden sei. Nachdem Adler die Kritik für ihn aus dem Tschechischen ins Deutsche übersetzt hat, verfaßt L. eine zornige Widerlegung.

Schonungslos, zumindest gegen die Widersacher. L. schreibt seinerseits unverblümt über Korruption in Theresienstadt und seinen rückhaltlosen Kampf dagegen, erhebt in seinem Manuskript schwerste Vorwürfe gegen die jüdische »Selbstverwaltung«, insbesondere gegen die drei Judenältesten Theresienstadts. Eine Veröffentlichung des Manuskripts erweist sich als schwierig. Obwohl L. bereit ist, sich mit einer begrenzten Summe selbst daran zu beteiligen, lehnen mehrere Verlage ab.

Beurteilung eines Lektors (auf Veranlassung der Christlich-Jüdischen Gesellschaft in Berlin): »Der Leser hat wohl das Gefühl, daß er hier Zeuge einer Selbstrechtfertigung wird, die im Grunde genommen gar nicht für seine Ohren bestimmt ist, wenn es ein Leser ist, der nicht in Theresienstadt war. Wenn es sich um einen Leser handelt, der dort war, so ist anzunehmen, daß er nicht unbedingt an diese Zeit erinnert werden möchte. Das Anliegen der Gesellschaft wird in diesem Werk nicht berührt, das lag meines Erachtens auch nicht in der Absicht des Autors. In der Jugend, sollte man ihr ein solches Buch vorlegen wollen, würde ein falsches Bild entstehen, da ja im Grunde genommen die meisten Schwierigkeiten durch Schicksalsgenossen heraufbeschworen wurden. Wenn es z. B. heißt, ›Murmelstein ist am Tode vieler Tausender Menschen schuld‹, dann würden sie darzu praktisch ableiten, daß die Juden sich ja selber vernichtet hätten. Das Manuskript ist meines Erachtens nicht als Roman zu verdichten, durch den eine größere Verständigungsbereitschaft entstehen könnte, da es zu sehr aus dem Blickwinkel eines Einzelnen geschrieben ist. Für einen wissenschaftlichen Bericht wiederum ist es nicht objektiv genug.«

Beurteilung eines Mitarbeiters des israelischen Archivs Yad Vashem: »Sehr geehrter L.! Ihren Brief und die beigelegten Dokumente habe ich natürlich sehr sorgfältig und mit größtem Interesse gelesen. Es freut mich, daß ich in einem Brief von Dr. Adler eine Wertung Ihres Manuskripts, die meiner gleichkommt (›ein persönliches Dokument von hervorragender dokumentarischer Wichtigkeit‹), gefunden habe. Auf das kommt es an, wenn man ein Manuskript vor seiner Erscheinung in Buchform abschätzen will. Aber – und das möchte ich hier unterstreichen – auch Dr. Adler hatte Bedenken, ob alles gedruckt werden kann (›nicht eine Schuld offen aussprechen, die man nicht beweisen kann‹). Mein Vorbehalten geht etwas weiter, da ich auch fürchte, daß Ihre Memoiren – auch in Fällen wo Sie absolut gerecht sind – eine negative Reaktion auslösen könnten. Eine Schilderung derjenigen Juden, die an der Spitze der Lagers Theresienstadt standen, in so schwarzen Farben, muß so eine Wirkung haben. Ein Buch lesen nicht nur diejenigen, die uns nahestehen, sondern auch jene, die uns fremd sind, und suchen in Büchern – besonders von Juden verfaßten – Material gegen uns selbst: suchen und finden es größtenteils. Das wissen Sie ja sehr gut aus eigener Erfahrung.«

1956 wird das Minsker Kapitel des Manuskripts in leicht veränderter Form in »Aus Politik und Zeitgeschichte«, der Beilage der Wochenzeitung »Das Parlament«, veröffentlicht. Im Oktober 1957 erscheint die erste von 12 Folgen des Theresienstädter Teils – erheblich gekürzt, aber immerhin schwere Vorwürfe beinhaltend – in der »Mahnung«, dem Organ des Bundes der Verfolgten des Naziregimes Berlin. Das kurze Kapitel über L.'s Haft in tschechischen Gefängnissen wird nie veröffentlicht.

Licht und Schatten

Im Oktober 1957 erscheint ein Erlebnisbericht von Grete Salus, einer ehemaligen Theresienstädterin, in »Aus Politik und Zeitgeschichte«, in dem die Verhältnisse im Lager kurz geschildert werden. Auszug: »Auch in Theresienstadt herrschte bereits ein erbitterter Kampf in einer erstickenden Enge gegen die Gefahren von Krankheit, Hunger, Ungeziefer und Transport. Jeder kämpfte für sich, seine Familie und seine engeren Freunde, weiter reichten die Kräfte nicht. Die alten Leute hätten ganz anders ernährt werden müssen, aber da waren Tausende Kinder, die gerettet werden mußten, um jeden Preis, und dies war nur möglich durch bessere Ernährung als die der Erwachsenen. Das Tischtuch aber langte nicht überall hin, immer blieben irgendwelche Stellen unbedeckt. Man zog es hin und her, man kalkulierte, experimentierte, es langte eben nicht. Das Ghetto mußte aus eigener Kraft erhalten werden. Es gab schwere und unangenehme Arbeit, die getan werden mußte, wie: Kanalräumen, die verschiedenen Lebensmittel verladen, Leichen und Kranke tragen und überhaupt alles, was zur Aufrechterhaltung des Lebens einer so großen Einwohnerschaft gehörte. Diese Leute erhielten bessere Ernährung, sie mußten zusätzlich honoriert werden. Mit der Zeit entstand ein Prämiensystem für die verschiedenen Arbeiten, damit sie gut und richtig getan wurden. Da war die Masse der Lungenkranken, um sie am Leben zu erhalten – meist handelte es sich um Kinder und junge Menschen – mußte zunächst für bessere Ernährung gesorgt werden. Woher nehmen bei diesen knappen Zuteilungen? Irgendeine Gruppe mußte benachteiligt werden, und da am Anfang die Zahl der alten Leute die der Jungen fast übertraf, waren es diese, die es treffen mußte.«

In einem Brief an eine in Israel lebende Bekannte nimmt L. zu dem Artikel Stellung, beanstandet, daß Frau Salus die Korruption in Theresienstadt gar nicht erwähnt habe. Der Brief wird an die Verfasserin weitergeleitet. Mitte November schreibt sie zurück:

Sehr geehrter L.! Entschuldigen Sie, daß ich Ihren an Frau Dr. Kör. gerichteten Brief beantworte. Ich gebe zu, ich nehme die Partei der Juden. Wie sollte ich auch anders. Ich persönlich glaube nicht, daß eine erschöpfende Informierung der Deutschen über die Korruption der Ghettoverwaltung in unseren Schriften am Platze wäre. Wir wollen doch vor allem die Deutschen anklagen und nicht die Juden. Mit einer genauen Information über das Geschehene können wir leider nichts mehr gut machen, im Gegenteil viel schaden. Ich stelle mir vor, das würde manchem der Schuldigen so richtig in den Kram passen, den Tod vieler Menschen den Juden in die Schuhe zu schieben. Schwarz ist nicht immer schwarz. Das Leben hat mich gelehrt, daß es doch noch mehrere Nuancen dieser Farbe gibt. Mit dieser Behauptung werden Sie sicher nicht einverstanden sein. Es ist meine feste Überzeugung, daß diese Gefangenschaft in der Familiengemeinschaft Korruption begünstigen mußte. Die alten Menschen konnte das Stückchen Brot nicht retten. Sie verhungerten hauptsächlich deshalb, da ihre Körper diese Art von Nahrung nicht verwerten konnten. Sie brauchten Fette und Eiweißstoffe in konzentrierterer Form. Im normalen Leben ist mir Korruption ein Greuel und ich würde mit allen Mitteln dagegen kämpfen. In diesem Leben aber, das die Menschen führen mußten, mißt sicher nicht dasselbe Maß. Die Juden sind wie alle anderen, so gut und so schlecht.

Warum sollten wir, die Lebenden, Zeugnis ablegen gegen sie, zur Genugtuung, in diesem Falle, mancher Deutscher? Ich selbst klage doch bitter über diese Notgemeinschaft. Es widerstrebt mir aber, ins Detail zu gehen. Wozu, für wen? Ist denn die übrige Welt so unfehlbar? Geschehen denn nicht ständig Verbrechen an der Menschlichkeit? Vor einer solchen Welt sollen wir die sogenannte Wahrheit über das Theresienstädter Ghetto verbreiten? Wo ist der reine und unbestechliche Richter? Ich sagte es doch in meiner Schrift. Wir müssen ein Siegel darauf drücken und es versenken in den tiefsten Schacht der Vergessenheit. Es dürfte nicht sehr erhebend für unsere Kinder sein, dies einmal lesen zu müssen. Vor allem sehe ich keinerlei erzieherischen Wert, weder für unsere jüdische Jugend, noch für die Deutschen. Ich lebe hier unter jüdischer Jugend, als Lehrerin. Ich kann wohl beurteilen, was für einen Schock dies bei dieser Jugend auslösen würde. Ich hoffe, Sie werden mich verstehen. Ihre S.

L.'s Antwort (29.11.57): Sehr geehrte Frau Salus! Ihr Artikel hat mich sehr beeindruckt, er ist sehr gut geschrieben und sehr interessant; er wird bestimmt dazu beitragen, in Deutschland aufklärend zu wirken. Ihrem Gedankengange kann ich mich jedoch nicht anschließen. Die ganze Welt weiß, daß in jedem Gefängnis, in jedem KZ, in jeder Kriegsgefangenschaft Korruption vorgekommen sind. Es ist allgemein bekannt, daß sich die SS stets nur Subjekte aussuchte, oder auf ihren Posten beließ, auf die sie sich verlassen konnte. Wenn also in einem KZ Korruption vorkam, dann trifft doch in erster Linie die SS die Schuld, diese elenden Kreaturen auf ihre Posten gestellt zu haben. Daß in Deutschland Prozesse gegen ehemalige Kapos geführt wurden und noch werden, haben Sie sicher in dortigen Zeitungen gelesen.

Ich habe im vergangenen Jahre, bevor ich Amerika besuchte, eine Rundreise durch Israel unternommen, und ich muß Ihnen sagen, ich war von dem Geleisteten ungeheuer beeindruckt. Aus diesem Grunde kann ich mir nicht denken, denn ich schätze das jüdische Volk viel zu hoch, daß man dort nicht verstehen würde, wenn man die Dinge beim richtigen Namen nennt.

Nein, Frau Salus, wo Licht ist, da befindet sich auch Schatten. Das Licht wirkt viel stärker, wenn man den Schatten zeigt, als ihn zu verbergen.

Wenn Sie sich die Statistik ansehen wollen, dann werden Sie finden, daß die große Sterblichkeit in Juli 1942 begann, einem Datum, an dem sich a) die Korruption auszuwirken begann und b) vom Oktober 1942 an scharf zurückging, als ich die Leitung des Sicherheitswesens übernahm und die von oben gewollte Korruption bekämpfte, wodurch viele Tausende alte Menschen die schwere Zeit überlebten.

Haben Sie Ihre Haftentschädigung, Ihren Witwenschaden und Ihren Gesundheitsschaden schon bearbeiten lassen? Die Frist läuft noch bis Ende März 1958. Ich habe mich sehr gefreut, von Ihnen gehört zu haben, und ich bitte Sie, freundliche Grüße entgegennehmen zu wollen von Ihrem L.

Eine Frage des Prestiges

1966 bemerkt der 79jährige L. zunehmende Schmerzen in der linken Hand. Im Dezember desselben Jahres und nochmals im Juni 1968 bittet er das Entschädigungsamt schriftlich um Anerkennung dieses Leidens, das er bisher irrtümlicherweise für rheumatisch gehalten habe, als durch Verfolgung bedingt. L. erwähnt ausdrücklich, daß er keine materiellen Vorteile, sondern nur die Aufnahme des Leidens in den Bundesbehandlungsschein, also ein kostenfreies Heilverfahren anstrebe. Der zuständige Referent und der ärztliche Dienst des Entschädigungsamtes lehnen die Anerkennung ab. Trotzdem wendet L. sich mit demselben Begehren mehrmals an das Amt, jedoch ohne Erfolg. Stellungnahme des Entschädigungsamtes: Da der Petent nach dem Gesetz als politisch und rassisch Verfolgter anerkannt ist, steht ihm Krankenversorgung auch für die nicht verfolgungsbedingten Leiden zu. L. wird darauf hingewiesen, daß er auf diesem Wege kostenlose Krankenversorgung für das Leiden an der linken Hand erhalten könne.

Dies befriedigt L. keineswegs. Ende Dezember 1969 beschwert er sich nochmals beim Entschädigungsamt. Ein Jahr später beschließt das Kammergericht, daß L., offensichtlich durch Schonung der rechten Hand, die linke Hand, die ebenfalls durch die Verfolgung verletzt war, überanstrengt habe. Mit Rücksicht darauf unterbreitet das Gericht einen Vergleichsvorschlag, wonach ein Heilverfahren auch für die orthopädischen Schäden an L.'s linker Hand gewährt werden könnte. Am 11. Februar 1971 nimmt das Entschädigungsamt den Vergleichsvorschlag an.

»Daß dem Gerechten
auch Gerechtigkeit widerfährt ...«

Nach dem ablehnenden Endbeschluß der Wiedergutmachungskammer in der Sache Busse & Co. im Februar 1960 legt L.'s Anwalt sofortige Beschwerde ein. Ende desselben Jahres beschließt der 3. Zivilsenat des Kammergerichts, den verkündeten Endbeschluß aufzuheben und die Sache zur erneuten Prüfung und Verhandlung an das Landgericht zurückzuverweisen. Drei Jahre später ist immer noch nichts geschehen. L. will die Verhandlungen beschleunigen, schreibt an den Vorsitzenden der Wiedergutmachungskammer (2. 10. 1963): Sehr geehrter Herr Direktor! Ich wäre dankbar, wenn das Verfahren in meiner Sache fortgesetzt werden könnte. Ich bin im 76. Lebensjahr und habe den ersten, wenn auch leichten Schlaganfall hinter mir. Ich möchte schließlich, bevor ich anfange mit meinem Kopfe zu wackeln, noch etwas von dem zu erwartenden Gelde genießen. In vorzüglicher Hochachtung.

Erster Erfolg. Im Januar 1965 beschließt die Wiedergutmachungskammer in der Sache Busse & Co., daß der Antragsgegner Max Schm. zu der Zahlung von Schadensersatz an L. in Höhe von 24 500 RM [= 2450 DM] verurteilt wird. Die weitergehenden Rückerstattungsansprüche L.'s werden zurückgewiesen. Die Anwälte beider Parteien reichen sofortige Beschwerde ein.

Zwei Jahre später, am 23. Januar 1967, wird L. durch Beschluß des 3. Zivilsenats des Kammergerichts Berlin ein Schadensersatz und Nutzungsanspruch wegen Entziehung von Aktien der Busse & Co. AG im Wert von nominell 33 000 RM zuerkannt. Wegen der Entziehung von weiteren Aktien der Busse & Co. AG im Wert von nominell 5000 RM sowie zur Feststellung der Höhe des Schadensersatzes und der Nutzungen wird die Sache zur erneuten Prüfung und Entscheidung an das Landgericht zurückverwiesen.

Zur gleichen Zeit beschließt der 3. Zivilsenat in der Sache Herrenbekleidungsgesellschaft (HBG) – nachdem die diesbezüglichen Rückerstattungsanträge L.'s 15 Jahre lang stets zurückgewiesen worden sind –, daß L. Anspruch auf einen Anteil von 14 000 RM an der HBG hat. Der Nachlaß-Konkursverwalter des Antragsgegners Werner H. teilt dem Gericht am 14. Februar 1968 mit, daß in der Konkursmasse keine Mittel vorhanden seien, um bei Zustimmung zu dem Vergleich den Betrag von 1250 DM (d.h. den Anteil Werner H.'s) zu bezahlen.

Ende Oktober 1968 beschließt das Gericht in der Sache HBG die Beweiserhebung durch Einholung eines schriftlichen Sachverständigengutachtens über folgende Sachverhalte: 1) welchen Wert der Geschäftsanteil L.'s an der HBG zum Zeitpunkt seiner Deportation hatte; 2) welchen Wert dieser Geschäftsanteil zum gegenwärtigen Zeitpunkt verkörpert; 3) welchen Wert dieser Anteil bei sachgemäßer Geschäftsführung zum gegenwärtigen Zeitpunkt verkörpert hätte, wenn dieser nicht an Herrn Schm. veräußert und der Geschäftsbetrieb in derselben Weise fortgeführt worden wäre wie bis zur Verhaftung und Deportation L.'s.

Durch ungünstige Umstände dauert es fast vier Jahre, bis ein Sachverständiger gefunden werden kann, der in der Lage ist, ein Gutachten anzufertigen. Ein weiteres Jahr später, im August 1973, wird das Gutachten über den Wert von L.'s Anteil an der Herrenbekleidungsgesellschaft eingereicht. Ergebnis: 1) Wert seines Anteils zum Zeitpunkt der Deportation: 15 000 RM; 2) Wert, den dieser Anteil zum gegenwärtigen Zeitpunkt verkörpert: 32 000 DM; 3) Wert, den der Anteil verkörpert hätte, wenn der Geschäftsbetrieb nach L.'s Verhaftung und Deportation in derselben Weise fortgeführt worden wäre: 40 000 DM.

Anfang 1974 wartet L. immer noch. Am 28. Januar schreibt er an den Vorsitzenden des Landgerichts: Sehr geehrter Direktor! Für die Anberaumung eines baldigen Termins bin ich sehr verbunden. Ich bin 86 Jahre alt, also wie lange noch? Darum unterwerfe ich mich dem Gutachten.

Im Juli 1974 erklärt sich L. mit Rücksicht auf sein hohes Alter und die lange Dauer des Verfahrens bereit, im Vergleichswege den HBG-Prozeß durch Schadensersatzleistung in Höhe von 20 000 DM, den Busse-Prozeß in Höhe von 30 000 DM zu beenden.

Max Schm. bietet L. 3000 DM an, »um die auch für ihn lästige Angelegenheit los zu werden«. L. lehnt das Angebot ab. Über den Werner H.-Nachlaß wird dem Gericht mitgeteilt, daß nach Bezahlung der Konkursverwaltungsgebühren an die Erben des verstorbenen Nachlaßverwalters sich die Konkursmasse zur Zeit auf 524,59 DM belaufe.

Am 9. August 1975 stirbt L. im Kurort Bad Neuenahr-Ahrweiler.

Erst zwei Jahre später können L.'s in Australien lebende Erben vom Landgericht Berlin ausfindig gemacht und befragt werden, ob sie die zwei noch laufenden Verfahren fortsetzen wollen. L.'s jüngerer Sohn, Horst L. (28. 8. 1977): Mein verstorbener Vater hat die Prozesse seit vielen Jahren geführt, um sein Recht zu erhalten. Ich werde sie weiterführen.

Kurz darauf stirbt Max Schm. hoch verschuldet.

Am 11. Dezember 1979 schreibt das Landgericht Berlin nochmals an L.'s Erben: »Die beiden Rückerstattungsansprüche sind an sich begründet, jedoch nicht durchsetzbar, weil der Kaufmann Max Schm. unter Hinterlassung von 1,5 Millionen DM Schulden verstorben ist. Falls Sie nicht innerhalb von drei Monaten ausdrücklich eine Fortführung des sinnlos gewordenen Verfahrens beantragen, nimmt das Gericht an, daß Sie die Ansprüche in beiden Verfahren zurücknehmen.«

Da innerhalb der gesetzten Dreimonatsfrist nicht widersprochen wird, geht das Gericht von einer Rücknahme der Ansprüche aus. Beide Verfahren werden als erledigt betrachtet.

VORSICHTSMASSNAHMEN

In Bayerisch Gmain bei Bad Reichenhall wohnt die 67jäh-rige Witwe Klara D. Seit dem Tode ihres Ehemanns (1924) lebt sie sehr zurückgezogen in ihrem Haus. Am 9. Dezember 1938, einen Monat nach der Reichskristall-nacht, hängen unbekannte Täter vor ihre Haustür einen Zettel mit der Aufschrift: »Alle Juden endlich einmal her-aus!« D., die sich die gegen die Juden erfolgten Maßnah-men sehr zu Herzen hat gehen lassen und in einer gewissen Angst lebt, daß ihr einmal selbst Leid angetan werde, ver-giftet sich mit Veronal. Das Hausmädchen findet sie in der Frühe des 10. Dezembers bewußtlos im Bett liegend. Drei Tage lang ringt sie mit dem Tod. In dieser Zeit verständigt das Hausmädchen mehrere Ärzte in Reichenhall, welche aber die Behandlung ablehnen und sie an den jüdischen, in Reichenhall wohnhaften Arzt Dr. O. verweisen, der den Fall dann übernimmt. D. stirbt am 13. Dezember 1938.

Im Monatsbericht der Gendarmerie-Station Reichenhall heißt es, daß D. sich am 13. Dezember 1938 vergiftete. Ob das Datum hier falsch angegeben wurde, um anständige Bürger nicht in Verlegenheit zu bringen oder um die letzten Leiden einer alten Frau nicht anzuerkennen, oder einfach um die Ausfüllung zusätzlicher Formulare zu vermeiden, bleibt unklar. Der Bericht schließt mit folgenden Worten: »Die Ortschaft Bayerisch Gmain ist somit judenfrei.«

ÖFFENTLICHE BEDÜRFNISSE

Ende August 1942 schreibt der Rentner Wilhelm H. im Inneren der öffentlichen Bedürfnisanstalt am Mariannenplatz in Berlin folgende Aufschrift an die Wand: »Hitler, Du Massenmörder, mußt ermordet werden, dann ist der Krieg zu Ende«. Von anderen Besuchern ordnungsgemäß gemeldet, wird diese von den Behörden unverzüglich entfernt. Zweimal in den nächsten acht Wochen schreibt der 73jährige die gleiche Aufforderung an die gleiche Stelle, wie der Buchdrucker R. bei wiederholten Besuchen der Bedürfnisanstalt feststellen kann. Als H. am 28. Oktober 1942 gegen 17 Uhr erneut die Bedürfnisanstalt aufsucht und beginnt, mit Blaustift an die Wand zu schreiben, wird er von R. beobachtet. Um H. auf frischer Tat zu überführen, läßt R. ihn zunächst gewähren. Als H. bis zu dem Wort »Massenmörder« gekommen ist, nimmt R. ihn fest.

In Gewahrsam

Verzögert. Erst zwei Wochen später, am 13. November 1942, wird H. von der Polizei verhaftet und aufs Revier gebracht. Im Polizeipräsidium gibt H. zu, die Aufschrift in der Bedürfnisanstalt angebracht zu haben. Nach den Gründen gefragt, erklärt er, er erhalte zwei Renten von insgesamt 78,80 RM, müsse monatlich 34,05 RM Miete bezahlen.

Ernsthaft. Nach fünf Tagen wird H. zur Untersuchungshaft ins Gefängnis Plötzensee eingewiesen. Der zuständige

Staatsanwalt: »Wenn auch der bereits 73jährige Beschuldigte in politischer Hinsicht sonst noch nicht nachteilig in Erscheinung getreten ist, so läßt sich doch der Verdacht eines Verbrechens nach den §§ 80ff. StGB [Vorbereitung zum Hochverrat] nicht von der Hand weisen.« Er überreicht den Fall dem Volksgerichtshof.

Ermittelt

Lebenslauf. Wilhelm H., am 13. 1. 1869 in Klein-Rietz geboren, wohnhaft in Berlin SO 36, Pücklerstraße 44, verheiratet, evangelisch, nicht vorbestraft. Nach Besuch der Volksschule bis zum 20. Lebensjahr Landarbeiter. Von 1889 bis 1892 leistete H. seinen Wehrdienst als Soldat des Infanterieregiments 35 in Brandenburg an der Havel. Danach ging er nach Berlin, wo er in verschiedenen Betrieben als Transportarbeiter tätig war. Nach 35 Jahren arbeitsunfähig.

Wirtschaftliche Verhältnisse. Die Wohnung in der Pücklerstraße besteht aus Stube, Küche und Korridor. Monatliche Miete: 34,05 RM. H.'s Invalidenrente beträgt 57,30 RM, seine Frau bezieht eine Rente von 21,50 RM. H. hat keinen Nebenverdienst, da er arbeitsunfähig ist. Seine Ehefrau verdient wöchentlich 4 bis 5 RM durch Aufwartung dazu. In den Wintermonaten bezieht das Ehepaar vom Winterhilfswerk laufend 15 bis 18 RM. Von anderen Stellen, z. B. von den Kindern, werden sie nicht unterstützt. Untermieter haben sie nie gehabt. Trotz geringen Einkommens beteiligt sich die Ehefrau an Spenden. Verschuldet ist die Familie H. nicht.

Gesundheitszustand. Bei der Vernehmung gibt H. an, an Schwindelanfällen zu leiden, er habe nicht mehr so gute Nerven.

Politische Gesinnung. Die Nachbarn bestätigen, daß H. im Haus zurückgezogen lebt. Politisch abfällige Äußerungen will man von ihm nicht gehört haben. Eine bestimmte Zeitung werde von H. nicht gelesen, bei besonderen Anlässen habe er nicht geflaggt. H. selbst gibt an, nie politisch oder gewerkschaftlich tätig gewesen zu sein. Vor dem Umbruch habe er bei den Wahlen seine Stimme der SPD gegeben.

Aufgestanden

Am 16. Januar 1943 wird H. dem Ermittlungsrichter vorgeführt. Man fragt ihn nach dem Motiv seiner Handlungen. Ob er unzufrieden mit den politischen, sozialen oder wirtschaftlichen Verhältnissen im nationalsozialistischen Deutschland gewesen sei? H.: Die Lebenshaltung, insbesondere im Kriege, sei zu teuer geworden. Für seine Rente habe er früher mehr kaufen können.

H. wird aufgefordert zu erklären, wie er zu seiner Tat gekommen sei. Er gibt an, sich auf Spaziergängen häufig mit ihm nicht näher bekannten Personen über die politische und wirtschaftliche Lage unterhalten zu haben. Diese hätten sich über die Verhältnisse im Reich abträglich geäußert. Im Laufe der Gespräche wurde behauptet, daß der Führer die Schuld an dem gegenwärtigen Krieg, den dadurch verursachten Opfern und den jetzigen Beschränkungen der Lebenshaltung trage. Diese Meinung habe H. geteilt. Er habe sich darauf entschlossen, ein baldiges Ende des Krieges zu erreichen, habe sich jedoch nicht in der Lage gefühlt, dies selbst herbeizuführen. Deshalb habe er beschlossen, andere Leute dazu aufzufordern und ihnen zugleich bekanntzumachen, warum dies geboten sei. Vom Sommer bis Ende Oktober habe er dann heimlich an die Wand im Inneren der am Mariannenplatz gelegenen öffentlichen Bedürfnisanstalt für Männer mit Blaustift geschrieben: »Hitler, Du Massenmörder, mußt ermordet werden, dann ist der Krieg zu Ende«.

Frage: Gibt H. zu, daß er dadurch das Volk aufwühlen, gegen die Regierung hetzen und zu einem Gewaltakt gegen den Führer auffordern wollte? H. bestreitet dies. Er habe dabei nur gedacht, wenn der Führer nicht mehr da sei, wäre es anders.

Volksjustiz

Am 22. Januar 1943 ruft ein Herr W. (Leiter der Hauptstelle Rechtsbetreuung im Gaustabsamt der Gauleitung Berlin) beim Volksgerichtshof an und teilt dem zuständigen Staatsanwalt mit, daß es trotz H.'s Alter im Hinblick auf die Schwere seines Angriffs gegen den Führer der Wunsch des Gauleiters von Berlin (Dr. Josef Goebbels) sei, daß H. hingerichtet werde. Der Staatsanwalt verspricht, die Sache dem Oberreichsanwalt vorzutragen und Herrn W. auf dem laufenden zu halten. Beim kurzen Treffen mit dem Oberreichsanwalt wird beschlossen, die Sache möglichst schnell mit Erwirkung eines Todesurteils anzuklagen. Amtsrat T. beim Volksgerichtshof, darauf aufmerksam gemacht, daß der Gauleiter Berlins an der Sache interessiert sei, verspricht einen Gerichtstermin in der ersten Märzhälfte. T. will dem Gauleiter den Termin selbst bekanntgeben.

Angeklagt

Drei Tage später, am 25. Januar 1943, wird eine Anklageschrift eingereicht. H. wird beschuldigt, durch dieselbe fortgesetzte Handlung:

1. dazu aufgefordert zu haben, den Führer zu töten (§ 5 der Verordnung zum Schutze von Volk und Staat),

2. hochverräterische Unternehmen, mit Gewalt die Verfassung des Reiches zu ändern, vorbereitet zu haben, wobei die Tat auf Beeinflussung der Massen durch Herstellung von Schriften gerichtet war (§§ 80 Abs. 2, 83 Abs. 2 und 2 StGB),

3. es unternommen zu haben, während eines Krieges gegen das Reich der feindlichen Macht Vorschub zu leisten und der Kriegsmacht des Reichs einen Nachteil zuzufügen (§ 91 b StGB).

Begutachtet

Ende Januar 1943 bittet der Oberreichsanwalt beim Volksgericht um ein Gutachten über die Zurechnungsfähigkeit H.'s. War er fähig gewesen zu erkennen, daß in seinen Inschriften die an beliebige Unbekannte gerichtete Aufforderung zur Ermordung des Führers enthalten sei?

Der Anstaltsarzt des Gefängnisses Plötzensee (23. Februar 1943): »Der Rentner Wilhelm H. wurde von mir wiederholt untersucht. Es handelt sich um einen im 74. Lebensjahr stehenden Greis mit einem alten Hüftgelenksleiden links, stärkerer Arteriosklerose und Blutdruckerhöhung. Psychisch erscheint er noch leidlich komponiert, gröbere Ausfälle des Intellekts und des Gedächtnisses sind nicht nachweisbar. Indessen wird man auch die schon normalerweise dem Greisenalter eigentümliche egozentrische Einstellung und die Unfähigkeit, sich neuen Verhältnissen anzupassen, berücksichtigen müssen. Unter diesen Umständen möchte ich die Voraussetzungen des § 51 Abs. 2 StGB (verminderte Zurechnungsfähigkeit) für gegeben halten. § 51 Abs. 1 StGB (Unzurechnungsfähigkeit) kommt nicht in Frage.«

Verurteilt

Im Namen des Deutschen Volkes (Geheim!). Am 8. März 1943 findet die Hauptverhandlung vor dem 1. Senat des Volksgerichtshofs statt. Nach einer Stunde wird H. zum Tode verurteilt.

Leideform. Der Wortlaut der Aufschrift »Hitler, Du Massenmörder, mußt ermordet werden, dann ist der Krieg zu Ende« ist dem Gericht zufolge klar. An ihm und seinem Sinn sei nichts zu deuteln. Er enthalte angesichts der Wahl eines öffentlichen Ortes die Aufforderung an die Allgemeinheit, den Führer des Deutschen Reiches zu töten. Diese entbehre auch nicht des ernstlichen Willens. H. habe mit dem Mordaufruf eine Beendigung des Krieges erstrebt, und dieses Ziel sei unverändert geblieben, wie die wiederholte Vornahme der Aufschrift über jeden Zweifel erkennen lasse.

Lesegesellschaft. Da H. seine Aufforderung mit Blaustift gut leserlich an die Wand geschrieben habe, könne sie von allen die Bedürfnisanstalt aufsuchenden, in der betreffenden Gegend überwiegend aus Handarbeitern bestehenden Volksgenossen wahrgenommen werden. Darüber hinaus sei die Bezeichnung des Führers als Massenmörder und die Ankündigung, daß der Krieg beendet wäre, wenn der Führer getötet sei, geeignet gewesen, bei den Besuchern der öffentlichen Bedürfnisanstalt den Anschein des Vorhandenseins reichsfeindlicher Strömungen zu erwecken und nicht gesinnungsfeste Volksgenossen gegen den Führer und das von ihm geschaffene nationalsozialistische Regime aufzuwiegeln und sie zu einem gewaltsamen Vorgehen aufzuputschen. Bewußt sei H. auf propagandistische Massenwirkung aus gewesen, indem er hierzu die bezeichnete Bedürfnisanstalt wählte, weil er eingeständlich damit rechnete, daß auf diese Weise seine schriftlichen Hetzparolen unter vielen Volksgenossen Verbreitung finden würden.

Privatinteressen. H. habe sich im vierten Kriegsjahr im schwersten Ringen des deutschen Volkes um seine Freiheit auf die Seite des Feindes gestellt. Durch die von ihm gewollte Tötung des Führers wäre das Deutsche Reich seiner höchsten Führung beraubt worden, und es hätte ein für Deutschland namenloses Unglück eintreten können. Und das alles, weil er seiner Rente eine höhere Kaufkraft verschaffen und ein »zufriedenes und auskömmliches« Leben führen wolle. Seine alte marxistische Gesinnung, durch die frühere Wahl der SPD zum Ausdruck gekommen, sei in dem Augenblick wieder zum Ausbruch gekommen, wo er des Glaubens sei, der Nationalsozialismus biete ihm nicht genug für seine persönlichen Bedürfnisse. Für sein persönliches Wohl setze er rückhaltlos und frevelhaft die Person des Führers und das Schicksal des gesamten deutschen Volkes aufs Spiel. Er habe sich damit selbst aus der deutschen Volks- und Schicksalsgemeinschaft ausgeschlossen und damit sein Urteil gesprochen. Er sei todeswürdig. Gegenüber dem Schutze von Führer, Volk und Reich könnten für H. persönliche Umstände, wie bisherige straffreie Führung und die bei seinem hohen Alter von dem medizinischen Sachverständigen und dem Senat für möglich erachtete verminderte Zurechnungsfähigkeit nicht strafmildernd berücksichtigt werden. Der Volksgerichtshof habe daher gegen H. die Todesstrafe ausgesprochen, eine Strafe, die bei der Ruchlosigkeit der Tat auch dem deutschen Volksempfinden Rechnung trage.

Geregelt

Im Gefängnis bleibt H. ruhig und bescheiden, hält sich vor den anderen Gefangenen zurück. Der Abteilungsleiter: Der Strafgefangene Wilhelm H. habe sich in der hiesigen Anstalt gut geführt, seine Arbeitsleistungen seien befriedigend. Reue über seine Tat scheine er zu empfinden.

Am 1. April 1943 teilt der Staatsanwalt beim Volksgerichtshof dem Reichsjustizministerium mit, daß ihm eine befürwortende Äußerung für einen Gnadenerweis H.'s nicht zugegangen sei. Im übrigen habe ihm der Leiter der Hauptstelle Rechtsbetreuung im Gaustabsamt der Gauleitung von Berlin fernmündlich mitgeteilt, daß Dr. Goebbels die Verurteilung zum Tode und die Vollstreckung des Urteils für geboten erachte.

Stellungnahme des Sachbearbeiters beim Reichjustizministerium (13. April 1943): »Das Urteil ist weder in sachlicher noch in rechtlicher Beziehung zu beanstanden. Der Verurteilte ist geständig und der ihm zur Last gelegten Tat schlüssig überführt. Die Tat ist außerordentlich schwer: Der Verurteilte ist im 4. Kriegsjahre – lediglich aus eigensüchtigen Motiven – aus der Deutschen Front ausgebrochen, hat sich auf die Seite des Feindes gestellt und zu dem Schlimmsten aufgefordert, was Deutschen im Augenblick überhaupt geschehen könnte. Die Hartnäckigkeit seines verbrecherischen Willens zeigt sich in der wiederholten Niederschrift der Mordaufforderung. Das Staatsinteresse erfordert entschieden die Beseitigung des Schädlings. Ich schlage daher *Vollstreckung* vor.«

Eine Woche später beschließt der Reichsminister der Justiz, von dem Begnadigungsrecht keinen Gebrauch zu machen, sondern der Gerechtigkeit freien Lauf zu lassen.

Am 2. Mai 1943 bittet der Pflichtverteidiger, Dr. Gerhardt R., um Gnade für seinen Mandanten: H. habe sich bis dahin eines ordentlichen Lebenswandels befleißigt und sei bis zu dieser Straftat, d. h. bis zu seinem 73. Lebensjahr, in Ehren alt geworden. Er habe keiner Gewerkschaft angehört, habe als Transportarbeiter seit 42 Jahren in ein und demselben Haus gewohnt und erfreue sich bei den übrigen Hausbewohnern, insbesondere aber bei seiner Familie, so bei seinen drei Schwiegersöhnen, eines guten Rufes und Ansehens.

Lautlos

Am 10. Mai 1943 um 19.00 Uhr wird H., die Hände auf dem Rücken gefesselt, in der Richtstätte des Gefängnisses Plötzensee vorgeführt. Laut Protokoll ist er ruhig und gefaßt, läßt sich ohne Widerstreben auf das Fallbeilgerät legen. Von der Vorführung bis zur Vollzugsmeldung dauert die Vollstreckung des Urteils 16 Sekunden. Die Leiche wird dem Anatomisch-biologischen Institut der Universität Berlin mit dem Hinweis auf strengste Geheimhaltung zu Lehr- und Forschungszwecken überlassen.

Vorläufiger Entwurf einer Pressenotiz: »Am ... ist der Rentner Wilhelm H. aus Berlin, den der Volksgerichtshof zum Tode verurteilt hat, hingerichtet worden, weil er im Spätsommer bis Oktober 1942 wiederholt in einer öffentlichen Bedürfnisanstalt im Südosten Berlins die Anschrift(en) angebracht hat: ›Hitler, Du Massenmörder, mußt ermordet werden, dann ist der Krieg zu Ende‹.«

Auf Anweisung des Reichsministers der Justiz wird von einer Bekanntmachung der vollzogenen Vollstreckung in der Presse und durch Anschlag abgesehen.

DIE UNFÄHIGKEIT ZU
VERDAUEN

Am 25. Juni 1941, drei Tage nach Beginn der deutschen Offensive gegen die Sowjetunion, verabschiedet sich SS-Gruppenführer Erich B. von seiner Familie und fährt mit dem PKW Richtung Osten. Zu diesem Anlaß hat seine Frau auf ihrem Gut in Breslau-Burgweide eine kleine Feier organisiert. Die Kinder, sonntäglich fein gemacht, bilden zusammen mit den Pflichtjahrmädchen ein Ehrenspalier. Der Jüngste, Eberhard, überreicht dem Vater ein paar Rosen, der kleine Heini sagt: »Komm bald wieder!«, Ines steht da mit Tränen in den Augen. In der brütenden Sommerhitze macht sich B. auf den Weg nach Warschau. Abends, »tief in der Polakei«, denkt er noch immer an die liebenswürdigen Blicke seiner Kinder. Er schreibt in sein Kriegstagebuch: »Wie viel schöner ist ihre Jugendzeit in unserem wundervollen, gepflegten Heim, als meine war! Damit diese Jugend es einmal besser hat als die Generationen vor ihr, darum wollen wir kämpfen.« Am nächsten Tag meldet er sich als »Höherer SS- und Polizeiführer Rußland-Mitte« bei General von Schenckendorff, Befehlshaber des Rückwärtigen Heeresgebietes der Heeresgruppe Mitte. B.'s Aufgabe: die Befriedung der ostischen Völker hinter der Front.

Streber

Militarist. 1914: B. ist mit fünfzehn Jahren Freiwilliger in der Königlich Preußischen Armee. Als Obertertianer Offizier. Eisernes Kreuz II. und I. Klasse.

Habenichts. B.'s Vater, verarmter Adel, ist kleiner Reisender in Versicherungen. Das Militär ermöglicht B. den sozialen Aufstieg. Nach dem Weltkrieg: Freikorpskämpfer in Oberschlesien, bis 1924 aktiver Offizier. In den zwanziger Jahren hat B. ein Taxifuhrgeschäft mit drei Kraftdroschken in Berlin, danach kauft er mit der Mitgift seiner Frau eine kleine Bauernwirtschaft in Dühringshof. Der Nationalsozialismus bietet ihm eine zweite Aufstiegsmöglichkeit. Eintritt in die Partei: Januar 1930, Eintritt in die SS: Februar 1931.

Ein Hundertprozentiger. Weltanschauung: sehr guter Nationalsozialist. Charaktereigenschaften: Treu und ehrlich, stark impulsiv, in vielen Fällen hemmungslos. Himmler soll B. »sein bestes Pferd im Stall« genannt haben.

Kommißhengst. B. ärgert sich über die Lakaien um den Führer und den Reichsführer-SS. Lieber Einzelgänger als Hofnarr.

Herrenvolk. Vorwürfe der Ärzte, daß die ganze Familie an Überfütterung leidet. Tagebucheintragung B.'s (19. Oktober 1937): Fettsucht und Vielfresserei führen zur geistigen Trägheit und schlechten Laune, die wiederum zu Minderwertigkeitskomplexen führen, unter denen ich zu leiden habe.

Nachkommenschaft. In den Kindern kann das Schicksal am härtesten treffen. Die passive Natur der ältesten Tochter macht B. Sorgen. In der Generation, die nach ihm kommt, kann er keinen Aufstieg sehen. Also wieder Abstieg zur gesellschaftlichen Schicht seiner Eltern? Vererbte Willensschwäche oder weichliche Erziehung der Mutter?

Machtkampf (1935). Als Leiter der Geheimen Staatspolizei in Königsberg gerät B. in einen Kleinkrieg mit dem Gauleiter und Oberpräsidenten Ostpreußens, Erich Koch. B. beklagt sich über Korruption und »separatistische Bestrebungen der hiesigen Provinz«. Es folgen gegenseitige Anschuldigungen. Der Führer entscheidet sich für Koch. B. wird nach Breslau versetzt.

Voller Hingabe. B. vertieft sich in die neue Arbeit, findet dadurch wieder Anerkennung in den Augen des Reichsführers-SS. Im Juni 1938 wird er zum Höheren SS- und Polizeiführer Südost (Ost-Oberschlesien) befördert. Schon im Jahr 1939 plant die SS die Evakuierung der Juden aus dem Altreich sowie aus Danzig, Posen, Ost-Oberschlesien und Süd-Ostpreußen. Im September 1940 beschwert sich B., daß er die Juden in Ost-Oberschlesien immer noch nicht losgeworden ist.

Im Einsatz

Juli 1941. Von Warschau zieht B. nach Osten hinter die vorrückende Front, nach Bialystok, Grodno, Baranowice. In Weißrußland beginnt er einen erbitterten Kampf gegen »Partisanen« und »Plünderer«.

Besondere Heldentaten. Die B. unterstellte SS-Kavallerie-Brigade ist mit der Durchkämmung, Befriedung und Sicherung der Pripjet-Sümpfe beauftragt. Mitte August erstattet das SS-Kavallerie-Regiment 2 (Reitende Abteilung) Bericht über die Aktion vom 27. Juli bis 11. August 1941:

Kampfeindrücke: Keine

Befriedung: Jüdische Plünderer wurden erschossen. Nur wenige Handwerker, welche in Reparaturwerkstätten der Wehrmacht beschäftigt waren, wurden zurückgelassen.

Weiber und Kinder in die Sümpfe zu treiben, hatte nicht den Erfolg, den es haben sollte, denn die Sümpfe waren nicht so tief, daß ein Einsinken erfolgen konnte. Nach einer Tiefe von einem Meter kam man in den meisten Fällen auf festen Boden (wahrscheinlich Sand), so daß ein Versinken nicht möglich war.

Auffallend war auch, daß die Bevölkerung im großen und ganzen auf den jüdischen Bevölkerungsteil gut zu sprechen war. Sie half jedoch beim Zusammentreiben der Juden tatkräftig mit. Die eingesetzten Ordnungsdienste, die sich zum Teil aus polnischer Polizei und ehemaligen polnischen Soldaten zusammensetzten, machten einen guten Eindruck. Sie setzten sich tatkräftig ein und beteiligten sich auch am Kampf gegen Plünderer.

Die Gesamtzahl der von der Reiter-Abteilung erschossenen Plünderer usw. beträgt: 6526.

Zusammenfassend kann gesagt werden, daß die Aktion als gelungen zu bezeichnen ist.

B. in seinem Kriegstagebuch (3. August 1941): Die SS-Männer der Reiterbrigade kämpfen in diesen Tagen wie die Helden.

In derselben Woche. Da in Jazyl auf die sich zurückziehende 1. Kompanie geschossen wurde, läßt B. die männliche Bevölkerung des Dorfes erschießen.

Kulturvolk. Am 15. August 1941 ist der Reichsführer-SS zu Besuch in Minsk, wohnt einer Exekution von Juden bei. Himmler gegenüber äußert B. Bedenken wegen der verrohenden Wirkung solcher Massenerschießungen. Der Reichsführer beauftragt SS-Obergruppenführer Arthur Nebe, eine »menschlichere« Art der Liquidierung zu finden. Nach einem Fehlversuch mit Dynamit in einer weißrussischen Irrenanstalt wird an Vergasungsmethoden gearbeitet.

Erholung. Nach dem Besuch des Reichsführers-SS ist B. zwei Tage lang auf seinem Gut in Breslau-Burgweide. »Das glückliche Spiel der Kinder griff mir ins Herz. Vergessen war für Stunden die schwere Arbeit in Rußland.«

Zurück in Minsk. Meldung B.'s vom 20. August 1941: »Folgende Orte sind dem Erdboden gleichgemacht: Turow, Zapieszocze, Dworzec, Pohost, Stepece, Ozierany, Siemuradze und Choczen.« Vier Tage später stellt B. sein erstes ukrainisches Schutzmannschafts-Bataillon aus freiwilligen Überläufern zusammen, das später zeitraubende Erschießungsarbeit der deutschen Polizei übernimmt.

Eine Ungerechtigkeit. Obwohl Partisanenkämpfe von Führer und Mann mehr Nervenkraft erfordern als Gefechte mit regulären Truppen, werden letztere in bezug auf Kriegsauszeichnungen von der Wehrmacht viel höher bewertet.

Kinderlieb. Nachdem die deutsche Zivilverwaltung Anfang September 1941 den westlichen Teil Weißrußlands übernommen hat, zieht B. mit seinem Stab nach Mogilew. B. richtet sein Quartier in einem ehemaligen Kinderheim ein. Wohnzimmer und Schlafzimmer sind riesige Säle mit Ausblick über Garten und Stadt.

Musterhaft. B. rühmt sich, kein Vorgesetzter zu sein, der im Büro sitzt und einen Papierkrieg führt. Bisher habe er jeden Einsatz seiner SS und Polizei persönlich mitgemacht.

Abendstunden. Die SS-Männer sitzen um ein Lagerfeuer und singen Soldatenlieder, was vom Rundfunkwagen der Propagandakompanie für den Deutschlandsender auf Schallplatten aufgenommen wird. B. hofft, daß Mutti und die Kinder diesen Bericht nicht verpassen, damit sie wieder die Stimme ihres Vatis hören.

Ausbildung. B. auf einem Lehrgang über Partisanenbekämpfung in Rußland-Mitte: »Wo der Partisan ist, ist der
Jude, und wo der Jude ist, ist der Partisan.«

Der Geist ist willig

Trotz seiner Erfolge fühlt sich B. matt und träge, was er
zunächst der neuen Umgebung zuschreibt. Aus seinem
Tagebuch (29. September 1941): Die langen östlichen
Abende sind erdrückend. Sie mögen auch bei der stump-
fen slawischen 100-Millionen Masse eine gewisse Schwer-
mut erzeugen. Ich spüre es am eigenen Leibe.

Sonderaktion. Am 2. und 3. Oktober 1941 werden in Mogilew auf Anordnung B.'s 2270 jüdische Männer, Frauen
und Kinder erschossen, ein Drittel der in der Stadt ver-
bliebenen Juden.

Leibweh. Zwei Tage später nimmt B.'s vages Unwohlsein
eine konkretere Form an. Nach einem Glas Wein spürt er
im Unterleib ein scharfes Kneifen. Er glaubt, es sei nur ein
harmloser Nierenstein-Anfall. Am nächsten Tag sind die
Schmerzen aber so stark, daß B. Betäubungsmittel nehmen
muß. Den ganzen Tag bleibt er im Bett. Nach einer Woche
ist er immer noch krank.

An die Arbeit. Zehn Tage später ist B. endlich ohne Schmerzen. Da die Wehrmacht nicht energisch genug die Rück-
wanderung der Bevölkerung unterbindet und dadurch den
Partisanen Unterstützung bietet, errichtet er ein Zivilge-
fangenen-Lager in Mogilew. Am 19. Oktober werden weitere 3720 jüdische Männer, Frauen und Kinder in der Stadt
erschossen. Weniger als 1000 Juden – Facharbeiter und
ein Teil ihrer Familien – bleiben verschont.

Sittenbild. Ein Besuch des Reichsführers-SS in der vierten Oktoberwoche. B. will mitten in der Zerstörung einen großen Eindruck auf Himmler machen. Beim gemeinsamen Essen: weiße Tischtücher und Blumen, saubere Ordonnanzen und weibliche Bedienung, kleine Tafelmusik einer russischen Klaviervirtuosin und eines Balalaikaspielers. B.: »Wir Deutschen dürfen unsere kulturellen Bedürfnisse gerade hier nicht aufgeben, wenn wir nicht auf das Niveau dieser ostischen Rasse herabsinken wollen.« Am zweiten Tag bei Generalfeldmarschall von Bock: anerkennende Worte des Generalfeldmarschalls an Himmler über B.'s Arbeit. B. wartet immer noch auf die Spange zum Eisernen Kreuz I.

Außendienst. Zehn Tage später sind die Schmerzen wieder da. Mitten in den Säuberungsaktionen ist B. lahmgelegt.

Befördert. Fernmeldung des Reichsführers-SS (3. November 1941): »Mein lieber B.! Der Führer hat Sie mit Wirkung vom 9.11.41 zum SS-Obergruppenführer und General der Polizei ernannt. Meine herzlichsten Glückwünsche dazu. In Freundschaft ihr HH.« Wegen einer Nierenkolik muß die Beförderungsfeier verschoben werden.

Wiederbelebt. Auf Grund der andauernden Schmerzen fliegt B. am 13. November 1941 nach Breslau, wo er von einem Internisten der Universitätsklinik untersucht wird. Danach ist er ein paar Tage im Polizeierholungsheim Berlin-Wannsee. Mit SS-Kameraden und dem Heimleiter trinkt er einige Flaschen französischen Rotwein. Vormittags Dampfbad, abends in die Oper (»Siegfried«). B.: Ein seelisches Bad, die Musik schenkt mir das reinste Leben. Anschließend ein Tag in Breslau-Burgweide mit den Kindern. Versteckspiele im Garten.

Eiserner Wille. Zurück in Rußland ist es kalt, nicht sehr angenehm für den angeschlagenen Unterleib. Trotzdem macht B. weiter. Sein Freund, SS-Gruppenführer Hildebrandt, schreibt Glückwünsche zu der Beförderung, fragt nach der Erkrankung. B.: »Gesundheitlich geht es mir ganz leidlich; jedenfalls gedenke ich nicht vor dem Ural schlapp zu machen.«

Ausgezeichnet. Am 5. Dezember erhält B., immer noch erkrankt, die Spange zum Eisernen Kreuz I.

Optimist. Beim Besuch erzählt der Ritterkreuzträger Oberst von Bismarck, daß der Ober-Befehlshaber der Heeresgruppe, Generalfeldmarschall von Bock, magenkrank und daher Pessimist sei. B. dagegen ist Optimist. Auf die Frage, womit er dies begründet, antwortet er: »Adolf Hitler«.

Tatkräftig. Die gedrückte Stimmung ist wieder in Arbeits- und Schaffensfreude umgeschlagen. B. hat neue Kampfaufgaben. Der Reichsführer-SS funkt: »Es werden Ihnen sofort an neuen Kräften zugeführt: Das Polizei-Bataillon II aus Kauen, ein Polizei-Bataillon aus Tilsit und ein Polizei-Bataillon aus Minsk. Außerdem eine lettische und zwei litauische Schutzmannschaftsabteilungen mit zusammen 1000 Mann. Für Ihre Nierenentzündung meine herzlichen Wünsche zur baldigen Besserung. Sobald ich glaube, es bei der Lage verantworten zu können, müssen Sie auf Erholungsurlaub.« B. funkt zurück: »Äußerung des Reichsführers über versprochenen Urlaub mir unverständlich, da ich schon im Oktober gehen sollte, aber mich stets geweigert habe, während Frontbewegung in Urlaub zu gehen. Ich bin empört, mir Urlaub zuzutrauen vor endgültiger Beruhigung der Front.«

Weihnachten. Im Wohnzimmer steht ein Weihnachtsbaum, im Schlafzimmer hängt ein Adventskranz. B. ist aber gar nicht nach Weihnachten zumute: »Man hat für solche Feste niemals Zeit, überhaupt für das persönliche Wohlergehen, wenn man durch Jahrzehnte im Dienste seines Volkes steht.« Am ersten Weihnachtstag ist er mit den Männern zusammen. Sie trinken Likör. B. trinkt Tee, ißt eine Käsestulle, bekommt prompt eine Nierenkolik. Die nächsten zwei Tage und Nächte hat er starke Schmerzen.

Neujahr. Anfang Januar bemerkt B. Darmblutungen größeren Umfangs. Zwei Wochen später ruft Himmler persönlich aus dem Führerhauptquartier an, fragt nach den Truppen und wie es B. gesundheitlich gehe. B. ist gerührt. Für die Truppe bittet er um eine weitere Sendung von Feldöfen. Zu seiner Gesundheit: Er habe keine Zeit, krank zu sein, solange die Truppe kämpft.

Hungerkur. Die Schmerzen hören nicht auf. Um das andauernde Bluten zu unterbinden, stellt B. das Essen ganz ein. Er trinkt nur noch Kaffee.

Schlappschwanz. Infolge des Blutverlusts fühlt sich B. ständig müde. Damit er nicht an Anämie erkrankt, schlagen die Ärzte eine Operation vor. Ende Januar 1942 bittet B. den Reichsführer-SS, auf vier Wochen in ein Kriegslazarett gehen zu dürfen. Er möchte eines in der Nähe aufsuchen, damit er die Zügel in der Hand behalten kann. Himmler will jedoch, daß B. im SS-Lazarett Berlin-Lichterfelde (»Unter den Eichen«) operiert wird.

Heilverfahren

Im Februar 1942 unterzieht sich B. einer schweren Hä-
morrhoidenoperation. Bei der Nachbehandlung merkt der
zuständige Arzt, daß B. sich an überhöhte Dosen von
Morphiumpräparaten gewöhnt hat. Darauf aufmerksam
gemacht, erstattet der Reichsarzt-SS, Professor Dr. Grawitz, Meldung an Himmler. Himmlers Adjutant, SS-Obergruppenführer Karl Wolff, ein alter Freund B.'s, wird beauftragt, ihn im Lazarett zu besuchen. In Berlin findet Wolff
seinen Kameraden zum ersten Mal in einem unsoldatischen,
fast weinerlichen Zustand vor. B. bittet Wolff, ihn bei
Himmler gegen die Intrigen seiner Ärzte in Schutz zu nehmen. Bei einem langen Gespräch macht Wolff B. eindring-
lich klar, um welche Krise es sich in seinem Leben handele,
daß diese Auseinandersetzung die Frage entscheiden
werde, ob man ihn wieder frontverwendungsfähig schreibe.
Am Schluß appelliert er an B.'s Ehrbegriff. B. verspricht,
die Abhängigkeit schnellstens zu überwinden und wieder
der alte zu werden.

Drei Tage nach dem Besuch schreibt B. folgendes an
Himmler (4. März 1942): »Hochverehrter Reichsführer!
Ich habe meine Frau gebeten, Ihnen diesen Dankbrief zu-
zustellen. Zunächst danke ich Ihnen ganz gehorsamst für
alle Ihre Fürsorge, insbesondere für die freundlichen Ge-
burtstagswünsche, die mir Graf L. überbrachte. Ich habe
das Gefühl, daß ich über den Hauptberg bin. Es war wohl
alles schmerzhafter, als ich es gedacht hatte, da ich bisher
keine Zeit hatte, mich um mich selbst zu kümmern. Seit
aber Wölffchen hier war und besonders Ihre Anrufe aus
dem Führerhauptquartier kamen, wurde ich mit einer rüh-
renden Sorgfalt betreut. Sie dürfen sich um mich nicht zu
große Sorgen machen, denn durch Ihre Erziehung sind wir
nun einmal so geworden, daß wir auch bei einer privaten

Erkrankung die Sorgen um unsere Männer nicht los werden. Ich denke Tag und Nacht nur an die entscheidenden Stunden, die uns bevorstehen und die wir meistern werden. Zu meiner Freude hat die Heeresgruppe mit einem Blumenstrauß meiner gedacht. Ich hoffe ganz fest, daß ich in vier Wochen voll einsatzfähig bin. Nochmals herzlichsten Dank für Ihre Fürsorge, bin ich ihr getreuer und dankbarer B.«

Am gleichen Tag erstattet Dr. Grawitz Bericht an Himmler, der inzwischen besorgte Meldungen von SS-Obergruppenführer Wolff bekommen hat:

»Nachdem die unmittelbaren Operationsfolgen normal abgeklungen und der Heilungsprozeß eingeleitet war, machte in den letzten 8 Tagen die Wiederherstellung der normalen Darmtätigkeit gewisse Schwierigkeiten. Der Grund hierfür war, daß im Anschluß an die Operation zunächst für einige Tage, wie üblich, der Darm mittels Opium ruhig gestellt werden mußte. […]

(Der sehr zögernde Heilungsverlauf und die noch relativ langdauernde Schmerzhaftigkeit ist bei Hämorrhoiden-Operationen leider üblich, da ja die Schleimhaut des Afterringes nicht völlig stillgestellt werden kann und insbesondere auch durch das dauernde Arbeiten des Schließmuskels meist in Bewegung ist.)

Zugleich macht sich der schwere allgemeine und insbesondere nervöse Erschöpfungszustand, in dem der Patient vom Osteinsatz zur Behandlung kam, bemerkbar.

Da die psychische Behandlung des Patienten eine nicht leichte ist – er leidet insbesondere an Vorstellungen im Zusammenhang mit den von ihm selbst geleiteten Judenerschießungen und anderen schweren Erlebnissen im Osten! – habe ich mich selbst weitgehend in die Behandlung eingeschaltet und bemühe mich täglich wiederholt um den Wiederaufbau seines seelischen Gleichgewichtes wie auch um das persönliche Wohlergehen von Frau B., der ich auf ihre Bitte erlaubt habe, im Lazarett zu wohnen und ihren Mann selbst zu pflegen. Ich mußte mich zu diesem ungewöhnlichen Schritt, der unausbleibliche aber durchaus überbrückbare Schwierigkeiten zur Folge hat, entschließen, da die seelische Betreuung des Patienten, wie oben beschrieben, einen erheblichen Faktor im gesamten Heilplan ausmacht.

Ich habe mit diesem Zwischenbericht solange gewartet, da ich Sie, Reichsführer, mit den inzwischen aufgetretenen Schwierigkeiten, die ja nicht lebensbedrohlich waren und über deren Verlauf ich mir erst selbst ein Urteil bilden mußte, nicht unnötig beunruhigen wollte.

Die beschriebenen Schwierigkeiten lagen in erster Linie auf dem Gebiet der ärztlichen Führung des Kranken und seiner Umgebung und ich hatte auf Grund des Befundes und der Gesamtlage die Überzeugung, daß sie in kurzem überwunden sein würden. Das heute ausgesprochen objektiv gute und subjektiv frische Befinden des Patienten bestätigt meine Prognose. Ich bedaure aufrichtig, Reichsführer, daß Sie durch die Übermittlung des durch die Narkosenachwirkung völlig verfälschten Bildes, daß SS-Obergruppenführer Wolff bei seinem Besuch am Sonnabend gewinnen mußte, den irrtümlichen Eindruck unzureichender und nicht richtiger ärztlicher und pflegerischer Versorgung des SS-Obergruppenführers B. erhielten. Ich darf noch einmal die Versicherung abgeben, daß ich mir vom ersten Tage der Behandlung an über die Größe der Verantwortung gerade bei diesem SS-Führer vor Ihnen, Reichsführer, voll im Klaren war und habe die Hoffnung, daß Sie in absehbarer Zeit durch den genesenen B. selbst die Bestätigung der Richtigkeit meiner Angaben erhalten werden.

Hinsichtlich der Prognose über den weiteren Verlauf darf ich noch folgendes hinzufügen:

Ich hoffe, daß in etwa 2–3 weiteren Wochen die endgültige organische Ausheilung gelingt und ein Zustand erreicht wird, in dem B. dann in der Lage ist, einen mehrwöchigen gründlichen klimatischen Erholungsaufenthalt ohne ärztliche Behandlung anzutreten.«

Fünf Tage später hat B. zunehmend Appetit und geringere örtliche Beschwerden. Der Leiter der Westend-Klinik in Berlin-Steglitz, Professor Dr. U., wird in den Fall einbezogen und bemüht sich um eine Stärkung der inneren Sicherheit und des Selbstgefühls des Patienten. Er redet B. energisch zu, ruft seinen Genesungswillen auf.

Zwischenbericht des Dr. Grawitz an Himmler (9. März 1942): »Sorge macht mir im Augenblick etwas die Gemütsverfassung: B. hatte aus Angst vor seinen Hämorrhoidalbeschwerden bereits seit Monaten während des Osteinsatzes qualitativ und quantitativ gehungert. Der verzögerte und etwas schwierige Heilungsverlauf ist durch die starke körperliche, nervöse und seelische Erschöpfung, in der B. zur Behandlung kam, verursacht worden. Jetzt, wo es ihm körperlich gut zu gehen beginnt, quält er sich nun mit gewissen Minderwertigkeitsvorstellungen (›übertriebene Schmerzempfindlichkeit, Sichgehenlassen, mangelnde Willenskonzentration‹) und mit der Sorge, recht bald wieder voll dienstfähig Ihnen, Reichsführer, zur Verfügung stehen zu wollen. Ich habe B. immer wieder, zuletzt heute früh, mit Sicherheit versprochen, daß er nach einigen Wochen gründlicher klimatischer Erholung auf jeden Fall seine alte Frische und Leistungsfähigkeit wieder erreichen würde. Ich bin hiervon auch durchaus überzeugt, sehe aber voraus, daß er sich noch eine ganze Zeit mit wechselnden Depressionserscheinungen herumplagen wird.«

In der dritten Märzwoche wird B. aus dem Lazarett in Berlin entlassen. Auf seinem Gut in Breslau-Burgweide rich-

tet er ein Protestschreiben an Himmler (31. März 1942):
»Reichsführer! Nachdem ich das Krankenbett für einen
täglich immer längeren Zeitabschnitt verlassen durfte, ließ
ich mich aus dem SS-Lazarett entlassen. Da meine Erlebnisse in der ersten Hälfte meiner Lazarettzeit den ersten
seelischen Schock meines Lebens hervorgerufen haben, wie
ich Ihnen, mein Reichsführer, offen gestehen muß, wollte
ich so schnell wie möglich aus der Lazarettatmosphäre heraus. Denn die von Professor U. verordnete leichte Nachbehandlung mit Olivenöl und die Gehversuche, Massage
und das Training der ganz schlappen Muskeln kann ich zu
Hause ebenso gut durchführen. In den nächsten Tagen werde ich dann meinen Erholungsurlaub nach Karlsbad an-
treten, weil die Ärzte Spaziergänge im Hochgebirge noch
für zu anstrengend halten. – Ich bitte Sie, mein Reichsführer, mir einen ausführlichen Bericht über meine Krankheit vorläufig noch zu erlassen, da ich langsam Ihr alter B.
werde und das Durchgemachte aus meinem Gedächtnis
auslöschen möchte. Gegen eine Auffassung wehre ich mich
aber mit aller Kraft. Eine Auffassung, die aus bestimmten
Gründen Ursache und Wirkung umdreht. Es ist nicht wahr,
daß ich als vollkommen Erschöpfter und Abgekämpfter
das Lazarett betrat. Als Ihr alter Kämpfer, dessen Energie
wieder täglich steigernd zurückkehrt, wehre ich mich trotz
tagelanger suggestiver Behauptungen an meinem Kranken-
lager gegen eine solche Verdrehung der Tatsachen. Ich glaube nicht, mein Reichsführer, daß Sie bei Ihrem Besuch im
Lazarett kurz vor meiner Operation den Eindruck eines
seelisch oder körperlich Zusammengebrochenen hatten. Ich
unterzog mich doch nur der Operation, weil die Ärzte die
völlige Wiederherstellung auf 4 Wochen taxierten und weil
ich zu den Hauptkämpfen im Frühjahr wieder 100% gesund sein wollte. Noch bis 14 Tage nach der Operation
stand ich täglich durch Funk und Kuriere mit Mogilew in
Verbindung. Jeden Führereinsatz empfing ich vor dem Aus-

rücken persönlich an meinem Krankenbett, um den Einsatz zu besprechen. Auch die Krankenschwestern, die von Berlin nach Mogilew und Bobruisk in Marsch gesetzt wurden, empfing ich im Lazarett. Beschaffung des Nachschubs an Kraftfahrzeugen usw., alles behielt ich in meinen Händen. Das sieht doch nicht nach einem Zusammenbruch aus. Erst als die Krämpfe begannen und von den stillgelegten Därmen aus die Vergiftung des Körpers und dann auch der Seele begann, konnte man von einem Zusammenbruch sprechen. Dabei waren es weniger die wahnsinnigen körperlichen Schmerzen, die die Auflösung hervorriefen, als die Überzeugung der falschen Behandlung und die Drohung eines schmählichen Strohtodes in einer Zeit, wo jeder Soldat das Recht auf einen anständigen Soldatentod hat. Darum danke ich Ihnen, Reichsführer, für ihr Eingreifen nach Wolffs Besuch. Ich hatte wohl nicht mehr die Kraft, mich selbst zu wehren. Mit einem Schlag wurde nun der Internist SS-Sturmbannführer L. hinzugezogen, was vorher nicht möglich war. Ebenso habe ich SS-Hauptsturmführer D. und Professor U. viel zu verdanken, daß der Unterleib langsam seine Tätigkeit wieder aufnahm. Die Herren Spezialisten mögen ihr Spezialfach sehr gut verstehen, was aber aus ihrem Schema herausfällt, wollen sie nicht sehen. Dann werden einem einfach seelische Komplexe zugeschrieben.

Reichsführer, ich werde Ihnen in diesem Jahre beweisen, daß ihre alten Haudegen sich auch nicht durch solche Erlebnisse unterkriegen lassen. In treuer Dankbarkeit Heil Hitler! Ihr B.«

Wiederhergestellt

Zurück von der Erholungskur schreibt B. in sein Tagebuch (Ende April 1942): Es ist ein großes Vakuum in meinen Erinnerungen. Aber das schadet nicht, denn schließlich ist ein

Kriegserinnerungsbuch kein Geschichtsbuch meiner durchgestandenen Krankheit. Um den 1. März herum machte ich durch falsche Behandlung der Ärzte eine schwere Krisis durch. Es ging um Tod oder Leben, da Darmkrämpfe entstanden. Mutti hat mich selbstaufopfernd gesund gepflegt. Der seelische und charakterliche Gewinn ist der, daß die Krankheit mir folgende Erkenntnisse brachte: Jeder Mensch muß sterben! Das sagt man so leicht hin, wenn man gesund und jung ist. Berührt einen jedoch der Tod auf einem langen Schmerzenslager, so steht selbst der mutigste Soldat voll Unglauben dieser unerbittlichen Tatsache gegenüber. In diesem Fall hat der religionsgebundene Mensch es leichter als der Gottgläubige mit seinem Verstand. Das letzte Tor, durch das wir alle schreiten müssen, bleibt erschreckend und unfaßbar trotz Fortleben in den eigenen Kindern. »Du unbekannter Gott«. Es gibt Schmerzen, die so unfaßbar grausam sind, daß sie nicht nur den Körper, sondern auch die Seele schwächen. Es erscheint alles so sinnlos, wenn man bedenkt, daß oft die guten Menschen einen qualvollen und die schlechtesten Menschen einen leichten Tod sterben.

Was B. am meisten beunruhigt: der Gedanke, daß selbst Kinder und unschuldige Tiere einen qualvollen Tod erleiden können.

Frage. Ob die Krankheit ihn seelisch stärker gemacht oder ihn geschwächt habe? Nur der Einsatz könne dies entscheiden.

Zurück in Mogilew strahlt B. Ruhe und Energie aus. Er fühlt sich gesund, ist voller Zuversicht und über die viele Arbeit tief glücklich. B.: Ich schlafe wie ein unschuldiges Kind, fliege mit der Selbstverständlichkeit eines 18jährigen Leutnants und fühle mich allen und allem überlegen.

Die lange Krankheit, während deren der Tod ständig an meinem Bett saß, scheint doch einen Zweck gehabt zu haben. Ich bin seelisch ausgeglichener geworden. Vielleicht bewirkt dieser glückliche Zustand auch, daß ich todesbereit bin, um mein gottgewolltes Schicksal auf mich zu nehmen. Es gibt kein wirkliches Glück, das von außen kommt, in unserm eigenen Herzen ruht es.

Einsatzfähig. Als B. an brennenden Dörfern vorbeifliegt, juckt ihn der Tatendrang in allen Fingern.

Vollbeschäftigt

B. muß scharf durchgreifen, da in seiner Abwesenheit viel gesoffen wurde. Am ersten Abend ist er mit seinen Führern bis 4 Uhr morgens zusammen, entwickelt schon Pläne für die kommenden Aufgaben. B.: Wir sind zum Kämpfen hier und nicht, ein friedliches Dasein zu führen.

Ordentlich aufgeräumt. In den ersten drei Monaten nach B.'s Rückkehr werden 81 000 Partisanen unschädlich gemacht.

Taktik. B.: Ist der Moment der Überraschung, zum Beispiel dadurch, daß zufällig Einwohner auftauchen, nicht mehr gegeben, so ist der ausgesuchte Platz sofort aufzugeben, wenn die lästigen Zeugen nicht geräuschlos beseitigt werden können.

Altes Leiden. Ende August 1942 liegt B. wegen Leibschmerzen zwei Tage im Bett. Im September ist er zwei Wochen mit seiner Frau auf Erholungsurlaub in Karlsbad.

Selbstlose Kleinarbeit. Zurück in Rußland-Mitte funkt B. an Himmler: »Mit Nachschubkolonne gehen ab Mogilew an Reichsführer-SS 10 000 Paar Kinderstrümpfe und 2000 Paar Handschuhe als Weihnachtsgeschenk für SS-Kinder nach Reichsführers-SS Ermessen.«

Ehrgeizig

Am 18. August 1942 überträgt der Führer die Verantwortung für alle Partisanenaktionen außerhalb der Operations- und Rückwärtigen Heeresgebiete auf Himmler. Zwei Wochen später schlägt B. dem Reichsführer-SS vor, daß er selbst die gesamte Partisanenbekämpfung übernimmt. Himmler stimmt dem Vorschlag zu: Am 24. Oktober 1942 wird B. zum »Bevollmächtigten des Reichsführers-SS für Bandenbekämpfung« ernannt (unter Belassung seiner Stellung als Höherer SS- und Polizeiführer Rußland-Mitte). B. baut eine Kommandostelle auf, der alle Einheiten der SS und Polizei und die angegliederten Verbände unterstehen, leitet zudem die allgemeine Planung der Aktionen. B.: Eine furchtbare Verantwortung vor dem deutschen Volk.

Unternehmungslustig. Als Bevollmächtigter für Bandenbekämpfung plant B. u. a. folgende Aktionen gegen Partisanen und »Bandenverdächtige«: Unternehmen »München«, »Nürnberg«, »Franz«, »Hornung«, »Föhn«, »Draufgänger II«, »Nasses Dreieck«, »Maikäfer«, »Cottbus«, »Weichsel«, »Zeithen« und »Seydlitz«.

Angesichts der zunehmend schwierigen Kriegslage Deutschlands bekommt B. die Anordnung, den Kampf gegen die Partisanen mit der Erfassung von Arbeitskräften zu verbinden. Ende Februar 1943 erläßt B. neue Bekämpfungsrichtlinien:

»Die restlose Vernichtung der Banditen ist nach wie vor oberstes Gesetz der Bandenbekämpfung. Das ist aber nicht gleichbedeutend mit der Vernichtung aller Menschenleben in den Bandengebieten. Nur die Banditen selbst und ihre Helfershelfer verfallen dem Tode. Unbeteiligte Greise, Frauen und Kinder werden geschont, auch im unmittelbaren Raum des Bandenkampfes. Unbeteiligte Männer werden für den Arbeitseinsatz erfaßt. Inwieweit dies auch für gefangene Banditen gilt, entscheidet der Kampfgruppenführer. Repressalien gegen Angehörige der Banditen sind nach Prüfung der Berechtigung und Notwendigkeit erlaubt. Jeder einzelne Fall ist mit Namen, Ursache und Beweismaterial zu belegen. Die Vernichtung der Banditen muß verbunden sein mit einer ausgiebigen Erfassung von Menschen, Tieren und Getreide. Jede Arbeitskraft muß erfaßt und zum Einsatz gebracht werden. Auch frühere Banditen können in Deutschland arbeiten und bewirken, daß deutsche Arbeiter an der Front eingesetzt werden können.

Weißruthenien ist die Nahrungsquelle einer ganzen Heeresgruppe. Diese Quelle darf nie versiegen. Gerade die Bandengebiete müssen gute Erfassungserfolge bringen, denn hier bedeutet die restlose Erfassung gleichzeitig die Entziehung des Lebensraumes für die Banditen. Jede Tonne Getreide, jede Kuh, jedes Pferd ist mehr wert als ein erschossener Bandit. Nicht ausreichende Versorgung der vorn kämpfenden Truppen erfordert die Hilfe des Reiches mit umfangreichen Transporten und belastet die Ernährungslage unserer Familien daheim. Die Totalität des Krieges verlangt nicht allein den soldatischen Einsatz im Kampf, sie erfordert auch die sinnvolle Erfassung aller Werte, die als Arbeitskräfte oder Wirtschaftsgüter zum Endsiege beitragen.«

Weitere Verantwortung (Juni 1943). Nach einem Vortrag Himmlers über die zunehmende Partisanengefahr erklärt

der Führer, daß in Zukunft »Bandenbekämpfung« ausschließlich Sache des Reichsführers-SS ist. B. wird zum
»Chef der Bandenkampfverbände« ernannt.

Leistungsdruck. Die Übernahme der gesamten Partisanenbekämpfung durch die SS führt zu zugespitzter Konkurrenz zwischen ihr und der Wehrmacht. B. und seine Männer sehen sich gezwungen, sich der großen Verantwortung
würdig zu erweisen. Innerhalb der Bandenkampfverbände
werden »Schießpreise für Einzelleistungen« eingeführt. B.'s
Stabschef, SS-Brigadeführer Eberhard Herf, bemerkt als
Folge der Konkurrenz eine Tendenz, noch rücksichtsloser
gegen Partisanen und »Bandenverdächtige« vorzugehen.
Mitte Juli 1943 beschwert er sich in einem Privatbrief: Es
gibt Dinge, bei denen ich auch zur kleinsten Aufgabe meiner Gedanken nicht *bereit* bin. Das sind Meldungen dienst-
licher Art. Meiner Ansicht nach sind die Meldungen, die
von hier an den Reichsführer abgehen, »frisiert«! Gestern
hat ein Gauleiter und Generalkommissar Berichte veröffentlicht ohne dies zu wollen und zu wissen (die für den
Führer bestimmt waren!), aus denen hervorgeht, daß bei
6000 toten »Partisanen« etwa 480 Gewehre gefunden wurden. Kurz und gut, es würde eben *alles erschossen*, um die
Feindzahl zu heben und damit die eigenen »Heldentaten«.
Es müssen Tote vorhanden sein, sie mögen kommen, woher sie wollen, sonst ist der betreffende Führer kein Führer
und kein Soldat. Daß er dann auch keine Auszeichnung
bekommt, das kommt noch hinzu. Ich habe die Frage der
»6000/480« – s. o., sofort in dem Sinne gestern angeschnit-
ten. Antwort? »Sie scheinen nicht zu wissen, wie die Banden die Waffen vernichten, um dem Tod zu entgehen und
um sich rein zu waschen.« Wie einfach muß es dann sein,
diese Banden niederzukämpfen – wenn sie die eigenen Waffen vernichten!
Drei Tage später erfolgt eine kurze Besprechung zwi-

schen Herf und seinem Vorgesetzten. Herf erklärt, er habe die Schnauze voll. B.: Überlegen Sie sich Ihren Entschluß. Sie können Ehre und Reputation verlieren, aber auch viel Ehre erreichen.

Tagebucheintragung B.'s (28. Juli 1943): Mein Chef des Stabes wird abberufen, da er seiner Aufgabe nicht gewachsen ist.

Rückfall

Zu B.'s Entsetzen scheint der deutsche Siegfried trotz aller Rückhaltlosigkeit dem asiatischen Untermenschentum nicht gewachsen zu sein. Im Januar 1944, als die Rote Armee nach Westen vorrückt, wird B. von der Partisanenbekämpfung abgezogen und an der Front in Kowel eingesetzt. Während des Kampfs hat B., der schon im Herbst leicht erkrankt war, starke Schmerzen im Unterleib. Nach zwei Monaten sind die Krämpfe nicht mehr auszuhalten. B. meldet sich beim Reichsführer-SS.

Himmlers Antwort (12. März 1944): »Mein lieber B.! Ich habe so herzliches Mitgefühl mit Ihrer scheußlichen und schwierigen Lage und kann Ihnen als Soldat und Mannsbild nur meine Anerkennung aussprechen, daß Sie trotz dieser schweren gesundheitlichen Beeinträchtigungen mit Ihrer Kampfgruppe so ausgezeichnet gestanden und gefochten haben. Ich bitte Sie, sich ohne Meldung bei mir nach Karlsbad zu begeben, dort sich richtig untersuchen zu lassen und eine genügend lange Kur in aller Ruhe zu machen. Sie haben dafür sechs bis acht Wochen Zeit. Anschließend an die Kur müssen Sie folgsam sein und noch einige Wochen Nachkur und Urlaub zu Hause verbringen. Im Verlauf von – wie schon erwähnt – sechs bis acht Wochen sind Sie dann ganz bestimmt wiederhergestellt.«

Karlsbad. B. wird von dem Fachinternisten Dr. R. untersucht. Am 22. März 1944 erstattet R. Bericht an Dr. Grawitz, der diesen an Himmler weiterleitet:

»B. traf am Sonnabend abend in der Höhenvilla ein und ich hatte die Gelegenheit, ihn am Sonntag morgen zu besuchen. Aus der längerwährenden Unterredung erfuhr ich von B., daß seine vorwiegenden Beschwerden durch Stuhlunregelmäßigkeiten im Sinne einer Verstopfung und einer Schwäche der Schließmuskulatur des Afters bedingt würden. Die an die Unterredung anschließende Untersuchung ergab an den inneren Organen keinen krankhaften Befund, die rektale Untersuchung zeigte schon bei der zartesten Palpation eine große Empfindlichkeit der Mastdarmschleimhaut, jedoch ist die Funktion des Schließmuskels gut erhalten und *der Operationserfolg der seinerzeit durchgeführten Hämorrhoidaloperation ein überaus guter. Es fehlt vielmehr bei Herrn B. die Konzentration zur Innervierung des Schließmuskels.* Ich führe dieses Versagen bei der an und für sich nervös-psychischen Veranlagung des Herrn B. darauf zurück, daß im Felde die Hygiene wie Reinigungsbäder usw. eben nicht vorhanden ist und dies dadurch zu einer Verschlimmerung der oben angeführten Beschwerden führt. Unter normalen Umständen aber, wenn alle diese hygienischen Maßnahmen getroffen werden können, bin ich der Überzeugung, daß eine weitestgehende Besserung und eine damit im Zusammenhang stehende Beschwerdefreiheit erzielt werden kann. Die Prognose ist deshalb im vorliegenden Falle günstig zu stellen, und ich hoffe durch rein konservative Maßnahmen, wie Bäder, Stuhlregelung, geeignete Diät usw. eine weitestgehende Besserung zu erreichen. Von drastischen Maßnahmen möchte ich absehen, wie z. B. Massage des Sphincters, und werde dafür eine elektrische Behandlung der Schließmuskulatur durchführen, welche keine Sensationen oder Schmerzempfindung hervorruft.

Herr B. hat mit den Maßnahmen bereits begonnen und ist sowohl mit der Unterbringung als auch mit der Verpflegung sehr zufrieden, und ich hoffe, daß sich die oben angeführten Beschwerden, mit Berücksichtigung der nervösen, labilen Konstitution, weitestgehend bessern werden und Herr B. für kurze und auch sehr anstrengende Einsätze leistungsfähig wird, nur würde ich unter diesen Umständen von längeren, wenn auch weniger anstrengenden Einsätzen abraten, weil dadurch wiederum der Hygienemangel, der bei dieser Art Leiden zur Verschlimmerung führt, gegeben ist.«

Nicht zu bremsen. Einen Monat später meldet B. dem Reichsführer-SS, daß er sich besser fühlt und wieder an die Front will. Himmler besteht aber darauf, daß B. in Karlsbad bleibt: »Es freut mich, daß es Ihnen gesundheitlich wieder gut geht. Ich erwarte lediglich von Ihnen, daß Sie die Ärzte nicht terrorisieren, sondern sich wirklich ausheilen. Vierzehn Tage zu früh die Kur aufzuhören, hat gar keinen Sinn. Hier muß ich ganz energisch an Ihre Erkenntnis und Ihren Gehorsam appellieren. Am 15. Mai ungefähr erwarte ich Sie bei mir, vorher nicht.«

»Pensionär« ohne Tätigkeit

Enttäuschungen. Mai 1944: Himmler teilt dem wiederhergestellten B. mit, daß er das Ritterkreuz für seinen Einsatz in Kowel nicht bekommt. Anfang Juli 1944 wird B. das Bandenkampf-Abzeichen verliehen, den strengen Bestimmungen gemäß aber nur in Bronze, da er nur 28 Kampftage gehabt habe. Trost von Himmler: Freuen Sie sich aber trotzdem über das Abzeichen. Das Ausschlaggebende ist das eigene Gefühl erfüllter Pflicht und das können Sie wahrhaft haben.

Treuester der Treuen (20. Juli 1944). B. ist es schwer ums
Herz. »Wie ist das Attentat auf den Führer nur möglich?«

Aufruf. Alarmgespräch aus Ostpreußen am 2. August 1944.
B. soll sich sofort melden. »Große Schweinerei im Generalgouvernement«.

Harte Einsätze

B. wird mit der Niederschlagung des Warschauer Aufstan-
des beauftragt. Als kommandierender General ist ihm alles
unterstellt: Wehrmacht, SS, Polizei und Zivilverwaltung.
Himmler verspricht B. das Ritterkreuz, wenn er Warschau
erobert.

Tagebucheintrag B.'s (7. August 1944): »Brennende Häu-
serreihen und Berge von Leichen.« B. erwartet jederzeit
einen Großangriff der Roten Armee, die aber auf der anderen Seite der Weichsel einfach die Schlacht zwischen den
Deutschen und der polnischen »Armee im Lande« (AK)
abwartet.

Am 23. August 1944 blutet B. wieder, das erste Mal seit
der Operation.

Blutige Häuserkämpfe. Mit hohen Verlusten unter der Zivilbevölkerung wird die Stadt von den Deutschen mühsam
erobert.

Fieberndes Herz. Anfang Oktober 1944 kapituliert die polnische AK. B.: »In diesen Tagen gehe ich in die Geschichte ein. Ich bin so stolz für meine Söhne. Ich verhandele in
Generalvollmacht mit den Polen. Also ganz große Politik.« B. bekommt, wie versprochen, das Ritterkreuz.

Höchste Ehrung. Eine Woche später wird B. vom Führer empfangen, der Dank und Anerkennung für Warschau und frühere Einsätze ausspricht. Er erteilt B. die Sondervollmacht für Budapest.

Unternehmen »Panzerfaust«. Nach internationalen Protesten wegen der Deportation ungarischer Juden nach Auschwitz versucht Admiral Horthy, der Reichsverweser Ungarns, ein Friedensabkommen mit der Sowjetunion zu schließen. Während die Rote Armee 150 Kilometer von Budapest entfernt ist, entführen Gestapo-Beamte Horthys Sohn. Der immer noch leidende B. läßt die Burg stürmen. Horthy kapituliert. Einen Tag später schreibt B. in sein Tagebuch (17. Oktober 1944): »Mein Auftrag ist beendet. Diplomaten und Politiker haben wieder das Wort. Es wird schon genügend Leute geben, die den Erfolg für sich verbuchen werden. Mir genügt das Bewußtsein, durch meine Härte und Unnachgiebigkeit, sowie politische Klugheit eine Katastrophe für die deutsche Kriegführung verhindert zu haben. Reklame für mich wäre unwürdig. Die Weltgeschichte wird einst die wirklichen Tatsachen ans Licht bringen.«

Während B. nach Karlsbad zur Erholungskur für den angeschlagenen Unterleib fährt, wird der Führer der faschistischen Pfeilkreuzler, Ferenc Szálasi, zum Staatsoberhaupt Ungarns ernannt. Eine Woche später werden 50 000 ungarische Juden zum Arbeitseinsatz im Altreich bestellt, da Auschwitz in nächster Zeit demontiert werden soll. Im November 1944 beginnen Todesmärsche nach Deutschland.

Erholt. Zehn Tage nach B.'s Ankunft erstattet der Fachinternist Dr. R. Bericht aus Karlsbad (1. November 1944): »Im Befinden des Herrn B. ist eine weitere Besserung eingetreten, welche sich besonders in Steigerung des Interesses am Kriegsgeschehen ausdrückt, ebenso ist eine starke Lebhaftigkeit und Aktivität bei bester Stimmungslage zu verzeichnen, so daß ich Herrn B. wohl nicht mehr hier halten kann. Er ist mit seinen Gedanken schon wieder an der Front, ein Zeichen der allgemeinen Erholung. Objektiv haben sich die Darmbeschwerden sehr gebessert und scheinbar hat die Galvanisation und Faradisation des Sphincters einen recht guten Erfolg gezeigt. Der Schluß ist sehr kräftig, die Wattevorlage nicht beschmutzt, so daß Herr B. in Bälde für harte Einsätze von kürzerer Dauer verwendungsfähig sein wird.«

Bis zum bitteren Ende

Mitte November 1944 muß der Erholungsurlaub in Karlsbad abgebrochen werden. Himmler beauftragt B., als Kommandierender General des XIV. SS-Korps die zusammengebrochene Front in Elsaß-Lothringen wiederaufzubauen. Ende Januar 1945 wird B. abgelöst, er übernimmt die Führung des X. SS-Korps in Pommern. Im Mai gerät er in amerikanische Gefangenschaft.

Reden und Schweigen

Im August 1945 wird B. vom amerikanischen »Counter Intelligence Corps« verhaftet, Anfang Oktober kommt er in das Militärgefängnis in Nürnberg. Er zeigt sich als williger Gesprächspartner. Bei wiederholten Vernehmungen berichtet er ausführlich über den Verlauf des Krieges, ist dabei äußerst vorsichtig, sich selbst nicht zu belasten. Freiwillig nimmt er als höherer SS-Offizier eine allgemeine Schuld auf sich, leugnet jedoch jegliches konkrete Verbrechen. Er behauptet, die Juden immer in Schutz genommen zu haben. Er sei selbst »an und für sich jüdisch versippt von zu Hause«: zwei seiner Schwestern seien mit Juden verheiratet. Er habe beispielsweise, um den Juden den Fluchtweg offenzuhalten, die Pripjet-Sümpfe nicht polizeilich besetzen lassen, habe Rabbiner davon unterrichtet und ihnen geraten, mit ihren Gemeinden dorthin zu fliehen; auch Anordnungen, in einem seiner Gebäude in Rußland-Mitte eine Vergasungsanstalt zu bauen, habe er sabotiert. Gleichzeitig zeigt B. aber keinerlei Hemmungen, offen über seine Parteigenossen und deren Tun zu sprechen und sogar gegen sie vor Gericht auszusagen. Bis 1949 tritt B. mehr als 20mal als Zeuge auf, u. a. im Nürnberger Hauptprozeß, im Prozeß Wilhelmstraße, im Einsatzgruppen-Prozeß, im Prozeß Rasse- und Siedlungshauptamt, im Prozeß gegen die Südost-Generäle, vor der Holländischen Gerichtskommission, dem Tschechischen Militärgericht und der Prager Spruchkammer.

Vorteil dieser Strategie: Die Alliierten behandeln B. nur als Zeugen. Er wird nicht angeklagt.[1]

Nachteil: B. wird von den von ihm belasteten Kameraden als Verräter betrachtet. Im Gerichtssaal nennt Göring ihn »Schweinehund«.

Wiedergutmachung: B. besorgt eine Giftampulle für Göring, damit der Feldmarschall sein Schicksal in die eigenen Hände nehmen kann.

---

[1] Der Chef der Nürnberger Voruntersuchungen, Walter H. Rapp, schreibt in einem Bericht vom Oktober 1946: B. selbst fühlt eine große Schuld und hofft nur, daß er für die Fehler der Vergangenheit mit seinem Leben wird büßen können – äußert aber zur gleichen Zeit: »Solange Sie (Mr. Rapp) hier sind, glaube ich nicht, daß ich angeklagt werde, weil ich als Zeuge mehr Wert habe denn als Angeklagter.«

Entnazifiziert

Ende Januar 1949 wird B. aus dem Militärgefängnis entlassen und in das Internierungs- und Arbeitslager Nürnberg-Langwasser eingewiesen. Kurz darauf werden Ermittlungen im Rahmen eines Entnazifizierungsverfahrens gegen ihn eingeleitet. Ende März kommt er in das Lager Eichstätt. B. beteuert weiter seine Unschuld. Seine Aufgaben in Rußland-Mitte seien stets rein militärischer Art gewesen, als »Chef der Bandenkampfverbände« habe er keine Befehlsbefugnisse, nur Inspekteureigenschaften gehabt. B.: »Ich habe das ganze Jahr 1943 meine Kraft dafür eingesetzt, diese Partisanenpest in ehrlichem Kampf auszurotten.«

Krankheitsgewinn. Im August 1949 verfaßt B. einen siebenseitigen Bericht mit dem Titel »Mein Widerstand gegen Auswüchse der nationalsozialistischen Weltanschauung und gegen ihre Befehle«, den er an das zuständige Gericht, die Hauptkammer Nürnberg, einreicht. Hierin beschreibt B. eingehend 32 Fälle von ihm geleisteten Widerstands, unter anderem (Punkt Nr. 13): »Januar bis Juni 1942 wegen der verrückten Ostlandpolitik eigener Nervenzusammenbruch und aus Protest Krankmeldung und Überführung in das SS-Lazarett Berlin/Lichterfelde.«

Ende 1949 klagt die Lagerleitung Eichstätt beim Bayerischen Staatsministerium für Sonderaufgaben gegen die mehrmaligen und oft längeren Beurlaubungen B.'s aus dem Lager. Die Hauptkammer Nürnberg weist ihrerseits einen eventuellen Vorwurf der Begünstigung schärfstens zurück. Am 21. März 1950 ordnet das Ministerium an, das Verfahren gegen B. als Großfall vor die Hauptkammer München zu bringen, stellt aber gleichzeitig fest, daß keine Verdunklungs- oder Fluchtgefahr bestehe. Zwei Monate später verfügt es die Entlassung B.'s aus dem Arbeitslager.

Im November 1950 wird eine Anklageschrift gegen B. gefertigt. Besonders belastendes Beweismaterial: 1. Das Schreiben des Dr. Grawitz vom 4. März 1942 an Himmler, in dem der Reichsarzt-SS berichtet, B. leide an Vorstellungen im Zusammenhang mit den von ihm selbst geleiteten Judenerschießungen. 2. Eine eidesstattliche Erklärung eines Generalleutnants der Ordnungspolizei, in der dieser versichert: »Der Bandenkampf hatte nur den Zweck, die slawische und jüdische Bevölkerung auszurotten.«

Zwei Wochen später reicht B. eine ausführliche Erwiderung der Anklageschrift ein.

Bezüglich des Grawitz-Berichts: B. gibt an, damals in einer lebensgefährlichen Lage gewesen zu sein, da Dr. Grawitz, der »Inspirator der Euthanasie«, ihn für geisteskrank hatte erklären wollen. Darüber hinaus habe er selbst sowohl bei Himmler als auch bei seinen Vorgesetzten in der Wehrmacht zu erreichen versucht, daß die Erschießungen eingestellt werden. »Erst als mir General von Schenckendorff erzählte, daß seine Vorstellungen beim Generalquartiermeister Wagner erfolglos verlaufen seien, brach ich unter tagelangen lauten Schreikrämpfen zusammen. Ich schäme mich auch heute noch dieses Zusammenbruches nicht, denn ich bin leider nicht solch eine Fleischernatur wie diejenigen, die heute alles ableugnen, worüber 1941 die ganze Front voller Empörung sprach.«

Bezüglich der Erklärung des Generalleutnants: »Was die Partisanenbekämpfung anbetrifft, so stehe ich auch heute noch voll Stolz und Dankbarkeit gegen Gott für alle meine Maßnahmen und Befehle ein. Ich würde in der gleichen Lage auch heute noch genau so handeln, wie ich damals gehandelt habe. Ich habe in einer Zeit, als die Welt ein Tollhaus war, wie jetzt wieder, die Fahne der Menschlichkeit hochgehalten. Dadurch habe ich Hunderttausenden von Menschen auf beiden Seiten das Leben gerettet, und es ist nicht meine Schuld, wenn schließlich auf beiden Seiten der Blutrausch einen 100% Erfolg meiner Anstrengungen verhinderte.« B. weist weiter darauf hin, daß die Westmächte jetzt in Korea die seinerzeit von ihm ausgearbeiteten Dienstvorschriften über Partisanenbekämpfung verwendeten.

Ende März 1951. B. wird eingestuft als Hauptschuldiger. Das Gericht hält seine Behauptung, er sei für humanere Bekämpfungsmethoden eingetreten, für nicht glaubhaft. Seine Weigerung, Zivilgefangene in Warschau zu erschießen, betrachtet man angesichts der katastrophalen Kriegslage Deutschlands lediglich als taktische Klugheit. Die Hauptkammer München verurteilt B. zu 10 Jahren Arbeitslager, 2 Jahre der schon verbüßten Haft werden angerechnet. B.'s Vermögen wird eingezogen als Beitrag zur Wiedergutmachung, Rechtsansprüche auf eine Pension oder Rente werden ihm aberkannt.

Berufung. B.'s Anwältin legt sofortigen Einspruch ein. Der Berufungskammer gegenüber behauptet B., die führende Stellung in der Partisanenbekämpfung sei ihm gegen seinen Willen aufgedrängt worden, schon 1943 habe er als Chef der Bandenkampfverbände aus rein menschlichen Gründen 250 000 Juden und 100 000 Polen das Leben gerettet.[2] Die Berufungskammer verweist auf ein Schreiben

---

[2] Walter H. Rapp, jetzt Syndikus des »United Nations Korea Reconstruction Agency«, schreibt aus New York an die Hauptkammer München und legt »als Chef der gesamten Nürnberger Voruntersuchung« ein gutes Wort für B. ein: »Persönlich möchte ich hinzufügen, daß [...] Herr B. meines Erachtens zu den kooperativsten, hilfsbereitesten und aufrichtigsten Zeugen-Gefangenen gehört hat, die ich in meiner gesamten Berufstätigkeit in Nürnberg unter tatsächlich Tausenden von Menschen angetroffen habe.«

vom Februar 1943 betreffend das Unternehmen »Nürnberg«, in welchem SS-Brigadeführer Gottberg meldet, 3508 Partisanen, 8230 Verdächtige und 3300 Juden seien erschossen worden. Zu diesem Zeitpunkt sei B. längst Bevollmächtigter der Bandenbekämpfung gewesen. Er selbst habe auch den Reichsführer-SS über das Unternehmen »Cottbus« unterrichtet, in dem Sinne, daß die eingesessene Zivilbevölkerung nicht nur passiv, sondern fanatisch und freiwillig die Banden unterstütze, welches die »Ausschaltung jeder menschlichen Rücksicht« erfordere. Am 23. Dezember 1951 wird B.'s Berufung mit der Maßgabe zurückgewiesen, daß fünf der zehn Jahre Haft als bereits verbüßt gelten. Die restlichen fünf Jahre sitzt B. nie ab. Er meldet sich nach Beendigung des Verfahrens nicht im Arbeitslager: »Sollen sie mich doch holen, ich denke nicht daran, mich selbst zu stellen.« Niemand kommt.

1954. Ein drei Jahre zuvor gegen B. eingeleitetes Ermittlungsverfahren wegen Beihilfe zum Mord wird eingestellt: »Der Angeschuldigte ist zwar weiterhin verdächtig, für die Ausrottung großer Bevölkerungsteile im Osten mitverantwortlich zu sein, jedoch haben die durchgeführten Ermittlungen in tatsächlicher Hinsicht keinen hinreichenden Tatverdacht gegen ihn ergeben.« Das Landgericht Nürnberg-Fürth setzt B. außer Verfolgung.

Glaubenssache

B., auf der Suche nach einer festen ethischen Grundlage und der Zuerkennung seiner Offizierspension, tritt in die Evangelische Kirche ein. 1955 wendet sich der Landesbischof der Evangelisch-Lutherischen Kirche in Bayern an den Staatssekretär Dr. M. in München: »B. ist eine Persönlichkeit, die ernstlich darum bemüht ist, aus den Fehlern der

Vergangenheit zu lernen und zu unserem demokratischen Staat in ein Rechtsverhältnis zu kommen; er hat es bisher strikt abgelehnt, sich Kreisen anzuschließen, die dem Gedanken des Nationalsozialismus weiterhin nahestehen.« Die Pension wird nicht zuerkannt. B. konvertiert zum katholischen Glauben. Zwei Jahre später, im November 1957, wird ein neuerliches Gnadengesuch B.'s – ebenfalls unterstützt von kirchlichen Stellen – eingereicht. Das Bayerische Staatsministerium der Justiz gewährt B. eine jederzeit widerrufliche Gnadenpension als Leutnant des 1. Weltkrieges.

Immer noch der alte

Im Dezember 1958 wird B. verhaftet. Man beschuldigt ihn, während des »Röhm-Putsches« die Ermordung des Rittergutsbesitzers Anton von Hoberg und Buchwald durch zwei ihm unterstellte SS-Männer angeordnet zu haben. Im Glauben, daß die zwei Männer, Karl Deinhard und Paul Zummach, tot sind, hat B. schon seit Jahren diese Anschuldigung bestritten. Im Gefängnis wird ihm überraschenderweise einer der beiden, sein damaliger Fahrer Zummach, gegenübergestellt. B. gibt zu, den Erschießungsbefehl erteilt zu haben.

Zwei Jahre später beginnt das Verfahren vor dem Nürnberger Schwurgericht. B. am ersten Tag der Gerichtsverhandlung: »Ich bin bis zum Schluß absoluter Hitlermann gewesen und bin es auch heute noch. Ich halte zu ihm, wenn auch nicht mehr zum Nationalsozialismus.«

Da der Zeuge Zummach zwischenzeitlich erhängt in seiner Zelle gefunden wurde, widerruft B. sein Geständnis. »Die ganze Wahrheit werden Sie nie erfahren.« Im Februar 1961 verurteilt das Schwurgericht Nürnberg B. wegen Totschlags zu 4 Jahren und 6 Monaten Gefängnis.

Erinnerungslücken

1957 tritt B. als Zeuge gegen den mit ihm verfeindeten SS-Obergruppenführer von Woyrsch in einem Verfahren bezüglich Ausschreitungen der SS gegen die SA während des »Röhm-Putsches« auf. Drei Jahre später stellt die Staatsanwaltschaft Nürnberg fest, daß B.'s beeidigte Aussage, er selbst habe sich geweigert, gegen SA-Führer in Königsberg vorzugehen, objektiv unwahr ist. Es werden Ermittlungen wegen fahrlässigen Meineids eingeleitet. Konfrontiert mit unbestreitbaren Beweisen erklärt B., er habe im Januar 1942 als Höherer SS- und Polizeiführer Rußland-Mitte einen seelischen Zusammenbruch erlitten und sei daraufhin im SS-Lazarett Berlin-Lichterfelde psychiatrisch behandelt worden. Seit diesem Zusammenbruch könne er sich bezüglich früherer Vorgänge nicht mehr hundertprozentig auf sein Gedächtnis verlassen. Sollte er, wie ihm zur Last gelegt werde, tatsächlich falsche Aussagen gemacht haben, so könne er dies nur auf die Folgen davon zurückführen.

Am 18. August 1960 wird B. auf Anordnung des Gerichts von einem Arzt untersucht. Diesem gegenüber zeigt sich B. mißtrauisch: Der Himmler habe es auf diese perfide Weise auch schon einmal versucht. Während der Untersuchung beschimpft B. den Reichsführer-SS, gibt an, ihn sehr gehaßt zu haben. Himmler sei eifersüchtig gewesen, weil B. sehr gut mit Hitler gestanden hätte, habe ihm bei jeder Gelegenheit eins auswischen bzw. ihn unmöglich machen wollen.

Aus dem Bericht des Gerichtsarztes: Neben Senkfüßen nichts Pathologisches. Zur Vorgeschichte gibt B. nur Masern und Scharlach an. 1915 Kriegsverletzung linke Schulter, 1918 Gasvergiftung ohne Dauerschäden, zwischen 1923 und 1945 angeblich 5 Mal wegen Hämorrhoiden operiert.

Befund: B. steht ganz aktiv in der Zeit, nennt seinen Lebensweg nicht unglücklich, ist völlig ungebrochen – zeigt aber auch deswegen und trotzdem keinerlei Anzeichen einer auch nur drohenden Demenz. Er ist im Gegenteil in der Diskussion sehr anpassungsfähig und wendig. Frage: »Der Krieg war doch nicht zu gewinnen?« Antwort: »Das konnte niemand sehen und wir mußten kämpfen.« Vorhalt: »Auch ein Sieg, wie ihn etwa die SS erdacht hatte, wäre doch kein Sieg gewesen.« Antwort: »Das ist die Spengler'sche Lehre. Ich achte sie und kann sie verstehen, aber selbst wenn es so ist, wir mußten kämpfen; das war nicht Unrecht.«

Die Art der Einlassungen kennzeichnete alsbald einen voll leistungsfähigen, wachen Geist.

Es liegt also nahe, für die damalige Zeit eine depressive Phase bei einem körperlich kranken und anämischen Menschen anzunehmen, die vielleicht ganz vorübergehend einen gewissen Krankheitswert gehabt haben könnte. Nach einer solchen Phase reaktiver Art bleibt aber nichts zurück. Es ist ja eben jetzt auch nichts zu finden. Der Untersuchte zeigt auf jeden Fall ein brillantes Gedächtnis für jetzt wie früher.

Drei Monate später sind die noch lebenden Ärzte, die B. damals behandelt haben, ausfindig gemacht und werden über den Fall vernommen. Sie berichten, daß B. ein sehr schwieriger Patient gewesen sei. Er sei in einem Zustand erheblicher seelischer Erregung im Lazarett angekommen, nach der Operation habe es sogar tobsuchtähnliches Verhalten gegeben. B. sei lärm- und schmerzempfindlich gewesen, der Gang, auf dem sein Zimmer lag, hatte abgesperrt werden müssen. Dr. D.: »Aus Angst vor Schmerzen hat B. sich selbst eine seltsame, völlig schlackenfreie Diät erfunden und badete ganztags. Ich habe damals zweifellos sein Verhalten als psychisch abwegig empfunden.« Keiner der Ärzte weiß jedoch etwas über einen Nervenzusammenbruch oder eine psychiatrische Behandlung.

Das Gericht weist B.'s Erklärung zurück. Mitte November 1961 wird er wegen fahrlässigen Meineids zu 6 Monaten Haft verurteilt.

Unverdaut

Im Jahre 1958 tritt B. als Zeuge im Ulmer Einsatzgruppenprozeß auf. Im Laufe des Verfahrens wird festgestellt, daß einige der Polizeieinheiten, die B. unterstanden, an Judenerschießungen teilgenommen haben. Daraufhin nimmt die Staatsanwaltschaft Nürnberg die Ermittlungen gegen B. wegen seiner Tätigkeit in Rußland-Mitte wieder auf. Dies erweist sich jedoch als schwierig. Zeugen machen keine eindeutigen Angaben über die Zusammenarbeit des Höheren SS- und Polizeiführers B. mit der dortigen Einsatzgruppe und deren Einsatzkommandos, schweigen konsequent, sobald es um die Frage nach dem genauen Befehlsweg geht.

1959. Auf Grund von Zeitungsberichten über Ermittlungen gegen B. werden u. a. folgende Briefe unaufgefordert an die Staatsanwaltschaft Nürnberg eingereicht (Auszüge):

– Reinhold G.: Alle männlichen Einwohner wurden an Ort und Stelle erschossen, ganz gleich, ob sie jemals mit den Partisanen etwas zu tun hatten oder nicht. Diese Grausamkeiten störten die Werbeaktion der anderen Dienststellen. Der eine hatte den Auftrag, Leute zur Arbeit im Reich zu werben, der andere hatte den Auftrag, diese Leute auszurotten. Diesen Widersinn erklärte mir Herr B.: Zuständig und verantwortlich für das, was in seinem Gebiet vorgehe, sei allein er. Russen und Juden seien keine Menschen, sondern Untermenschen, die beseitigt werden müßten. Wenn ich keine Nerven hätte, den Exekutionen zuzuschauen, solle ich mich ins Reich versetzen lassen.

– Dr. Otto W.: Wir wurden in lederne Klubsessel genötigt und Rotwein wurde eingeschenkt. Von 22 Uhr bis 2 Uhr sprach B. ununterbrochen meist von seinen persönlichen Erlebnissen. Wir kamen in diesen vier Stunden kaum zu Wort. B. hielt einen Monolog, wie in einem manischen Zustand, so daß ich mich fragte, ob er unter Morphium stände. Er berichtete im wesentlichen über eigene und anderer SS-Führer »Helden«-Taten. Unauflöslich hat sich mir damals eine Zahl eingeprägt, als er sagte: »Auf meinen Befehl wurden 380 000 Juden erschossen.« Ich ging um 2 Uhr.

– Harald K.: Im übrigen war es ja so, daß beim Erscheinen des Herrn B. alles vor Angst bebte. In seinem Schlafgemach hatte B. ständig sechs bis acht geladene Revolver am Nachttisch liegen, bei der geringsten Kleinigkeit eines Geräusches schoß er einfach durch die Fensterscheiben, wir sagten nur, er leide an Verfolgungswahn. In seinem Gemach hatte er sämtliche Bände von Heinrich Heine. Auf seinem Toilettentisch hatte er immer eine Unmenge von Parfüm und Schönheitswasser stehen.

Eine aus fünf Beamten der Bayerischen Landespolizei bestehende »Sonderkommission Erich B.« wird auf den Fall angesetzt. Es wird versucht, die Befehlsverantwortlichkeit B.'s in seiner Funktion als Höherer SS- und Polizeiführer Rußland-Mitte für die ihm unterstellten Polizeiverbände festzustellen.

Aus einem Bericht der »Sonderkommission Erich B.« (2. November 1959): Die bisherigen Vernehmungen von Stabsoffizieren haben keine konkreten Belastungen gegen

B. ergeben, da die Stabsangehörigen – wie erwartet – in ihren Aussagen nicht nur sehr zurückhaltend waren, sondern vorgaben, sich angeblich auch nicht an die einfachsten Zusammenhänge erinnern zu können. Es besteht der dringende Verdacht, daß sich die maßgeblichen Stabsoffiziere für die zu erwartenden Vernehmungen längst abgesprochen haben.

In den nächsten Jahren werden über 300 Polizeioffiziere vernommen, die zwischen Mai 1941 und Dezember 1942 in Rußland-Mitte tätig waren. Trotz aller Hindernisse erhärtet sich im Falle dreier Massenerschießungen der Verdacht gegen B.

– Bialystok (Juli 1941). Fünfzehn Zeugen bestätigen die Anwesenheit B.'s am Exekutionsort, einige berichten über eine aufmunternde Rede, die B. vor den Polizisten gehalten habe, in der er die Erschießungen rechtfertigte und sie als »notwendig« bezeichnete.

– Mogilew (19. Oktober 1941). Bei einer Massenexekution von jüdischen Frauen und Kindern hat eine B. unterstellte ukrainische Einheit mitgewirkt.

– Bobruisk (Sommer 1942). B. soll bei einer Judenerschießung anwesend gewesen sein bzw. diese angeordnet haben.

Im August 1962 befindet das Landgericht Nürnberg B. in einem anderen Verfahren bezüglich des im Jahre 1933 begangenen Mordes an fünf Kommunisten für schuldig und verurteilt ihn zu dreimal lebenslanger Zuchthausstrafe. Neun Monate später wird das Urteil rechtskräftig, B. tritt die Gefängnisstrafe an. Kurz darauf werden die Ermittlungen gegen ihn wegen Erschießungen von Juden eingestellt. Der Staatsanwalt beim Landgericht Nürnberg-Fürth (10. Juni 1963): »Die Verurteilung wegen Mordes läßt es gerechtfertigt und zweckmäßig erscheinen, das vorliegende Verfahren gegen B. nach § 154 Abs. I StPO vorläufig einzustellen, zumal eine Verurteilung des Beschuldigten in dem Verfahren nach aller Voraussicht nur wegen Beihilfe zum Mord erfolgen könnte.« Der Fall wird an die Staatsanwaltschaft Mannheim abgegeben, die zuständig ist für den Mitbeschuldigten Hans G., B.'s Sachreferenten für fremdvölkische Einheiten und Judenfragen in Rußland-Mitte und sein Vertrauter.

Sechs Jahre lang wird gegen G. ermittelt. Ende Juli 1969 berichtet der Oberstaatsanwalt beim Landgericht Mannheim: »Der eindeutige Nachweis der als wahrscheinlich bezeichneten Zusammenhänge scheiterte im wesentlichen daran, daß der Beschuldigte G. seit längerer Zeit infolge vorzeitigen sklerotischen Abbaus unter starken Störungen der Denk- und Merkfähigkeit leidet und nicht mehr vernehmbar ist.« Die Ermittlungen werden eingestellt.

Trotz mehrerer Mitteilungen von anderen Staatsanwaltschaften bzw. der Zentralen Stelle der Landesjustizverwaltungen für die Aufklärung nationalsozialistischer Gewaltverbrechen in Ludwigsburg über das gegen B. vorliegende belastende Material weigert sich die Staatsanwaltschaft Nürnberg konsequent, das eingestellte Ermittlungsverfahren wiederaufzunehmen. Mitte Februar 1972 wird B. aus dem Gefängnis entlassen. Er stirbt drei Wochen später in einem Münchner Krankenhaus.

EINE AUTORITÄRE
PERSÖNLICHKEIT

Ende 1942 wird R. ins Vernichtungslager Treblinka versetzt. Es handelt sich um einen kalbgroßen, schwarz-weiß gefleckten Hund. In Treblinka schließt sich R. dem SS-Oberscharführer Kurt Franz an. Er sieht in ihm seinen Herrn. R. pflegt den Oberscharführer auf seinen Kontrollgängen durch das obere und untere Lager zu begleiten. Es kommt häufiger vor, daß R. von Franz mit den Worten »Mensch, faß den Hund!« auf jüdische Häftlinge gehetzt wird. R. geht aber auch ohne Befehl auf einen Häftling los, wenn Franz diesen nur anbrüllt. Er greift den betreffenden Menschen stets an. Da R. kalbgroß ist und mit seiner Schulterhöhe an den Unterleib eines durchschnittlichen Menschen heranreicht, beißt er häufig ins Gesäß und mehrfach auch ins Geschlechtsteil. Bei weniger kräftigen Menschen gelingt es R., den Angegriffenen zu Boden zu werfen und ihn zu zerfleischen.

Ende November 1943 wird das Vernichtungslager geschlossen. R. wird nach Ostrow zu Dr. S., Chefarzt des dortigen Kriegslazaretts, gebracht. Nach einiger Zeit geht R. mit dem Arzt eine neue Hund-Herr-Bindung ein. Jetzt ist R. faul und gutmütig. Er liegt gewöhnlich unter oder neben dem Schreibtisch im Arbeitszimmer des Arztes. Im Lazarett Ostrow wird R. »das große Kalb« genannt. Er tut niemandem etwas zuleide.[1]

---

[1] 1944 wird R. nach Schleswig-Holstein evakuiert. Zwei Jahre nach dem Krieg wird er wegen Altersschwäche eingeschläfert.

Erklärungsversuch

Im Jahre 1965 befaßt sich das Landgericht Düsseldorf mit dem Verhalten R.'s in Treblinka. Wie ist es zu erklären, daß R. im Lager eine reißende Bestie war und nachher ein sanftmütiges, träges Wesen? Zeugen bekunden glaubhaft, daß R. sogar in Treblinka in Abwesenheit von SS-Oberscharführer Franz nicht wiederzuerkennen gewesen sei: Man habe ihn streicheln und sich sogar mit ihm necken können. Bezüglich des Beißens: Es wird bestätigt, daß Franz allgemeine Gehorsamsübungen mit R. durchgeführt habe, keiner weiß aber etwas über eine Spezialdressur auf Gesäß oder Geschlechtsteile. Dr. S. berichtet, daß er selbst den R. öfter mit sich führte, wenn er in Ostrow Hunderte von nackten Soldaten, die in einer Reihe angetreten waren, auf ihre Fronttauglichkeit zu untersuchen pflegte. R. habe keinerlei Neigung gezeigt, irgendeinen von ihnen beißen zu wollen.

Ende Januar 1965 beauftragt das Gericht als Sachverständigen den Direktor des Max-Planck-Instituts für Verhaltensforschung in Seewiesen/Oberbayern, den international bekannten Forscher Professor Dr. Konrad Lorenz, ehemaliges Mitglied der NSDAP, der nach 1945 selbst neuen Anschluß gefunden hat. Am 4. Februar 1965 führt Dr. Lorenz in seinem Gutachten folgendes aus: Die Geschichte sei im ganzen glaubhaft. Ein Hund sei das Spiegelbild des Unterbewußten seines Herrn. Unter einem aggressiven Herrn könne der Hund nach einem Menschen beißen, von diesem Charakterzug jedoch nichts mehr zeigen, wenn der Herr sich ändere. Es sei in der Verhaltenspsychologie anerkannt, daß derselbe Hund zeitweilig brav und harmlos, zeitweilig gefährlich und bissig sein könne. Letzteres sei dann der Fall, wenn er von seinem Herrn auf eine Person gehetzt werde. Manchmal genüge es bereits, wenn der

Herr des Hundes eine Person nur anschreie, damit der Hund sich auf die angebrüllte Person stürze. Derselbe Hund könne kurze Zeit später harmlos mit Kindern spielen, ohne daß irgend etwas zu befürchten sei. Das gleiche Verhalten zeige er gegenüber Erwachsenen, mit denen sein Herr freundlich spreche. Auch zu diesen Personen sei er dann lieb. Er passe sich ganz den Stimmungen und Launen seines Herrn an. Aus den ihm vom Schwurgericht vorgelegten Fotos von R. ersehe er, Dr. Lorenz, daß dieser kein reinrassiger Bernhardiner, sondern ein Mischlingshund gewesen sei. Gerade solche Mischlinge seien sehr feinfühlige Tiere. So ein Hund sei mit sechs bis sieben Jahren nur schwer an einen neuen Herrn zu gewöhnen, jedoch seien Ausnahmen möglich. Wenn er eine neue Hund-Herr-Bindung eingehe, könne sich sein Charakter völlig wandeln. Daß R. deshalb unter seinem neuen Herrn, dem Dr. S., keinerlei Neigungen mehr zum Beißen gezeigt habe, sei nichts Außergewöhnliches. Experimente hätten diese Erfahrung nachdrücklich erhärtet.

Anschließend führt Dr. Lorenz aus, daß das Beißverhalten R.'s ohne absichtliche künstliche Dressur zustande gekommen sein könne. Wenn ein Hund sich einem Herrn angeschlossen habe, erahne er förmlich, welche Absichten dieser habe.

Das Landgericht Düsseldorf schließt sich dieser Erklärung an, macht SS-Oberscharführer Franz für die Angriffe R.'s verantwortlich, auch wenn diese ohne ausdrücklichen Befehl geschehen seien. 1973 wird Konrad Lorenz der Nobelpreis für seine Forschung über tierisches und menschliches Verhalten verliehen.

EIN NEUER ANFANG

Im April 1939, drei Wochen, nachdem das restliche Staatsgebiet der Tschechoslowakei durch das Münchner Diktat in ein dem Deutschen Reich angegliedertes »Protektorat Böhmen und Mähren« und einen »Schutzstaat« Slowakei aufgeteilt wurde, erkennt Dr. Ivan E. die neue Lage. Der in Prag lebende weißrussische Nationalist ergreift die Initiative und richtet ein Schreiben an Hitler, in dem er die Situation seiner Nation vorträgt und seine Dienste für eine gemeinsame Arbeit mit Deutschland anbietet. Er nennt sich Johann, bekennt sich als germanophil: Mit einer bessarabischen Volksdeutschen sei er verheiratet, nur unter deutscher Führung könne sein Land frei sein. In den nächsten zwei Jahren ist Dr. E. mehrmals in Berlin, um die Zusammenarbeit voranzutreiben. Als die Wehrmacht im Spätsommer 1941 Richtung Moskau vorrückt, wird ihm, der inzwischen gute Beziehungen zum Ostministerium aufgebaut hat, eine verantwortungsvolle Stelle in der Zivilverwaltung des besetzten »Weißruthenien« zugeteilt. Mitte September schließt er seine »nicht ganz einwandfreie Arztpraxis« in Prag und fährt mit dem Privatauto nach Minsk.

Selbsthilfe

Dr. E. wird mit dem Aufbau eines »Weißruthenischen Selbsthilfewerks« (WSW) beauftragt, welches der Abteilung »Gesundheitswesen und Volkspflege« des Generalkommissars in Minsk unterstellt ist. Als Leiter des WSW versieht Dr. E. folgende Aufgaben:

– Sammlung »freiwilliger Spenden« (Geld, Lebensmittel, Wertsachen) bei der einheimischen Bevölkerung. Ein Viertel der zusammengetragenen Güter verbleibt im Ort, ein Viertel im Gebiet, der Rest kommt nach Minsk. Hier werden die Spenden in ein Lager des Selbsthilfewerkes gebracht und unter Aufsicht Dr. E.'s weiterverteilt.

– Vermittlung zwischen dem weißruthenischen und dem deutschen Volk. Dr. E. soll einerseits Weißruthenen davon überzeugen, daß die deutsche Besetzung eine Befreiung sei und die Möglichkeit bestehe, Hilfe von den deutschen Behörden zu erhalten. Andererseits hat er die in Weißruthenien befindlichen Deutschen mit der Kultur des einheimischen, minderwertigen Volkes vertraut zu machen.

– Beratung des Generalkommissars Kube hinsichtlich kultureller und politischer Fragen. Dr. E. wird auch in Diskussionen um die noch nicht wiedereröffneten Schulen einbezogen.

– Aufbau eines Weißruthenischen Selbstschutzes. Dr. E. wird zum Oberkommandanten der einheimischen Garde ernannt. Der frühere zaristische Offizier, der mit den Generälen Denniken und Wrangel gegen den Bolschewismus gekämpft hat, leitet Offizierskurse.

Eine schwierige Lage

Das Land ist arm und vom Krieg zerstört. Die ersten Erfahrungen der einheimischen Bevölkerung mit der neuen Besatzungsmacht erwecken wenig Vertrauen. Dr. E., der mehr als zwanzig Jahre im Ausland gelebt hat, wird skeptisch und nur sehr zögernd von seinen Landsleuten aufgenommen. Exilpolitiker in Berlin werfen ihm vor, zu sehr in deutschem Fahrwasser zu schwimmen. Partisanen halten ihn für einen Verräter, bedrohen ihn und seine Mitarbeiter mit dem Tod.

Auch die SS betrachtet Dr. E. mit äußerstem Mißtrauen. Der Reichsführer-SS unterstützt auf Grund der Zersplitterung des russischen Großraumes die Errichtung eines weißruthenischen Gebietes, ist aber noch nicht entschieden, ob die Erhaltung des weißruthenischen Volkes überhaupt angestrebt und befördert werden soll. Die Sicherheitspolizei in Minsk fürchtet, Dr. E. könnte sich mittels des einheimischen Selbsthilfewerks zu einem weißruthenischen Volksführer emporarbeiten und damit zu einer Gefahr werden. SS-Brigadeführer Curt von Gottberg beschwert sich in Berlin: Dieser Herr aus der Tschechei verbreite völlig unrichtige weißruthenische Volks- und Selbständigkeitsideen. Bisher habe die WSW im Lande nur Schaden gestiftet und die Bevölkerung verrückt gemacht. Darüber hinaus laufe der Selbstschutz – von deutscher Seite eingekleidet, bewaffnet und ausgebildet – in geschlossenen Gruppen zu den Partisanen über.

Nur von der deutschen Zivilverwaltung wird Dr. E. eingehend unterstützt. Ein Mitarbeiter des Generalkommissariats in Minsk: »Wir werden eine positive Politik gegenüber dem Weißruthenentum betreiben, unbeschadet dessen, was in der Zukunft entschieden wird, da jetzt kriegswichtig ist, daß man das weißruthenische Volk unterstützt.« In einer Besprechung mit der SS nimmt die Zivilverwaltung Dr. E. in Schutz: Er habe immer versucht, überspitzte weißruthenische Forderungen zu dämpfen und die deutschen Behörden von der tatsächlichen Stimmung im Lande zu unterrichten.

Die persönlichen Beziehungen Dr. E.'s zum Generalkommissar Kube sind ausgezeichnet. Anläßlich Kubes Geburtstag bestellt E. im Namen des Selbsthilfewerkes herzlichste Glückwünsche. Der Generalkommissar ist gerührt: »Sehr geehrter, lieber Herr Dr. E.! Herzlich danke ich Ihnen, ebenfalls den Damen und Herren des weißruthenischen Selbsthilfewerkes, für die freundschaftlichen Glückwünsche. Sie alle haben mir damit eine große Freude bereitet, und ich bitte, Ihren Mitarbeiterinnen und Mitarbeitern meinen herzlichen Dank zu übermitteln. Sie können überzeugt sein, daß ich in der Zukunft mit Ihnen gemeinsam im politischen Geiste unseres großen Führers Adolf Hitler am Neuaufbau des weißruthenischen Landes, das so harte Prüfungen kennengelernt hat, zusammenarbeiten werde. Mit den besten Wünschen für Sie und Ihre Tätigkeit Ihr Wilhelm K.«

Dr. E. wird zum Vertrauensmann Kubes ernannt, später soll er weißruthenischer Ministerpräsident werden.

Der Feind schläft nicht

Außerhalb der größeren Städte sind die Deutschen deutlich weniger präsent. Auf dem Land fallen mehrere Mitarbeiter des WSW Attentaten der Partisanen zum Opfer. Auch in Minsk gibt es Intrigen und sogar Anschläge. Zahlreiche Gerüchte kursieren über Korruption und Bereicherung im Selbsthilfewerk. Dr. E. schreibt dies einem Komplott von Polen und Kommunisten zu. Ende März 1942 verabreicht man ihm Arsen im Kaffee. Nur knapp überlebt er die Vergiftung.

Der SS ist schwerer zu entgehen. SS-Obersturmbannführer Eduard Strauch, der in Dr. E. das ergebene Werkzeug seines Gegners Kube sieht, leitet Ermittlungen gegen das Selbsthilfewerk wegen verschiedener Unregelmäßigkeiten, u. a. Goldschmuggel nach Prag und Unterschlagung von Wertsachen. E.'s Schwägerinnen, die beide beim Selbsthilfewerk angestellt sind, sollen ihre Wohnung in Minsk mit Gegenständen aus dem WSW-Lager eingerichtet haben. Dr. E.

selbst wird beschuldigt, mit 20 Kilogramm gespendetem Mehl seiner Sekretärin einen Pelzmantel besorgt zu haben. Mitte April 1943 bittet man E. in der Dienststelle der Sicherheitspolizei zwecks einer »freiwilligen« Vernehmung zu erscheinen. Es wird ihm vorgeworfen, die deutschen Behörden gegeneinander ausgespielt und Verrat am weißruthenischen Volk begangen zu haben. Die deutsche Zivilverwaltung ihrerseits bestreitet dagegen, ausgespielt worden zu sein, und fragt: Was sei der SS lieber, ein Mann, der sich selbst und seine ganze Arbeit der deutschen Zivilverwaltung opfert, oder ein Mann, der eine den Deutschen entgegengesetzte Politik betreibt, um sich beim eigenen Volk beliebt zu machen?

Eine Woche später wird Dr. E. vorläufig aus dem Gefängnis entlassen. Kurz danach reist er wegen der Arsenvergiftung zu einer Erholungskur nach Prag.

Auf eigenen Füßen

Generalkommissar Kube beugt sich dem Willen der SS und erklärt sich bereit, E. seines Amtes zu entheben. Gestapo-Beamte suchen Dr. E. in Prag auf. Sie teilen ihm mit, daß seine Rückkehr nach Weißruthenien nicht erwünscht sei, und beschlagnahmen seinen Passierschein.

Die Vernehmungen wegen der Unregelmäßigkeiten im Weißruthenischen Selbsthilfewerk werden in Prag fortgesetzt. Dr. E. wird u. a. das Verschwinden von 4000 Kilogramm Salz aus dem Lager zur Last gelegt. Darüber hinaus hat sich die SS in Minsk wegen eines Gerüchtes über eine angeblich rigorose Vernehmung Dr. E.'s durch die dortige Sicherheitspolizei beschwert. E. dementiert dies, bezeichnet Berichte, er sei körperlich mißhandelt worden und habe sich einen Vollbart wachsen lassen, um die während der Vernehmung entstandenen Gesichtsnarben zu verdecken, als völlig falsch und erfunden.

Der Versuch, die Arbeit in seiner Arztpraxis in Prag wieder aufzunehmen, erweist sich als schwierig. Wegen seiner Zusammenarbeit mit den Deutschen wird Dr. E. von seinen tschechischen Patienten gemieden. Verzweifelt richtet er ein Schreiben an Generalkommissar Kube. Er möchte nach Minsk zurückkehren, um zwei ihm persönlich gehörende Autos, die er dem Weißruthenischen Selbsthilfewerk zur Verfügung gestellt habe, zurückzuholen. Nach wie vor stehe er für eine Aufgabe in Weißruthenien zur Verfügung.

Mitte Juli 1943 darf E. zu Abwicklungszwecken nach Minsk reisen. Hier wird er von Generalkommissar Kube empfangen, der ihm im Namen des Reichsministers für die besetzten Ostgebiete für seine selbstlose Arbeit öffentlich dankt. K. verleiht ihm als Zeichen der Anerkennung die Medaille für Angehörige der Ostvölker und erteilt ihm die Genehmigung, ein Buch über seine zweijährige Tätigkeit in Weißruthenien zu schreiben.

Das Ostministerium entscheidet, daß Dr. E. sein Gehalt als Leiter des WSW bis zum 1. Januar 1944 weiter erhalten soll. Der Befehlshaber der Sicherheitspolizei für das Reichsprotektorat Böhmen und Mähren wird beauftragt, Dr. E. keine Schwierigkeiten zu bereiten und ihn bei der Wiedereröffnung seiner Praxis in Prag zu unterstützen. E. wird jedoch jegliche politische Betätigung untersagt, vor einer Ausreise aus dem Protektorat muß er die Genehmigung der SS einholen.

Letzter Versuch

Mitte Januar 1944, zwei Wochen, nachdem die Zahlung seines Gehalts vom Ostministerium eingestellt worden ist, richtet Dr. E. einen elfseitigen Brief an Reichsminister Alfred Rosenberg. Hierin beteuert er seine Unschuld und bittet um die Freilassung seiner noch in Minsk inhaftierten WSW-Mitarbeiter, unter denen sich seine zwei Schwägerinnen befinden. Er erklärt, weiter mit Deutschland zusammenarbeiten zu wollen, stellt sich ein letztes Mal zur Verfügung. Das Angebot wird nicht angenommen. SS-Brigadeführer Curt von Gottberg, der nach dem Tod Kubes zum neuen Generalkommissar Weißrutheniens ernannt wurde, hat seine eigenen Kollaborateure. Im Frühling 1944, mit dem Vorrücken der Roten Armee, erübrigt sich die Frage einer Zusammenarbeit endgültig.

Unbegrenzte Möglichkeiten

Im Januar 1948 reist Dr. E. mit seiner Frau und den zwei Töchtern illegal von Bremen nach New York. Sie geben sich als Flüchtlinge aus, werden von der antikommunistischen Organisation »Church World Service« unterstützt.

In New York paßt Dr. E. sich schnell an. Er nennt sich John, findet Arbeit als Assistenzarzt im Gouverneur Hospital in Manhattan. Er wird als Psychiater ausgebildet.

Die Kunst des Schweigens. Dr. E. schließt sich in New York weißrussischen Exilkreisen an, wird zum Leiter des »White Ruthenian Relief Committee« ernannt. Am 2. Dezember 1948 wird in der Reihe »Leaders in Exile« ein Radiointerview mit Meade Davidson aufgenommen. Auszug:
Davidson: Aber zurück zu Ihnen. Sie haben Weißruß-

land (1918) verlassen und sind nach Konstantinopel gegangen. Was ist dann passiert?

E.: Nachdem ich meine Aufgabe in Konstantinopel erfüllt hatte und nachdem Weißruthenien zwischen den Russen und den Polen aufgeteilt worden war, emigrierte ich mit anderen Mitgliedern unserer Regierung in die Tschechoslowakei. In Prag begann ich ein Medizinstudium und bekam 1929 mein Diplom als Arzt. Obwohl ich Student war, habe ich die Arbeit für mein Land nie aufgegeben und war Mitglied vieler politischer und kultureller Verbände, deren Aufgabe es war, ein unabhängiges Weißruthenien zu errichten und das Land vom Terror der sowjetischen Besatzung zu befreien.

Davidson: Herr Doktor, da Sie es unseren Zuhörern nicht gesagt haben, darf ich ergänzen, daß Sie während des Krieges als Arzt in den Sanitätskorps der Vereinigten Staaten gedient haben und heute als praktizierender Arzt und Chirurg hier in New York tätig sind. Fahren wir jetzt fort. Was dürfen Sie uns über die Widerstandsbewegung in Weißruthenien sagen?

E.: Seit vielen Jahren kämpft das weißruthenische Volk mit Waffen, um seine Freiheit und Unabhängigkeit gegen die kommunistische Diktatur zu wahren. Im Moment der allgemeinen Gefahr taten sich die besten jungen Leute auf der Seite der demokratischen Länder Amerikas und Europas gegen die nationalsozialistische Diktatur Adolf Hitlers zusammen. Es waren weder das Heldentum Stalins noch die Kriegskenntnisse seiner Generale, sondern im hohen Grad unsere weißruthenischen Partisanen, welche die rückwärtigen Stützpunkte des deutschen Heeres zerschlugen. Hitler, wie Napoleon, ist durch Partisanen erobert worden. Und jetzt fahren weißruthenische Partisanen in ihrem Kampf gegen eine andere, noch gräßlichere Diktatur fort.

1949 wird E. eine Stelle als Assistenzarzt in dem staatlichen Psychiatrischen Krankenhaus in Binghamton angeboten. Im Juni desselben Jahres zieht die Familie in die 400 km nordwestlich gelegene Stadt. E. gibt die aktive Exilpolitik auf, nimmt einen amerikanischen Familiennamen an und lebt unbehelligt im Bundesstaat New York.

Am 7. Mai 1956 wird E. amerikanischer Staatsbürger. Dazu muß er, wie bei der Einwanderung, über seine frühere Zusammenarbeit mit den Deutschen schweigen.[1] Am 1. Januar 1957 wird er als Psychiater im Bundesstaat New York zugelassen, zwei Jahre später als aktives Mitglied in die zuständige »Medical Society« aufgenommen. Im Personalbogen gibt er an, von 1929 bis 1945 eine allgemeine Arztpraxis in Prag geführt und von 1945 bis 1947 als Amtsarzt bei der amerikanischen Armee in Deutschland gedient zu haben.

Mit 72 Jahren tritt E. von seinem Posten als leitender Psychiater des staatlichen Krankenhauses in Binghamton zurück und zieht in die kleine, wohlhabende Ortschaft Glen Cove auf Long Island, wo seine ältere Tochter wohnt. Er stirbt vier Jahre später, am 25. Februar 1970, in seinem Winterhaus am Delray Beach im Bundesstaat Florida. In der Todesanzeige heißt es, daß E. aktives Mitglied der Demokratischen Partei auf kommunaler und bundesstaatlicher Ebene gewesen ist.

---

[1] Unter welchen Umständen Dr. E. in die USA einreisen und dort bleiben durfte, kann nicht nachvollzogen werden. Das Counter Intelligence Corps (CIC), die Central Intelligence Agency (CIA) und das Federal Bureau of Investigations (FBI) geben an, keine Unterlagen über Dr. E. zu besitzen. Erkundigungen bei den Immigrationsbehörden und beim Justizministerium haben ergeben, daß es den Findbüchern zufolge eine Akte über Dr. E. geben müsse, sie sei aber aus unerklärlichen Gründen unauffindbar.

ANMERKUNG DES VERFASSERS

Es wird also ein alter Mann zur Richtstätte geführt. Ein 74jähriger Rentner mit einem Hüftgelenksleiden links, stärkerer Arteriosklerose und Blutdruckerhöhung. Sechs Monate vorher, im Spätsommer 1942, hatte er wiederholt im Inneren der öffentlichen Bedürfnisanstalt am Mariannenplatz in Berlin folgendes an die Wand geschrieben: »Hitler, Du Massenmörder, mußt ermordet werden, dann ist der Krieg zu Ende«. Er wird als Volksverräter verurteilt. Ist er ein alter Mann mit verminderter Zurechnungsfähigkeit? Das Opfer einer willfährigen Justiz? Ein Widerstandskämpfer?

Die Erzählungen dieses Bandes rekonstruieren Aspekte der Lebensgeschichten einer disparaten Gruppe von Individuen, die in der Zeit des Nationalsozialismus lebten. Das Buch basiert auf umfassenden Recherchen, die insbesondere ungedruckte Quellen aus Instituten, Archiven und Behörden in den Vereinigten Staaten, Israel, Deutschland, Polen, Tschechien, der Schweiz und den Niederlanden betreffen.

Die Materialien für die acht Geschichten sind als Erzählungen organisiert, d.h., ich habe nicht versucht, eine vorgefaßte These zu belegen, sondern nur, der Logik menschlichen Handelns zu folgen. Die Geschichten sind dennoch streng dokumentarischer Natur. Alle Dialoge sowie sämtliche anderen subjektiven Formen der Erzählung lassen sich durch dokumentarisches Material (wie persönliche Korrespondenz oder Selbstzeugnisse der beteiligten

Personen) begründen.[1] Auch Begriffe und Wendungen sowie Kapitel- und Abschnittsüberschriften entstammen in fast jedem Fall direkt den Akten. Das gleiche gilt auch für manche ungewöhnliche Schreibweise oder Interpunktion. Soweit wie möglich wird das Material dem Leser oder der Leserin ohne expliziten erzählerischen Kommentar vorgestellt – ich habe versucht, mein eigenes Urteilen auf das Arrangement der Materialien als Erzählungen zu beschränken. In einigen Fällen war es möglich, relativ vollständige Lebensgeschichten zu konstruieren; in einem anderen Fall werden nur die Umstände und Deutungen der letzten Handlung eines Menschen dargestellt.

Die Protagonisten der Geschichten haben bisher kaum Beachtung gefunden. Obwohl NS-Forschern längst bekannt, sind sie – wenn überhaupt – Randfiguren geblieben. Verschiedene Gründe könnten dafür genannt werden. In einigen Fällen sind sie zu »unbedeutend«, ihr Handeln entspricht nicht den Maßstäben des heroischen Widerstands oder der historischen Infamie. Nach dem Krieg wurden zum Beispiel Strafprozeßakten wegen Diebstahls und Betrugs gegen Mirjam P., jenes als schwer erziehbar geltende jüdische Mädchen in der Geschichte *Notlügen*, routinemäßig vernichtet, weil die zuständigen Behörden sie als »nicht archivwürdig« einstuften. In anderen Fällen sind vergleichsweise prominente Personen marginal geblieben, weil ihr Handeln sich nicht in die gängigen Deutungsmuster des Nationalsozialismus einfügt: Wilhelm K., Nationalsozialist und Antisemit, war als Generalkommissar des besetzten Weißruthenien zutiefst in die Judenvernichtung ver-

---

[1] Wenn längere Passagen vollständig zitiert werden, sind sie in Anführungszeichen gesetzt, leicht gekürzte Zitate stehen ohne Anführungen.

wickelt, kämpfte aber gleichzeitig – vergeblich – um das Leben einiger der 7000 nach Minsk deportierten deutschen Juden; oder Karl L., der einzige von K. Gerettete, der dann als Leiter der jüdischen Ghettopolizei in Theresienstadt unerbittlich gegen Diebstahl und Korruption innerhalb der Lagergemeinschaft vorging. Bis heute ist L. eine umstrittene Figur geblieben. Obwohl er eine leitende Persönlichkeit des Lagers war, gibt es fünfundfünfzig Jahre nach der Befreiung Theresienstadts noch keinen wissenschaftlichen Aufsatz über seine Tätigkeit im Ghetto.

Die Entscheidung, die Geschichten als Erzählungen und nicht als konventionelle wissenschaftliche Analysen zu schreiben, braucht womöglich eine Erklärung. Mir scheint, daß die Form der Erzählung für das Thema geeigneter ist, weil in ihr die Komplexität und Ambiguität, die ich latent in den dokumentarischen Materialien fand, sich eher entfalten ließen. Dies konnte wieder dazu beitragen, dem Druck, »Farbe zu bekennen« oder »ein Zeichen zu setzen«, welchem ein Autor bei der Behandlung solcher Themen ausgesetzt ist, zu widerstehen – Imperativen, die leicht zu erbaulichen Schematisierungen führen, die letzten Endes unsere Fähigkeit, konkret über das Phänomen Nationalsozialismus oder den Holocaust nachzudenken, erheblich beeinträchtigen. Moralisierende Wegweiser, die einen Menschen entweder als bösen Täter oder unschuldiges Opfer kennzeichnen – als wäre ein Opfer nationalsozialistischer Gewalt weniger Opfer, wenn man ihm moralische Verfehlungen oder menschliche Schwächen zugesteht –, stellen sicher, daß der Leser oder die Leserin das »richtige« Urteil fällt, verhindern jedoch ein differenzierteres Verständnis des Geschehenen. Die vorliegenden Geschichten versuchen ohne didaktische Vorkehrungen dieser Art auszukommen: »Mehr als die Chance, sich selbständig zu verhalten, gibt kein Buch.«

Ich möchte folgenden Personen für ihre Unterstützung danken: Arthur Strum, Isaac Kramnick, Karen Kenkel, William David Weinberg, Rebecca Egger, Joanna Butler, Pamela Selwyn, Volker Strümpe, Reinhard Pauls, Andrea Kunkel, Petra Eggers, Annette Wunschel und, vor allem, Steffie Schulze.

Unterlagen aus den Wiedergutmachungs- und Entschädigungsakten Karl L.'s wurden mit Einwilligung seiner Söhne verwendet.

ANHANG

ABKÜRZUNGEN

BA-B	Bundesarchiv Berlin-Lichterfelde
BT	Beit Theresienstadt (Theresienstadt Martyrs Remembrance Association), Givat Haim-Ihud, Israel
DL/SN	Deutsches Literaturarchiv/Schiller-Nationalmuseum, Marbach
EntB	Entschädigungsamt Berlin
HI	Hoover Institution on War, Revolution and Peace, Stanford
HK	Heckscher Klinik, München
HSD	Hessisches Staatsarchiv Darmstadt
IfZ	Institut für Zeitgeschichte, München
NWD	Netherlands State Institute for War Documentation, Amsterdam
SA-L	Staatsarchiv Litoměřice
SA-N	Staatsarchiv Nürnberg
WiedB	Wiedergutmachungsamt Berlin
ZStL	Zentrale Stelle der Landesjustizverwaltungen für die Aufklärung nationalsozialistischer Gewaltverbrechen, Ludwigsburg

NOTLÜGEN

Im September 1933 ...: »Vorgeschichte der Krankengeschichte«, Akte Mirjam P., Patientenakten der Heckscher Klinik, HK.« Die Akte befindet sich heute im Archiv des Bezirks Oberbayern unter der Signatur »Heckscher Kinik, Patientenakten Nr. 1757.« – Bericht der Jugendfürsorgestelle Tel Aviv über Mirjam P. (23. 12. 1937), Abschrift, Akte Mirjam P., HK. – »Fachärztliches Gutachten an das israelitische Wohlfahrtsamt München« (10. 3. 1938), Akte Mirjam P., HK. – Bericht Dr. V.'s beim Staatlichen Gesundheitsamt des Kreises Darmstadt (1. 6. 1938), Strafprozeßakte gegen Mirjam P. wegen Diebstahls und Betrugs, 2 KMs 13/38 (G 27, Nr. 2.252), HSD. – Auskunft des Stadtarchivs

Jena bezüglich Mirjam P. und der Trüper'schen Anstalt auf der Sophienhöhe bei Jena.

8 Gelobtes Land

In der neuen Heimat ...: »Eine Fahrt an das Tote Meer«, Aufsatz von Mirjam P., Akte Mirjam P., HK.

Fehlversuch: Bericht der Jugendfürsorgestelle Tel Aviv über Mirjam P. (23. 12. 1937), Abschrift, Akte Mirjam P., HK. – »Vorgeschichte der Krankengeschichte«, Akte Mirjam P., HK.

Die Fachmänner ...: »Fachärztliches Zeugnis« von Dr. med. Ernst K. (17. 9. 1934), Abschrift, Akte Mirjam P., HK. – »Fachärztliches Zeugnis« von Dr. H. H. (28. 9. 1934), Abschrift, Akte Mirjam P., HK.

Zweite Chance: Bericht der Jugendfürsorgestelle Tel Aviv über Mirjam P. (23. 12. 1937), Abschrift, Akte Mirjam P., HK. – »Vorgeschichte der Krankengeschichte«, Akte Mirjam P., HK. – Brief des Child Care Department an Erich P. (11. 10. 1936), Stadtarchiv Tel Aviv-Yafo.

10 Allein unterwegs

Zu Hause: Bericht Dr. V.'s beim Staatlichen Gesundheitsamt des Kreises Darmstadt (1. 6. 1938), Strafprozeßakte gegen Mirjam P., HSD. – »Fachärztliches Gutachten an das israelitische Wohlfahrtsamt München« (10. 3. 1938), Akte Mirjam P., HK.

Auf der Suche: »Vorgeschichte der Krankengeschichte«, Akte Mirjam P., HK. – »Fachärztliches Gutachten an das israelitische Wohlfahrtsamt München« (10. 3. 1938), Akte Mirjam P., HK. – Lebenslauf von Mirjam P. (22. 5. 1938), Strafprozeßakte gegen Mirjam P., HSD. – Bericht Dr. V.'s beim Staatlichen Gesundheitsamt des Kreises Darmstadt (1. 6. 1938), Strafprozeßakte gegen Mirjam P., HSD.

Mit anderen Mitteln: Urteil des Jugendgerichts vom 24. 6. 1937, Bezirksgericht Zürich, Prozeß No. 959/1937.

12 Wahrheitswidrig

Urteil des Landgerichts Rottweil vom 23. 12. 1937, Staatsarchiv Sigmaringen. – Anklageschrift der Staatsanwaltschaft Rottweil (22. 11. 1937), Staatsarchiv Sigmaringen.

15 **Unter Kollegen**
Bericht der Jugendfürsorgestelle Tel Aviv über Mirjam P. (23. 12. 1937), Abschrift, Akte Mirjam P., HK. – Brief der Wohlfahrtsstelle des Verbandes Bayerischer Israelitischer Gemeinden an die Heckscher Nervenheil- und Forschungsanstalt (17. 2. 1938), Akte Mirjam P., HK. – »Körperlicher Befund« und »Psychisches Verhalten«, Akte Mirjam P., HK. – »Intelligenzprüfungsbogen«, Akte Mirjam P., HK. – »Psychologischer Befund« (Februar 1938), Akte Mirjam P., HK.

18 **Krankengeschichte**
»Verlauf«, Akte Mirjam P., HK. – »Fachärztliches Gutachten an das israelitische Wohlfahrtsamt München« (10. 3. 1938), Akte Mirjam P., HK.

22 **Auf der Flucht**
P.'s letzte Tage ...: Brief von Mirjam P. (27. 3. 1938), Akte Mirjam P., HK.
Selbsttätig: Aussage Frau Dr. Anne R.'s, Fürsorgerin des jüdischen Wohlfahrtsamts bei der Staatlichen Kriminalpolizei München (31. 3. 1938), Strafprozeßakte gegen Mirjam P., HSD. – Aussage des Medizinstudenten Hilmy M. bei der Staatlichen Kriminalpolizei München (1. 4. 1938), Strafprozeßakte gegen Mirjam P., HSD. – Vernehmung Mirjam P.'s bei der Staatlichen Kriminalpolizei München, Strafprozeßakte gegen Mirjam P., HSD. – Urteil des Landgerichts Darmstadt gegen Mirjam P. (7. 7. 1938), Strafprozeßakte gegen Mirjam P., HSD.
Angezeigt: Aussage Frau Dr. Anne R.'s, Fürsorgerin des jüdischen Wohlfahrtsamts bei der Staatlichen Kriminalpolizei München (31. 3. 1938), Strafprozeßakte gegen Mirjam P., HSD. – Aussage des Medizinstudenten Hilmy M. bei der Staatlichen Kriminalpolizei München (1. 4. 1938), Strafprozeßakte gegen Mirjam P., HSD. – Vernehmung Mirjam P.'s bei der Staatlichen Kriminalpolizei München, Strafprozeßakte gegen Mirjam P., HSD.
Vogelfrei: Vernehmung Mirjam P.'s bei der Staatlichen Kriminalpolizei, Kriminalpolizeistelle Darmstadt, Strafprozeßakte gegen Mirjam P., HSD. – Anzeige des Hotelbesitzers August B. gegen Mirjam P. bei der Staatlichen Kriminalpolizei, Kriminalpolizei-

stelle Darmstadt (5. 5. 1938), Strafprozeßakte gegen Mirjam P., HSD. – Bericht der Staatlichen Kriminalpolizei, Kriminalpolizeistelle Darmstadt (6. 5. 1938), Strafprozeßakte gegen Mirjam P., HSD. – Urteil des Landgerichts Darmstadt gegen Mirjam P. (7. 7. 1938), Strafprozeßakte gegen Mirjam P., HSD.

25 Enttäuscht

Am Abend ... und P. verbringt ...: Vernehmung Mirjam P.'s bei der Staatlichen Kriminalpolizei, Kriminalpolizeistelle Darmstadt, Strafprozeßakte gegen Mirjam P., HSD. – Vernehmung des Kaufmanns Gustav H. bei der Staatlichen Kriminalpolizei, Strafprozeßakte gegen Mirjam P., HSD. – Bericht der Staatlichen Kriminalpolizei, Kriminalpolizeistelle Darmstadt (16. 4. 1938), Strafprozeßakte gegen Mirjam P., HSD. – Urteil des Landgerichts Darmstadt gegen Mirjam P. (7.7.1938), Strafprozeßakte gegen Mirjam P., HSD.

Verhaftet: Vernehmung Mirjam P.'s bei der Staatlichen Kriminalpolizei, Kriminalpolizeistelle Darmstadt, Strafprozeßakte gegen Mirjam P., HSD.

Verraten: Vernehmung des Kaufmanns Gustav H. bei der Staatlichen Kriminalpolizei, Strafprozeßakte gegen Mirjam P., HSD.

28 Verurteilt

In Untersuchungshaft ...: Lebenslauf von Mirjam P. (22. 5. 1938), Strafprozeßakte gegen Mirjam P., HSD.

P.'s Rechtsanwalt ...: Brief des Rechtsanwalts Gustav R. an den Oberstaatsanwalt beim Landgericht Darmstadt (1. 6. 1938), Strafprozeßakte gegen Mirjam P., HSD.

Das Staatliche Gesundheitsamt ...: Bericht Dr. V.'s beim Staatlichen Gesundheitsamt des Kreises Darmstadt (1. 6. 1938), Strafprozeßakte gegen Mirjam P., HSD.

Ermittlungsergebnis ...: Ermittlungsergebnis der Staatsanwaltschaft Darmstadt (4.6.1938), Strafprozeßakte gegen Mirjam P., HSD.

Am 7. Juli 1938 ...: Urteil des Landgerichts Darmstadt gegen Mirjam P. (7. 7. 1938), Strafprozeßakte gegen Mirjam P., HSD.

31 Hinter Gittern

P. verbüßt ...: Brief Mirjam P.'s an Erich P. (5. 2. 1939), Personen-Akte Mirjam P., Hessisches Landgerichtsgefängnis Mainz, J85 Nr. 973, Landesarchiv Speyer.

Schriftverkehr/Menschenverkehr: Briefformular des Landgerichtsgefängnisses Mainz, Personen-Akte Mirjam P., Landesarchiv Speyer.

Führung und *Eigensinnig*: Personen-Akte Mirjam P., Landesarchiv Speyer.

Brief (I): Brief Mirjam P.'s an Erich P. (5. 2. 1939), Personen-Akte Mirjam P., Landesarchiv Speyer.

Brief (II): Brief Erich P.'s an den Oberstaatsanwalt beim Landgericht Darmstadt (18. 4. 1939), Strafprozeßakte gegen Mirjam P., HSD.

Eingewiesen: Vermerk des Oberstaatsanwalts beim Landgericht Darmstadt, Urteil des Landgerichts Darmstadt gegen Mirjam P. (7. 7. 1938), Strafprozeßakte gegen Mirjam P., HSD.

34 Letzte Chance

Im Philippshospital ...: Gesuch Mirjam P.'s an die Oberstaatsanwaltschaft beim Landgericht Darmstadt (3. 10. 1939), Strafprozeßakte gegen Mirjam P., HSD.

Ende des Monats ...: Schreiben Dr. S.'s an den Polizeipräsidenten, Frankfurt a. M. (26. 10. 1939), Strafprozeßakte gegen Mirjam P., HSD.

Redlich bemüht: Schreiben der »Reichsvereinigung der Juden in Deutschland« (Bezirksstelle Mainz) an die Direktion des Philippshospitals (24. 1. 1941), »Behelfsakte Mirjam P.«, Q12, Archiv des Psychiatrischen Krankenhauses Philippshospital (Archiv des Landeswohlfahrtsverbandes Hessen).

Verpaßt: Handschriftliche Antwort Dr. S.'s, Direktor des Philippshospitals, an die Reichsvereinigung der Juden (3. 2. 1941), »Behelfsakte Mirjam P.«, Archiv des Psychiatrischen Krankenhauses Philippshospital.

37 In wissentlich unwahrer Weise

»Euthanasie«: Vgl. u. a. Götz Aly (Hg.), *Aktion-T4 1939–1945. Die »Euthanasie«-Zentrale in der Tiergartenstraße 4*, Berlin 1987; Henry Friedlander, *The origins of Nazi genocide: from*

euthanasia to the final solution, Chapel Hill 1995; Ernst Klee, *Euthanasie im NS-Staat. Die Vernichtung lebensunwerten Lebens*, Frankurt a. M. 1983; Ernst Klee (Hg.), *Dokumente zur Euthanasie*, Frankfurt a. M. 1986; Heidi Schmidt-von Blittersdorf, Dieter Debus, Birgit Klakowsky, »Die Geschichte der Anstalt Hadamar vom 1933 bis 1945 und ihre Funktion im Rahmen von T4«, in: Dorothee Roer und Dieter Henkel (Hg.), *Psychiatrie im Faschismus. Die Anstalt Hadamar 1933–1945*, Bonn 1986.

Jüdische Anstaltspatienten: Friedlander (1995), a. a. O., S. 39.

Hessen: Vermerk des Oberstaatsanwalts beim Landgericht Darmstadt (28. 1. 1941), Strafprozeßakte gegen Mirjam P., HSD. – Sammelakte (Verlegte Juden), Archiv des Psychiatrischen Krankenhauses Philippshospital. – Schmidt-von Blittersdorf (1986), a. a. O., S. 367.

Drei Monate später …: Anfrage des Justizoberinspektors als Rechtspfleger an die Direktion der Landes- Heil- und Pflegeanstalt Philippshospital (3. 5. 1941), »Behelfsakte Mirjam P.«, Archiv des Psychiatrischen Krankenhauses Philippshospital. – Schreiben Dr. S.'s, Direktor des Philippshospital (6. 5. 1941), »Behelfsakte Mirjam P.«, Archiv des Psychiatrischen Krankenhauses Philippshospital. – Schreiben der Irrenanstalt Cholm an den Oberstaatsanwalt beim Landgericht Darmstadt (5. 6. 1941), Strafprozeßakte gegen Mirjam P., HSD.

40 Bewältigt

Schreiben Erich P.'s an die Leitung des Philippshospital (10. 7. 1946), »Behelfsakte Mirjam P.«, Archiv des Psychiatrischen Krankenhauses Philippshospital. – Schreiben Dr. B.'s an Erich P. (18. 7. 1946), »Behelfsakte Mirjam P.«, Archiv des Psychiatrischen Krankenhauses Philippshospital. – Mitteilung Dr. Isidor Kaminer an den Verfasser (10. 7. 1999).

Am 13. November 1887 ...: Hermann Barth, *Wilhelm K. (Die Reihe der Deutschen Führer*, Heft 12), Berlin o.D., S. 3 ff. – G. Altensteig (d. i. Gerhard Rühle), *Wilhelm K.*, Leipzig 1933, S. 6 f. – Dr. Siegfried Mauermann, Wilhelm K., in: *Totila. Historisches Schauspiel in drei Aufzügen mit einem Vorspiel*, hg. von Dr. Siegfried Mauermann, Studienrat an der Rheingauschule zu Berlin-Friedenau, Bielefeld o.D., S. 5 f. – Personalakte Wilhelm K., BA-B. – »Reichenberger Zeitung« (15. 5. 1933, über K.'s Mutter). – »Der Märkische Adler« (18. 6. 1933, K. bestreitet).

K. schlägt keine soldatische ...: Baldur von Schirach, *Die Pioniere des Dritten Reiches*, Essen 1933, S. 140. – Barth (o. D.), a. a. O, S. 3 ff. – Altensteig (1933), a. a. O., S. 6 f. – Studienbuch Wilhelm K.'s (geb. 13. 11. 1887, Matrikelnummer 3542, Sommer 1908), Universitätsarchiv, Humboldt-Universität zu Berlin.

42 Von Natur aus Aktivist

Das reine Wissen ...: Altensteig (1933), a. a. O., S. 5 ff. – »Deutschvölkische Hochschulblätter«, hg. im Auftrage des Deutschvölkischen Studentenverbandes Berlin (1911–1914), Zentrum für Antisemitismusforschung, Technische Universität Berlin.

1910 kommt K. ein Stipendium ...: »Akta der Königl. Friedrich-Wilhelms-Universität zu Berlin betreffend der von dem Geheimen Kommerzienrat F. Mendelssohn gestifteten Moses-Mendelssohn-Stiftung zu Stipendien für Studierende der Philosophie (1886)«, Universitätsarchiv, Humboldt-Universität zu Berlin. – Altensteig (1933), a. a. O., S. 9 ff., 12 f. – »Deutschvölkische Hochschulblätter« (1911–1914), Zentrum für Antisemitismusforschung, Technische Universität Berlin.

1912 ist K. ...: Striesow, Jan, *Die Deutschnationale Volkspartei und die Völkisch-Radikale 1918–1922*, Frankfurt a. M. 1981, Bd. 2, S. 538.

44 Rhetorische Leistungen

Nach acht Semestern ...: Altensteig (1933), a. a. O., S. 13. – »Deutschvölkische Hochschulblätter«, Nr. 3/4 (1913), Nr. 8/9 (1913). – Personalakte Wilhelm K., BA-B. – Auskunft des Landesarchivs Berlin über die Familie K. (18. 4. 1997).

»*k. v.*«: Altensteig (1933), a. a. O., S. 7, 14. – Personalakte Wilhelm K., BA-B. – »Ein Schwindelfreier. Wilhelm K.«, in: »Alarm« Nr. 2 (15. 11. 1929), in: Personalakte Wilhelm K., BA-B. – Hermann Barth (o. D.), a. a. O, S. 3.

Erschüttert, aber unerschrocken: Altensteig (1933), a. a. O., S. 16, 19.

Mit blitzschneller Zunge und der Stimme eines Nashorns: Personalakte Wilhelm K., BA-B. – G. Altensteig (1933), a. a. O., S. 17 f.

Dichterische Neigungen: Wilhelm K., *Totila* (o. D.), a. a. O. – Altensteig (1933), a. a. O., S. 19 ff.

46 **Eine politisch bewegte Laufbahn**

Ortswechsel: Altensteig (1933), a. a. O., S. 21 ff. – Personalakte Wilhelm K., BA-B.

Parteiwechsel: Altensteig (1933), a. a. O., S. 24. – Personalakte Wilhelm K., BA-B. – »Vermerk des Polizeipräsidenten, Landeskriminalpolizeiamt Berlin (13. 3. 1931), über Wilhelm K.«, Personalakte Wilhelm K., BA-B.

Eine völkische Zusammenarbeit (1924): Altensteig (1933), a. a. O., S. 25. – Personalakte Wilhelm K., BA-B.

Schicksalsschläge:

Erstens: Personalakte Wilhelm K., BA-B.

Zweitens: Personalakte Wilhelm K., BA-B. – »Vermerk des Polizeipräsidenten, Landeskriminalpolizeiamt Berlin (13. 3. 1931), über Wilhelm K.«, Personalakte Wilhelm K., BA-B.

Drittens: »Biographische Angaben«, Personalakte Wilhelm K., BA-B. – »Herr K. ruft nach Polizei. Ein Beitrag zum Portrait eines Hakenkreuzführers«, in: »Der Abend« Nr. 177 (16. 4. 1931), Personalakte Wilhelm K., BA-B. – »K.'s ›siebenjähriger Krieg‹. Ein höchst seltsames Jubliäum«, in: »Der Alarm« Nr. 217 (11. 5. 1931), Personalakte Wilhelm K., BA-B. – »Bonzokratie im Gau Ostmark der Hitlerpartei«, in: »Die Deutsche Revolution (Kampforgan der Revolutionären Nationalsozialisten)« Nr. 23 (7. 6. 1931), Personalakte Wilhelm K., BA-B.

Viertens: Altensteig (1933), a. a. O., S. 27. – »Vermerk des Polizeipräsidenten, Landeskriminalpolizeiamt Berlin (13. 3. 1931), über Wilhelm K.«, Personalakte Wilhelm K., BA-B. – »Der Märkische Adler« Nr. 4 (1927).

Achtung!: »Der Märkische Adler« Nr. 4 (1927).

Parteiwechsel: »Der Märkische Adler« Nr. 3 (1927). – Altensteig (1933), a. a. O., S. 29. – »Biographische Angaben«, Personalakte Wilhelm K., BA-B. – »Vermerk des Polizeipräsidenten, Landeskriminalpolizeiamt Berlin (13. 3. 1931), über Wilhelm K.«, Personalakte Wilhelm K., BA-B.

52 Imperialismus als höchstes Stadium des Finanzkapitalismus
»Der Märkische Adler« Nr. 1 (1927).

52 Anschluß
1928 tritt K. zu den …: Schreiben Wilhelm K.'s (19. 12. 1927), repr. in »Die Deutsche Revolution« Nr. 25 (21. 6. 1931), Personalakte Wilhelm K., BA-B.

»Bewegliches Mundstück«: »Schaukelstuhl, Dein Name ist K.«, in: »Nationalsozialistisches Montagsblatt« (22. 6. 1931), Personalakte Wilhelm K., BA-B. – »Bonzokratie im Gau Ostmark der Hitlerpartei«, in: »Die Deutsche Revolution« Nr. 23 (7. 6. 1931), Personalakte Wilhelm K., BA-B.

53 Volksempfänger
Mai 1928: »Biographische Angaben«, Personalakte Wilhelm K., BA-B. – Hermann Barth (o. D.), a. a. O, S. 3 f. – Altensteig (1933), a. a. O., S. 30 f., 37 ff.

»Preußenführer«: Altensteig (1933), a. a. O., S. 42.

Am Vorabend der Revolution: Altensteig (1933), a. a. O., S. 33 f. – Hermann Barth (o. D.), a. a. O., S. 6.

54 Sieg Heil und fette Beute
Sieger: »Der Märkische Adler« Nr. 15 (9. 4. 1933), Nr. 16 (16. 4. 1933).

Harte Bretter: Schreiben Wilhelm K.'s an Kurt Daluege (6. 4. 1933), Personalakte Wilhelm K., BA-B.

Innenpolitik und *Drei Tage später* …: Schreiben Wilhelm K.'s an Kurt Daluege (25. 3. 1933), Personalakte Wilhelm K., BA-B. – Schreiben Kurt Daluges an Wilhelm K. (28. 3. 1933), Personalakte Wilhelm K., BA-B.

Bühnenpolitik: Zit. in: Joseph Wulf (Hg.), *Theater und Film im Dritten Reich: Eine Dokumentation*, Gütersloh 1964, S. 60.

Als Schriftsteller ...: Aufnahmeformular Wilhelm K.'s beim »Verband deutscher Bühnenschriftsteller«, Personalakte Wilhelm K., BA-B. – Schreiben Martin Bormanns an Wilhelm K. (31.10. 1933), Personalakte Wilhelm K., BA-B.

Erziehungsarbeit: »Westfälische Landeszeitung« (19.5.1934), zit. in: »Aus den Akten des Gauleiters K.«, Helmut Heiber, Vierteljahrshefte für Zeitgeschichte (1/1956), S. 68.

57 Auf Hochtouren

Spitzen und Täler: »Völkischer Beobachter« (8./9.6.1934).

Es gibt mehr Spitzen ...: Personalakte Wilhelm K., BA-B.

Unterwegs: Friedrich Zipfel, *Kirchenkampf in Deutschland 1933–1945: Religionsverfolgung und Selbstbehauptung der Kirchen in der nationalsozialistischen Zeit,* Berlin 1965, S. 31.

Einzug in die Kreisstadt N. (1935): Personalakte Wilhelm K., BA-B.

Privatfernsprechanschluß (geheim!): »Bericht an den Obersten Richter der Partei betreffend Gau Kurmark« (2.11.1935), Personalakte Wilhelm K., BA-B. – Personalakte Wilhelm K., BA-B.

Höchste Spitze: Personalakte Wilhelm K., BA-B.

»Schwiegerfamilie«: Auskunft des Stadtarchivs Paderborn über die Familie Li. (19.3.1998 und 24.3.1998). – Personalakte Adolf Li. (geb. 29.12.1877), BA-B. – Auskunft des Staatsarchivs Hamburg über die Familie Li. (4.5.1998). – Schreiben von Frau Dr. Margit Naarmann an den Verfasser (23.4.1998).

Scheideweg: Urteil der 53. Zivilkammer des Landgerichts in Berlin (19.11.1935), Personalakte Wilhelm K., BA-B.

59 Eins auf den Deckel

Der Führer sagte mir ...: Personalakte Walter Buch, BA-B.

Ein Moralist, Walter Buch, Aufgabenbereiche und *Bremsarbeit:* Schreiben Walter Buchs an Reichsführer-SS Himmler (13.12. 1935), Personalakte Walter Buch, BA-B.

München, den 10. Dezember 1935 ...: Schreiben Walter Buchs an Wilhelm K. (10.12.1935), Personalakte Walter Buch, BA-B. – Schreiben Walter Buchs an Heinrich Himmler (13.12.1935), Personalakte Walter Buch, BA-B.

Ergebnis: Schreiben Walter Buchs an Heinrich Himmler (13.12. 1935), Personalakte Walter Buch, BA-B. – Schreiben Heinrich Himmlers an Walter Buch (22.12.1936), Personalakte Walter

Buch, BA-B. – Schreiben Walter Buchs an Heinrich Himmler (6. 1. 1936), Personalakte Walter Buch, BA-B.

K. dagegen ist wütend: Schreiben Wilhelm K.'s an Heinrich Himmler (11. 3. 1936), Personalakte Wilhelm K., BA-B.

61 Eingekesselt

Schreiben Wilhelm K.'s an Heinrich Himmler (11. 3. 1936), Personalakte Wilhelm K., BA-B.

62 K. schlägt zurück

Tatenlos zusehen ...: Schreiben Wilhelm K.'s an Reichsführer-SS Himmler (11. 3. 1936), Personalakte Wilhelm K., BA-B. – Schreiben Heinrich Himmlers an Wilhelm K. (30. 3. 1936), Personalakte Wilhelm K., BA-B.

Den Obersten Parteirichter B. ...: Anonymes Schreiben an Major Buch (26. 4. 1936), Personalakte Walter Buch, BA-B. Repr. in: »Aus den Akten des Gauleiters K.«, Helmut Hieber (Hg.), Vierteljahrshefte für Zeitgeschichte (1/1956), S. 78.

63 Ertappt

Im Verlauf der Nachforschungen ...: Rundschreiben Nr. 99/361 (o. D)., Personalakte Walter Buch, BA-B. Repr. in: »Aus den Akten des Gauleiters K.«, Helmut Hieber (Hg.), Vierteljahrshefte für Zeitgeschichte (1, 1956), S. 77 f.

Die Beschuldigungen ...: Reichssippenamt, Rep. 309, Nr. 277 (Walter Buch), BA-B.

B. will zu harten Maßnahmen ... und *B. ist mit dieser Entscheidung ...:* Personalakte Walter Buch, BA-B. – Schreiben Adolf Hitlers an Wilhelm K. (16. 10. 1936), Personalakte Wilhelm K., BA-B. Vgl. auch: *Akten der Partei-Kanzlei der NSDAP: Rekonstruktion eines verlorengegangenen Bestandes*, hg. vom IfZ, Oldenburg 1983.

Nach einigen Monaten ...: Schreiben des Chefs des Zentralamtes Schneider an das Hauptamt V (Amt für Mitgliedschaftswesen) vom 26. 4. 1937, Personalakte Wilhelm K., BA-B. – Schreiben Adolf Hitlers an Wilhelm K. (16. 10. 1936), Personalakte Wilhelm K., BA-B.

Trotz aller Versprechungen ...: Akten der Partei-Kanzlei der NSDAP (1983), a. a. O.

Aus dem Verkehr: Auskunft des Landesarchivs Berlin über die Familie K. (18. 4. 1997).

Geldsorgen: Schreiben Wilhelm K.'s an Reichsminister Dr. Lammers (1. 4. 1941), Reichskanzlei R43 4060, BA-B. – Schreiben Wilhelm K.'s an Reichsminister Dr. Lammers (22. 12. 1940), Reichskanzlei R43 4060, BA-B.

Alles, nur nicht aufgeben: Schreiben Wilhelm K.'s an Adolf Hitler (28. 1. 1941), Reichskanzlei R43 4060, BA-B. – Schreiben Anita K.'s an Reichsminister Dr. Lammers (24. 2. 1941), Reichskanzlei R43 4060, BA-B.

1939: Schreiben Wilhelm K.'s an Reichsminister Dr. Lammers (22. 12. 1940), Reichskanzlei R43 4060, BA-B. – Schreiben Anita K.'s an Reichsminister Dr. Lammers (24. 2. 1941), Reichskanzlei R43 4060, BA-B.

In Dachau: Schreiben Wilhelm K.'s an Reichsminister Dr. Lammers (17. 4. 1941), Reichskanzlei R43 4060, BA-B. – Schreiben Anita K.'s an Reichsminister Dr. Lammers (21. 3. 1941), Reichskanzlei R43 4060, BA-B.

Inzwischen versucht Reichsminister Lammers ...: Schreiben des Reichsministers Dr. Lammers an Wilhelm K. (28. 3. 1941), Reichskanzlei R43 4060, BA-B. – Schreiben Wilhelm K.'s an Reichsminister Dr. Lammers (1. 4. 1941), Reichskanzlei R43 4060, BA-B. – Vermerk des Reichsministers Dr. Lammers (16. 4. 1941), Reichskanzlei R43 4060, BA-B. – Schreiben Wilhelm K.'s an Reichsminister Dr. Lammers (17. 4. 1941), Reichskanzlei R43 4060, BA-B. – Schreiben des Reichsleiters Martin Bormann an Reichsminister Dr. Lammers (14. 5. 1941), Reichskanzlei R43 4060, BA-B. – Schreiben Wilhelm K.'s an Reichsminister Dr. Lammers (4. 6. 1941), Reichskanzlei R43 4060, BA-B. – Schreiben des Reichsministers für Wissenschaft, Erziehung und Volksbildung Rust an Reichsminister Dr. Lammers (7. 6. 1941), Reichskanzlei R43 4060, BA-B. – Schreiben des Reichsleiters Bormann an Reichsminister Dr. Lammers (27. 6. 1941), Reichskanzlei R43 4060, BA-B. – Schreiben Wilhelm K.'s an Reichsminister Dr. Lammers (21. 7. 1941), Reichskanzlei R43 4060, BA-B. – Aktenvermerk Martin Bormanns (16. 7. 1941), Nürnberger Dokument L-221, repr. in: *Der Prozeß gegen die Haupt-kriegsverbrecher vor dem Internationalen Militärgerichtshof*, amtl. Text, dt. Ausgabe, Nürnberg 1949 (IMT), Bd. XXXVIII, S. 90.

66 Auf Bewährung

Am 17. Juli 1941 …: Bestellungsurkunde (17. 7. 1941), Nürnberger Dokument NG-1325, HI. – Bemerkungen Sch.'s, in: »Protokoll über die Tagung der Gebietskommissare, Hauptabteilungsleiter und Abteilungsleiter des Generalkommmissars in Minsk vom 8. April bis 10. April 1943«, IfZ. Fb 85, S. 38, 127. – Aussage Karl W.'s zu Karl Zenner (16. 2. 1960), ZStL 202 AR 538/59 IV/V, S. 656ff. – Vernehmung Joachim R.'s (12. 1. 1960), ZStL 1a Js 1409/60, VII/VIII, S. 1692ff.

Trümmerhaufen: Vernehmung Joachim R.'s (12. 1. 1960), ZStL 1a Js 1409/60, VII/VIII, S. 1692. – Schreiben Dietrich Sch.'s (im Auftrag des Generalkommissars für Weißruthenien) an die Gemeindeverwaltung der Hansestadt Hamburg (28. 3. 1942), Staatsarchiv Hamburg. – Schreiben Wilhelm K.'s an Reichsminister Dr. Lammers (23. 10. 1941), BA-B. – Tagebucheintragung vom 3. 9. 1941, Kriegstagebuch Erich B., BA-B, S. 11.

Den Widerwärtigkeiten …: Schreiben Dietrich Sch.'s (im Auftrag des Generalkommissars für Weißruthenien) an die Gemeindeverwaltung der Hansestadt Hamburg (28. 3. 1942), Staatsarchiv Hamburg. – Schreiben Wilhelm K.'s an Reichsminister Dr. Lammers (23. 10. 1941), BA-B.

Trotz mangelhafter Ausrüstung …: Vermerk (7. 3. 1942), IfZ MA 795 B.554. Vgl. auch Christian Gerlach, *Kalkulierte Morde. Die deutsche Wirtschafts- und Vernichtungspolitik in Weißrußland 1941–1944,* Hamburg 1999, S. 425. – Schreiben Wilhelm K.'s an Reichsminister Dr. Lammers (23. 10. 1941), BA-B. – Alexander Dallin, *German rule in Russia, 1941–1945; a study of occupation policies*, London/New York 1957, S. 204, und Gerlach (1999), a. a. O., S. 100. – Einsatzgruppenbericht Nr. 124, Oktober 1941. Nürnberger Dokument R-102; Ereignismeldung UdSSR Nr. 214 des Chefs des Sipo u. des SD. Nürnberger Dokument NO-3160, HI. Vgl. Gerlach (1999), a. a. O., S. 587.

67 Ungeklärte Verhältnisse

Ziele: Gerlach (1999), a. a. O., S. 94 ff. – Dallin (1957), a. a. O., S. 217, 200.

Grenzen: Gerlach (1999), a. a. O., S. 156 ff.

Hoheitsrechte: Dallin (1957), a. a. O., S. 203.

Gemäß dem »Erlaß des Führers ...«: Erlaß über die Verwaltung der neu besetzten Ostgebiete v. 17. 7. 1941, IMT, a. a. O., Bd. 29, S. 234 ff. – Aussage Dr. H. von R.'s in der Strafsache gegen Karl Zenner (26. 11. 1959), ZStL 202 AR 538/59 I, S. 42 ff. – Vgl. Christian Gerlach (1999), a. a. O., S. 194 f., 627.

69 Kulturkampf

Die Minsker Oper ...: Aussage Dr. H. von R.'s (15. 4. 1960), ZStL 202 AR 538/59.

Der Kampf innerhalb ...: Schreiben Wilhelm K.'s an Reichsminister Rosenberg (3. 10. 1941), Nürnberger Dokument PS-1099, HI. – Aktennotiz Himmler (15. 11. 1941), Nürnberger Dokument NO-5329, HI.

70 »Strafkolonie des Ostlands«:

Schreiben des SS-Obersturmbannführer Dr. Eduard Strauch an SS-Obergruppenführer Erich von dem Bach betreffend Generalkommissar für Weißruthenien, Gauleiter K. (25. 7. 1943), Nürnberger Dokument NO-2262, HI. Repr. in: »Aus den Akten des Gauleiters K.«, Helmut Hieber (Hg.), Vierteljahrshefte für Zeitgeschichte (1/1956), S. 80 ff.

71 Judenfrage

Ende Oktober 1941 und *Am Tag darauf ...*: Bericht des Gebietskommissars Sluzk, Heinrich Carl, an Generalkommissar Wilhelm K. (30. 10. 1941), Nürnberger Dokument PS-1104, repr. in: IMT, Bd. 27, S. 1–8. – Gerlach (1999), a. a. O., S. 613 f.

Einen Tag später ...: Schreiben Wilhelm K.'s an Hinrich Lohse (1. 11. 1941), Nürnberger Dokument PS-1104.

Darüber hinaus beschwert sich ...: Schreiben Wilhelm K.'s an Hinrich Lohse (1. 11. 1941), Nürnberger Dokument PS-1104.

Eine Abschrift dieses Antrages ...: Schreiben Bigenwaldts an Dr. Marquart (21. 11. 1941), Nürnberger Dokument PS-1104.

»Meinungsverschiedenheit«: Bericht des Kommandeurs der Sicherheitspolizei und des SD Minsk, Januar 1942 (»Burkhardt Bericht«), IfZ Fb 104/2, S. 5 f.

Reichskommissar Lohse, dem auch …: Schreiben des Reichskommissars Lohse an Reichsminister Lammers (14. 10. 1941), repr. in: Max Weinreich, *Hitler's Professors*, New York 1946, S. 396 f. – Schreiben Dr. Bräutigams an Reichskommissar Lohse betreffend die Judenfrage (18. 12. 1941), Nürnberger Dokument PS-3663, repr. in: IMT, Bd. 32, S. 437.

In Slonim verläuft …: Lagebericht des Gebietskommissars Gerhard Erren (25. 1. 1942). IfZ Fb 104/2, repr. in: Klee, Dreßen, Reiß, *»Schöne Zeiten«: Judenmord aus der Sicht der Täter und Gaffer*, Frankfurt a. M. 1988, S. 167 ff. – Gerlach (1999), a. a. O., S. 621 ff.

75 **Unterscheidungsvermögen**

Mitte November 1941 …: Gerlach (1999), a. a. O., S. 747 ff., 625. – Shalom Cholavsky, »The German Jews in the Minsk Ghetto«, in: Yad Vashem Studies 17 (1986), S. 219 ff.

K., neugierig auf …: Bericht des Kommandeurs der Sicherheitspolizei und des SD Minsk, Januar 1942 (»Burkhardt Bericht«), IfZ, Fb 104/2, S. 7 f. – »Aktennotiz«, zit. in: Schreiben des SS-Obersturmbannführers Dr. Eduard Strauch an SS-Obergruppenführer Erich von dem Bach betreffend Generalkommissar für Weißruthenien, Gauleiter K. (25. 7. 1943), Nürnberger Dokument NO-2262, HI. – Tagebucheintragung vom 3. 9. 1941, Kriegstagebuch Erich B., BA-B, Bestand R 20 (Chef der Bandenkampfverbände), 45: Tagebuch des Chefs der Bandenkampfverbände (1941–Ende 1942 Höherer SS- und Polizeiführer Rußland Mitte), SS-Obergruppenführer und General der Polizei Erich B.

Nach diesem Besuch …: »Aktennotiz«, zit. in: Schreiben des SS-Obersturmbannführers Dr. Eduard Strauch an SS-Obergruppenführer Erich von dem Bach betreffend Generalkommissar für Weißruthenien, Gauleiter K. (25. 7. 1943), Nürnberger Dokument NO-2262, HI.

Mitte Dezember 1941 …: Schreiben Wilhelm K.'s an Reichskommissar Hinrich Lohse (16. 12. 1941), repr. in: Weinreich (1946), a. a. O., S. 396 f.

Vorläufiges Ergebnis: Bericht des Kommandeurs der Sicherheitspolizei und des SD Minsk, Januar 1942 (»Burkhardt Bericht«),
IfZ Fb 104/2, S. 6.

78 »Gewisse Schwierigkeiten«

Der Sachbearbeiter für Judenfragen …: Bericht des Kommandeurs
der Sicherheitspolizei und des SD Minsk, Januar 1942 (»Burkhardt Bericht«), IfZ Fb 104/2, S. 1 ff.

Kurzschluß: »Anlage zum Reisebericht«, Hänsel an Rosenberg
(3. 3. 1942), zit. in: Dallin (1957), a.a.O., S. 207.

80 Sonderstellung

Trotz der besonderen Fürsorge …: Bericht des Kommandeurs der
Sicherheitspolizei und des SD Minsk, Januar 1942 (»Burkhardt
Bericht«), IfZ Fb 104/2, S. 6 ff.

In einzelnen Fällen …: Geheimbericht über die von Einsatzgruppe
A durchgeführte Massen-Ermordung von Juden, Nürnberger
Dokument PS-2273, HI.

K. stellt in seiner Zivilverwaltung … und *Zwischen K. und der
SS* …: Auszüge des Schreibens von Dr. Eduard Strauch an Wilhelm K. (25. 4. 1942), zit. in: Schreiben des SS-Obersturmbannführers Dr. Eduard Strauch an SS-Obergruppenführer Erich
von dem Bach betreffend Generalkommissar für Weißruthenien, Gauleiter K. (25. 7. 1943), Nürnberger Dokument NO-
2262, HI. – Bericht des Kommandeurs der Sicherheitspolizei
und des SD Minsk, Januar 1942 (»Burkhardt Bericht«), IfZ Fb
104/2, S. 8.

Auch die Tatsache an sich …: Urteil des Landgerichts Koblenz 9 Ks
2/62 gegen Heuser (21. 5. 1963), in: *Justiz und NS-Verbrechen.
Sammlung deutscher Strafurteile wegen nationalsozialistischer
Tötungsverbrechen*, Amsterdam 1978, Bd. 19, S. 59 ff.

81 »Stiefkinder«

K., der sich immer noch …: Boguslaw Drewniak, *Das Theater im
NS-Staat: Szenarium deutscher Zeitgeschichte*, Düsseldorf 1983,
S. 138. Vgl. auch Vladimir Seduro, *The Belorussian theater and
drama*, New York 1955, Kapitel 22.

Weringhard: Wilhelm K., *Totila*, a.a.O., S. 9, Zeile 15 f.

Eines Tages …: Schreiben des SS-Obersturmbannführers Dr. Eduard

Strauch an SS-Obergruppenführer Erich von dem Bach betreffend Generalkommissar für Weißruthenien, Gauleiter K. (25. 7. 1943), Nürnberger Dokument NO-2262, HI.

K. will auch eine …: Dallin (1957), a. a. O., S. 464 f. – Gerlach (1998), a. a. O., S. 124.

» Wir bieten den Weißruthenen … «: Zit. in: Gerlach (1999), a. a. O., S. 98.

83 Großaktion

Anfang März 1942 plant die SS …, *K., von dieser Aktion vorher* … *und Während der Aktion* …: Schreiben des SS-Obersturmbannführers Dr. Eduard Strauch an SS-Obergruppenführer Erich von dem Bach betreffend Generalkommissar für Weißruthenien, Gauleiter K. (25. 7. 1943), Nürnberger Dokument NO-2262, HI. – »Aktennotiz (5. 3. 1942)«, zit. in: Schreiben des SS-Obersturmbannführers Dr. Eduard Strauch an SS-Obergruppenführer Erich von dem Bach betreffend Generalkommissar für Weißruthenien, Gauleiter K. (25. 7. 1943), Nürnberger Dokument NO-2262, HI. – Urteil des Landgerichts Koblenz 9 Ks 2/62 gegen Heuser (21. 5. 1963), in: *Justiz und NS-Verbrechen*, Amsterdam 1978, a. a. O., Bd. 19, S. 190 f., 59 ff.

SS-Hauptsturmführer Stark …: Urteil des Landgerichts Koblenz 9 Ks 2/62 gegen Heuser (21. 5. 1963), in: *Justiz und NS-Verbrechen*, Amsterdam 1978, a. a. O., Bd. 19. – »Aktennotiz des damaligen Kommandeurs der Sipo und des SD«, zit. in: Schreiben des SS-Obersturmbannführers Dr. Eduard Strauch an SS-Obergruppenführer Erich von dem Bach betreffend Generalkommissar für Weißruthenien, Gauleiter K. (25. 7. 1943), Nürnberger Dokument NO-2262, HI.

Damit ist K. jedoch … *und Bei einer Besprechung* …: Schreiben des SS-Obersturmbannführers Dr. Eduard Strauch an SS-Obergruppenführer Erich von dem Bach betreffend Generalkommissar für Weißruthenien, Gauleiter K. (25. 7. 1943), Nürnberger Dokument NO-2262, HI. – Eine Besprechung zwischen Lohse und K. in Riga (21. 3. 42), Nürnberger Dokumente NG-1958, HI.

86 »Ein grober Brief«
Schreiben des SS-Obergruppenführers Heydrich an Wilhelm K.
(21. 3. 1942), zit. in: Schreiben des SS-Obersturmbannführers
Dr. Eduard Strauch an SS-Obergruppenführer Erich von dem
Bach betreffend Generalkommissar für Weißruthenien, Gaulei-
ter K. (25. 7. 1943), Nürnberger Dokument NO-2262, HI.

87 Ein einziges Leben
Schreiben Wilhelm K.'s an Reichsminister Dr. Lammers betreffend
Karl L. (12. 4. 1942), Reichskanzlei R43 4060, BA-B. – Vgl.
auch das Schreiben Gerlinde B.'s im Auftrag von Anita K. an
den Verfasser (8. 8. 1998).

88 Endgültig gelöst
Gerlach (1999), a. a. O., S. 694 f., 756 ff., 768 ff. – Urteil des Land-
gerichts Koblenz 9 Ks 2/62 gegen Heuser (21. 5. 1963), in:
Justiz und NS-Verbrechen, Amsterdam 1978, a. a. O., Bd. 19,
S. 192 ff.

88 Gegner
Die umfangreichen organisatorischen …: Urteil des Landgerichts
Koblenz 9 Ks 2/62 gegen Heuser (21. 5. 1963), in: *Justiz und
NS-Verbrechen*, Amsterdam 1978, a. a. O., Bd. 19.
Dr. Strauch …: Personalakte Eduard Strauch, BA-B.
Als starker Befürworter …: Berichte Hoffmann (31. 8. 1942),
BA-B, NS 6/795, S. 28–45.
Aktenvermerk Strauchs (18. 4. 1942): »Aktennotiz (18. 4. 1942)«,
zit. in: Schreiben des SS-Obersturmbannführers Dr. Eduard
Strauch an SS-Obergruppenführer Erich von dem Bach betref-
fend Generalkommissar für Weißruthenien, Gauleiter K. (25. 7.
1943), Nürnberger Dokument NO-2262, HI.
Strauch an K.: Auszüge des Schreibens Dr. Eduard Strauchs an
Wilhelm K. (25. 4. 1942), zit. in: Schreiben des SS-Obersturmbannführers Dr. Eduard Strauch an SS-Obergruppenführer Erich
von dem Bach betreffend Generalkommissar für Weißruthenien, Gauleiter K. (25. 7. 1943), Nürnberger Dokument NO-
2262, HI.

90 »An und für sich ein weiches Herz«
»Bericht Nr. 4 Weißruthenien/Minsk (26. 5. 1942)«, Berichte
   Hoffmann, BA-B, NS 6/795, S. 28–45.

92 In einem anderen Ton
Einverständnis: Schreiben Wilhelm K.'s an die Gebietskommissare (10. 7. 1942), IfZ, Fb 104/2.
Geänderte Logik: Schreiben des Generalkommissars fur Weißruthenien an den Reichskommissar für die besetzen Ostgebiete
   (11. 8. 1942), IfZ Fb 104/2.
Empfehlungsschreiben: Schreiben Wilhelm K.'s an SS-Brigadeführer Zenner (17. 7. 1942), IfZ Fa 74. – Gerlach (1999), a. a. O.,
   S. 924 f., 706. – Tagebucheintragung vom 3. 9. 1941, Kriegstagebuch Erich B., BA-B.
Zusammenarbeit: Bericht des Generalkommissars K. an Reichskommissar Hinrich Lohse (13. 7. 1942), repr. in: Klee, Dreßen,
   Reiß (1988), a. a. O., S. 169 ff.

96 K. im Gespräch
Erzwungene Zustimmung: »Aktennotiz vom 2. 12. 1942«, zit. in:
   Schreiben des SS-Obersturmbannführer Dr. Eduard Strauch an
   SS-Obergruppenführer Erich von dem Bach betreffend Gene-
   ralkommissar für Weißruthenien, Gauleiter K. (25. 7. 1943),
   Nürnberger Dokument NO-2262, HI.
Generationsunterschied: »Aktennotiz vom 2. Oktober 1942«, zit.
   in: Schreiben des SS-Obersturmbannführers Dr. Eduard Strauch
   an SS-Obergruppenführer Erich von dem Bach betreffend Ge-
   neralkommissar für Weißruthenien, Gauleiter K. (25. 7. 1943),
   Nürnberger Dokument NO-2262, HI.

98 Sicherheitsvorkehrungen
Erlaß des Generalkommissars K. vom 30. 10. 1942, zit. in: Schreiben des SS-Obersturmbannführers Dr. Eduard Strauch an SS-
   Obergruppenführer Erich von dem Bach betreffend Generalkommissar für Weißruthenien, Gauleiter K. (25. 7. 1943), Nürnberger Dokument NO-2262, HI.

98 »Wir machen Bahn ohne Gewissensbisse und dann: ... ›die Wellen schlagen zu, die Welt hat Ruh.‹«

Die Aktivitäten der Partisanen ...: Vgl. Gerlach (1999), a.a.O., S. 860 ff.

Der Beauftragte des Reichsleiters Bormann ...: Berichte Hoffmann, BA-B, NS 6/795.

Tätigkeitsbericht: Bericht von SS-Unterscharführer A., repr. in: »Unsere Ehre heißt Treue. Kriegstagebuch des Kommandostabes Reichsführer-SS. Tätigkeitsberichte der 1. und 2. SS-Inf.-Brigade, der 1. SS-Kav.-Brigade und von Sonderkommandos der SS«, Wien/München/Zürich 1965, S. 499.

Motto: Befehl des Befehlshaber der Sicherheitspolizei und des SD, Einsatzstab (18.11.1942), IfZ MA 707/1.

SS-Obergruppenführer von dem Bach ...: Richtlinien für die Maßnahmen zur Bandenbekämpfung von dem Bevollmächtigten des Reichsführer-SS für Bandenbekämpfung (26.2.1943), Bundesarchiv Zwischenarchiv Dahlwitz-Hoppegarten, ZM 1488 A.6. – Gerlach (1999), a.a.O., S. 996 ff.

Im Herbst 1942 ...: Nürnberger Dokument NO-5437, HI.

Operation »Nürnberg« (November 1942) und *Unternehmung »Hornung« (Februar 1943)*: Personalakte Curt von Gottberg, BA-B. Auch Nürnberger Dokumente NO-1732, NO-5156, HI.

Geänderte Politik (Mai 1943): Kommandeur der Sicherheitspolizei und des SD Weißruthenien, SS-Obersturmbannführer Strauch (11.5.1943), Bundesarchiv Zwischenarchiv Dahlwitz-Hoppegarten. – Gerlach (1999), a.a.O., S. 1004.

Unterwegs mit der Wehrmacht: »Bericht über die Teilnahme am Großeinsatz bei der Kampfgruppe des Oberstleutnant Kluptsch«, Nürnberger Dokumente NO-3028, HI.

Zur gleichen Zeit ...: Schreiben des Gebietskommissars Lang. an den Hauptabteilungsleiter I (31.5.1943), Nürnberger Dokumente NO-3028, HI. – Schreiben des Gebietskommissars Lang. an den Hauptabteilungsleiter I (1.6.1943), Nürnberger Dokumente NO-3028, HI. – Schreiben Wilhelm K.'s an Reichsminister Rosenberg durch Reichskommissar Lohse betreffend die Berichte Lang. (3.6.1943), Nürnberger Dokumente NO-3028, HI. – Schreiben Wilhelm K.'s an Reichsminister Rosenberg durch Reichskommissar Lohse betreffend den Bericht Lauch (3.6.1943), Nürnberger Dokumente NO-3028, HI.

Weitere Beschwerden: Schreiben des Strafanstaltsverwalters Günther an Wilhelm K. (31. 5. 1943), Nürnberger Dokument R-135, HI. – Schreiben Wilhelm K.'s an Reichskommissar Lohse (1.6.1943), Nürnberger Dokument R-135, HI. – Schreiben Wilhelm K.'s an Reichsminister Rosenberg durch Reichskommissar Lohse (5. 6. 1943), Nürnberger Dokument R-135, HI. – Vgl. Schreiben Wilhelm K.'s an Reichsminister Rosenberg (26.6.1943), BA-B, Ordner 217 II, Bl. 147. – Vgl. Gerlach (1999), a.a.O., S. 907ff., 948ff.

Reichskommissar Lohse zeigt sich …: Schreiben des Reichskommissars Lohse an Reichsminister Rosenberg (18. 6. 1943), Nürnberger Dokument R-135, HI.

104 Endphase

Ende Juni 1943 …: Anordnung des Reichsführers-SS (21. 6. 1943), Nürnberger Dokument NO-2403, HI. – Vermerk (10. 7. 1943), BA-B, SS HO 2149.

13. Juli 1943, Betr.: Arbeitseinsatz in Weißruthenien und *Betr.: Die Judenfrage in Weißruthenien*: Sitzungsvermerk (20. 8. 1943), Nürnberger Dokument NO-1831, HI. – Aktenvermerk Gottlob Bergers (14. 7. 1943), Nürnberger Dokument NO-3370, HI. – Vgl. Gerlach (1999), a.a.O., S. 737f.

106 Humanitätsduselei

Aktenvermerk des SS-Obersturmbannführers Dr. Eduard Strauch (20. 7. 1943), Nürnberger Dokument NO-4317. Repr. in: »Aus den Akten des Gauleiters K., Helmut Hieber (Hg.), Vierteljahrshefte für Zeitgeschichte (1/1956), S. 78f.

107 Abrechnung

Schreiben des SS-Obersturmbannführers Dr. Eduard Strauch an SS-Obergruppenführer Erich von dem Bach betreffend Generalkommissar für Weißruthenien, Gauleiter K. (25.7.1943), Nürnberger Dokument NO-2262, HI. – Vgl. auch das Schreiben des SS-Brigadeführers Curt von Gottberg an SS-Obergruppenführer Erich von dem Bach über Wilhelm K. (21.7.1943) und den Aktenvermerk über die Rücksprache des SS-Brigadeführers von Gottberg beim Gauleiter K. am Donnerstag, den 15.7.1943, von 11–11.45 Uhr (21.7.1943), Nürnberger Dokument NO-4316, HI.

111 **Gesprengt**

In Berlin häufen sich ...: Schreiben Dr. Bräutigams an SS-Obergruppenführer Gottlob Berger betreffend Wilhelm K. (10. 7.
1943), Nürnberger Dokument NO-3028, HI. – Schreiben Gottlob Bergers an Ministerialdirigent Dr. Bräutigam (13. 7. 1943),
Nürnberger Dokument NO-3028, HI. – Schreiben Gottlob Bergers an SS-Obersturmbannführer Dr. Brandt (17. 8. 1943), Personalakte Wilhelm K., BA-B. – Schreiben Gottlob Bergers an
SS-Obersturmbannführer Dr. Brandt (18. 8. 1943), Nürnberger Dokument NO-4315, HI. – Schreiben des SS-Brigadeführers Curt von Gottberg an SS-Obergruppenführer Erich von dem
Bach über Wilhelm K. (21. 7. 1943) und Aktenvermerk über die
Rücksprache des SS-Brigadeführers von Gottberg beim Gauleiter K. am Donnerstag, den 15. 7. 1943, von 11–11.45 Uhr
(21. 7. 1943), Nürnberger Dokument NO-4316, HI. – Schreiben
des SS-Obersturmbannführers Dr. Eduard Strauch an SS-Obergruppenführer Erich von dem Bach betreffend Generalkommissar für Weißruthenien, Gauleiter K. (25. 7. 1943), Nürnberger
Dokument NO-2262, HI.

Die Lage in Minsk ...: Vgl. Gerlach (1999), a. a. O., S. 740 ff.

Trotz allem bleibt K. ...: Schreiben Wilhelm K.'s an Hinrich Lohse
(20. 9. 1943), IfZ.

»Adolf Hitler, Du begeisterst
Unsern Glauben immer wieder
Mit Gottes Hilfe meisterst
Du den Feind und zwingst ihn nieder!«

aus: »Unser Schwur« (Minsker Zeitung, 20. 8. 1943)
von Wilhelm K.

Einen Tag später ...: »Schluß-Bericht. Betrifft: Minenanschlag auf
den Generalkommissar Weißruthenien, Gauleiter Wilhelm K.
in der Nacht zum 22. 9. 1943«, Bundesarchiv Zwischenarchiv
Dahlwitz-Hoppegarten, ZStA Potsdam Film 4121. – Gerlach
(1999), a. a. O., S. 864 f.

Als Vergeltungsmaßnahme ...: Aussage Günther K.'s, Beit Lohamei Haghetoat, H-267. – »Vergeltungserschießung nach dem

Attentat auf den Generalkommissar K. Herbst 1943«, in: Urteil des Landgerichts Koblenz 9 Ks 2/62 gegen Heuser (21.5. 1963), in: *Justiz und NS-Verbrechen* 1978, a.a.O., Bd.19, S. 228.

Bei den führenden Nationalsozialisten ...: Wilfred von Oven, *Finale Furioso: mit Goebbels bis zum Ende*, Tübingen 1974, S. 140f. (Goebbels am 27. 9. 1943). – Aussage Erich von dem Bachs in »Aufbau«, New York, 6. 9. 1946, XII, Nr. 36. – Vgl. Aussage Hinrich Lohses (23. 10. 1947), ZStL 202 AR 538/59 (»Als K. etwa im September 1943 ermordet war, hat Himmler im Kreise einiger Herren, unter denen ich mich auch befand, ausdrücklich erklärt und zwar sinngemäß: ›Das ist jetzt der Dank für seine Juden- und Rassenfreundlichkeit.‹«)

Eine Woche später ...: »Ansprache Reichsminister Rosenbergs beim Staatsbegräbnis für Wilhelm K.« (27. 9. 1943), BA-B, NS 8/71, Bl. 171–199.

EIN SELTENER GERECHTIGKEITSSINN

Am 7. November 1941 ...: Karl L., »Meine Verhaftung«, unveröff. Manuskript über Minsk, IfZ, S. 1. Leicht gekürzt veröff. unter den Titel: »Minsk. Im Lager der deutschen Juden«, in: »Aus Politik und Zeitgeschichte«, Beilage der Wochenzeitung »Das Parlament« (7. 11. 1956). – Karl L., »Kurzer Lebenslauf zum Antrag auf Entschädigung«, Entschädigungsakte Karl L., EntB, M5. – Schreiben Karl L.'s an das Entschädigungsamt Berlin (13. 2. 1954), EntB, B65.

Die Hausgehilfin ...: Karl L., »Meine Verhaftung«, S. 1. – Aussage Käthe S.'s (Hausgehilfin Karl L.'s), Wiedergutmachungsakten Karl L., WiedB, 83 WGA 2179/51, S. 59, 100. – Karl L., »Kurzer Lebenslauf zum Antrag auf Entschädigung«, EntB, M5.

Das denken auch ...: Schreiben der Jüdischen Gemeinde: »Zur Vorlage bei der PrV«, EntB, PrV9. Mitteilung Karl L.'s an das Entschädigungsamt Berlin betreffend seine Söhne, EntB, D13/15. – Mitteilung der Stiftung »Neue Synagoge Berlin – Centrum Judaicum« betreffend Marie (Margot) L. (25. 11. 1997). – Karl L., »Meine Verhaftung«, S. 1.

Deutsche Freunde …: Antrag Karl L.'s an das Zentralamt für Vermögensverwaltung Bad Nenndorf (28. 11. 1947), WiedB, 83 WGA 4066/51, S. 3. – Karl L., »Kurzer Lebenslauf zum Antrag auf Entschädigung«, EntB, M5. – Karl L., »Lebenslauf« des Karl L. (19. 9. 1952), EntB, PrV 4. – Schreiben Karl L.'s an die Wiedergutmachungsämter (15. 10. 1952), WiedB, 83 WGA 2176/51, S. 10. – Schreiben Karl L.'s an die Wiedergutmachungsämter (11. 11. 1952), WiedB, 83 WGA 2176/51, S. 15. – Schreiben des Grafen Detlef von Mo. an Karl L. (16. 8. 1935), WiedB, 83 WGA 2176/51. – Schreiben Fritz A.'s an die Wiedergutmachungsämter (6. 1. 1953), WiedB, 83 WGA 2176/51, S. 21. – Schreiben Margot M.'s an den Generalstaatsanwalt beim Landgericht Berlin (7. 2. 1948), WiedB, 83 WGA 2176/51, S. 39. – Bericht Margot M.'s (30. 11. 1952), WiedB, 83 WGA 2176/51. – Aussage Margot M.'s (17. 11. 1947), Abschrift, WiedB, 83 WGA 2176/51. – Aussage Arno R.'s, WiedB, 83 WGA 2176/51, S. 56. – Aussage Margot M.'s (7. 1. 1968), WiedB, 83 WGA 2176/51, S. 186. – Erklärung Karl L.'s (12. 6. 1966), WiedB, 83 WGA 2177/51, Bd. 2, S. 123 f. – A. Busse & Co. Aktiengesellschaft in Berlin, in: *Handbuch der Deutschen Aktiengesellschaften*, Berlin 1938.

116 Verhaftet
Bei der Gestapo …: Karl L., »Meine Verhaftung«, S. 2.
Als sie von der Festnahme …: Schreiben Fritz A.'s an die Wiedergutmachungsämter (6. 1. 1953), WiedB, 83 WGA 2176/51, S. 21.
Vier Tage lang sitzt L. …: Karl L., »Meine Verhaftung«, S. 2 f.
In der Transportstelle: Karl L., »Meine Verhaftung«, S. 3 f. – Aussage Frau B.'s (Hauswartin der Hauses Tassostr. 5), WiedB, 83 WGA 4066/51. – Aussage Haim Behrendts, in: *The Eichmann Trial: Proceedings, Session Nr. 29*, Mikrofiche, S. 502.
Abreise: Karl L., »Meine Verhaftung«, S. 4. – Aussage Haim Behrendts, a. a. O., S. 502 ff. – Gerlach (1998), a. a. O., S. 752

118 Minsk
Am 18. November … und *Minsk*: Karl L., »Meine Verhaftung«, S. 4 ff. – Aussage Haim Behrendts, a. a. O., S. 503. – Gerlach (1999), a. a. O., S. 671.

Zum Thema der »deutschen Juden in Minsk« vgl.:

- Aussage Günther K., Beit Lohamei Haghetoat (Ghetto Fighter's House), Israel, H-267.
- Aussage Günther H., Beit Lohamei Haghetoat (Ghetto Fighter's House), Israel, H-280.
- Shalom Cholavsky, »The German Jews in the Minsk Ghetto«, in: Yad Vashem Studies 1986, S. 219 ff.
- Heinz Rosenberg, *Jahre des Schreckens*, übers. und bearb. von Hanna Vogt, Göttingen 1992.
- Hersch Smolar, *The Minsk Ghetto. Soviet-Jewish Partisans Against the Nazis*, New York 1989.
- Deutsch-Jüdische Gesellschaft Hamburg (Hg.), *Wegweiser zu ehemaligen jüdischen Leidensstätten der Deportationen von Hamburg nach Minsk*, Hamburg 1995.
- Aufzeichungen aus dem Ghetto Minsk Teil I: Berthold Rudner, »Andenken Martha Crohns. Bericht über ihren letzten Jahreswechsel (12.11.1941–26.1.1942)«; Teil 2: Verfasser unbekannt, »Tagebuchblätter, Nov. 1942–Juni 1942«, IfZ.
- Staatsanwaltschaft Karlsruhe 3a Ks 2/49 gegen Adolf Rübe und Spruchkammerakte Adolf Rübe, in: ZStL.

Ghettopolizei: Mitteilung von Dr. Thomas Mandl an den Verfasser (24.10.1998). – Karl L., »Meine Verhaftung«, S. 6, 16.

»Sonderghetto«: Karl L., »Meine Verhaftung«, S. 4 ff. – Aussage Haim Behrendts, a.a.O., S. 503 f. – Aussage Günther K.'s, Beit Lohamei Haghetoat, H-267. – Smolar (1989), a.a.O., S. 48 ff. – Cholavsky (1986), a.a.O., S. 220.

Zusatzkost: Karl L., »Meine Verhaftung«, S. 13, 15. – Aussage Günther K.'s, Beit Lohamei Haghetoat, H-267. – Gerlach (1999), a.a.O., S. 658 f.

Entscheidung: Karl L., »Meine Verhaftung«, S. 9 ff. – Aussage Haim Behrendts, a.a.O., S. 506 f.

Verwechselt: Karl L., »Meine Verhaftung«, S. 24 ff. – Biographie Karl L.'s, Professor of law and political science, in: Dictionary of International Biography, Teil II, G–O, Cambridge und London 1974, S. 1102. – Studienbuch Wilhelm Kubes (geb. 13.11.1887, Matrikelnummer 3542, Sommer 1908), Universitätsarchiv, Humboldt-Universität zu Berlin. – Studienbuch Karl L.'s (geb. 9.11.1891, Matrikelnummer 1295, Michaelis 1912), Universitätsarchiv, Humboldt-Universität zu Berlin.

Geschlagen: Karl L., »Meine Verhaftung«, S. 18 Af. – Karl L., »Kurzer Lebenslauf zum Antrag auf Entschädigung«, EntB, M5. – Schreiben Karl L.'s an das Entschädigungsamt Berlin (12. 8. 1954), EntB, M7. – Formular B [Schaden an Körper und Gesundheit], EntB, B1.

Gerettet: Karl L., »Meine Verhaftung«, S. 25 ff. – Schreiben Wilhelm Kubes an Reichsminister Dr. Lammers betreffend Karl L. (12. 4. 1942), Reichskanzlei R43 4060, BA-B. – Lebenslauf Karl L.'s in: »Theresienstädter Prominentenbuch«, Staatsarchiv Prag. – Nach Wissen des Verfassers überlebten außer Karl L. die Berliner Juden Haim Behrendt und Margot A. [siehe Verfahren gegen Rübe StA Karlsruhe 1 Js 24/48, ZStL].

123 Theresienstadt

Die kleine Garnisonsstadt ... und *»Um nach außen ...«*: H. G. Adler, *Theresienstadt, 1941–1945: Das Antlitz einer Zwangsgemeinschaft. Geschichte, Soziologie, Psychologie.* Zweite, verbesserte und ergänzte Auflage Tübingen 1960 (1. Aufl. 1955), S. 21 ff., 720 ff.

Der ehemalige Leiter ...: Adler (1960), a. a. O., S. 74 ff. – Vgl. auch Ruth Bondy, *»The Elder of the Jews«: Jakob Edelstein of Theresienstadt*, New York 1989.

Der Leiter der tschechischen ...: Bondy (1989), a. a. O., S. 352. – Karl L., »Aus der Hölle Minsk in das ›Paradies‹ Theresienstadt«, unveröff. Manuskript, IfZ S. 224.

Die ersten sieben Monate ..., *»Normalisierung«* und *»Selbstverwaltung«*: Adler (1960), a. a. O., 3. Kap.: »Verschickungen nach und aus Theresienstadt«, 4. Kap.: »Geschlossenes Lager November 1941/Juli 1942«, 8. Kap.: »Verwaltung« und S. 364 ff. – Zdenek Lederer, *Ghetto Theresienstadt*, London 1953.

128 Einzelfall

L., der in seiner Zelle ...: Karl L., »Aus der Hölle Minsk in das ›Paradies‹ Theresienstadt«, a. a. O., S. 56 f. – Aussage Dr. Benjamin Murmelsteins zu Karl L., Akte Karl L., SA-L. – Gonda Redlichs Tagebucheintragung vom 23. 9. 1942 und 5. 12. 1942, in: *The Terezin Diary of Gonda Redlich*, Saul Friedman (Hg.), Lexington 1992, S. 73, 89. – Lederer (1953), a. a. O., S. 59 f. – Bondy (1989), a. a. O., S. 349. – »An das Ghettogericht. Die

Verteidigung des Dr. Karl L. stellt Antrag auf Wiederaufnahme des Verfahrens« (o. D.), Akte Karl L., SA-L, S. 23.

Nach vier Monaten ...: Karl L., »Aus der Hölle Minsk in das ›Paradies‹ Theresienstadt«, S. 58 f. – »An das Ghettogericht. Die Verteidigung des Dr. Karl L. stellt Antrag auf Wiederaufnahme des Verfahrens« (o. D.), Akte Karl L., SA-L, S. 3.

Während L.'s viermonatiger ... und *Theresienstadt im September ...*: Adler (1960), a. a. O., S. 106 ff. – Miroslav Kárný, »Deutsche Juden in Theresienstadt«, in: *Theresienstädter Studien und Dokumente 1994*, Miroslav Kárný, Raimund Kemper und Margita Kárná (Hg.), Prag 1994, S. 36–53.

Zu dieser Zeit ...: Ruth Bondy, »Prominente auf Widerruf«, in: *Theresienstädter Studien und Dokumente 1995*, Miroslav Kárny, Raimund Kemper und Margita Kárná (Hg.), Prag 1995, S. 7–32. – »Theresienstädter Prominentenbuch«, Staatsarchiv Prag. – Adler (1960), a. a. O., S. 310 ff.

130 **Diener des Ghettos**

L. erfüllt die ihm ...: Karl L., »Aus der Hölle Minsk in das ›Paradies‹ Theresienstadt«, S. 89, 128. – Bondy (1989), a. a. O., S. 350. – Adler (1960), a. a. O., S. 138 ff.

Dienstordnung: Dienstordnung des Sicherheitswesens, BT. – Karl L., »Aus der Hölle Minsk in das ›Paradies‹ Theresienstadt«, S. 128.

Seine schwierige Lage ... und *Sprüche L.'s*: Karl L., »Aus der Hölle Minsk in das ›Paradies‹ Theresienstadt«, S. 60, 90. – Vgl. Schreiben Karl L.'s an H. G. Adler (24. 7. 1947), Adler-Sammlung (250n), NWD, Amsterdam.

»Die Treue halte ich ...«: Karl L., »Aus der Hölle Minsk in das ›Paradies‹ Theresienstadt«, S. 141 f.

132 **Ein verläßliches Organ der öffentlichen Ruhe und Ordnung**

Am 14. Mai 1942 ...: Adler (1960), a. a. O., S. 99 ff. – Karl L., »Aus der Hölle Minsk in das ›Paradies‹ Theresienstadt«, S. 128 ff. – »Berufungsbegründung Karl L.'s durch Dr. S. und Dr. W. an das Ghetto-Strafgericht in Theresienstadt« (o. D.), Adler-Sammlung (250n), NWD.

Aufgaben: Dienstordnung des Sicherheitswesens, Abschrift, Akte Karl L., SA-L. – Vgl. Adler (1960), a. a. O., S. 490.

Vorbild, *Tageseinteilung* und *Wachdienst*: »Innere und Diszipli-narordnung der GW«, in: Karl L., »Aus der Hölle Minsk in das ›Paradies‹ Theresienstadt« (Anhang). – Adler (1960), a. a. O., S. 491.

Grußpflicht: »Dienstordnung der Gemeinde Wache«, Karl L., »Aus der Hölle Minsk in das ›Paradies‹ Theresienstadt« (Anhang). – Adler (1960), a. a. O., S. 483

Dienstgrad, *Ausrüstung* und *Dienstkappe* …: Karl L., »Aus der Hölle Minsk in das ›Paradies‹ Theresienstadt«, S. 130 f.

Unterkunft: Karl L., »Aus der Hölle Minsk in das ›Paradies‹ Theresienstadt«, S. 133. – Vgl. Schreiben Karl L.'s über die Jüdische Gemeinde zu Prag an Dr. W. vom 15. 3. 1947, Abschrift, Adler-Sammlung (250n), NWD.

137 Vorteile

L. kann …: Karl L., »Aus der Hölle Minsk in das ›Paradies‹ Theresienstadt«, S. 177 f. – »An das Ghettogericht. Die Verteidigung des Dr. Karl L. stellt Antrag auf Wiederaufnahme des Verfahrens« (o. D.), Akte Karl L., SA-L, S. 10.

Auf Grund dieser Vorteile …: Karl L., »Aus der Hölle Minsk in das ›Paradies‹ Theresienstadt«, S. 130. – Adler (1960), a. a. O., S. 496. – Resi Wegelein, unveröff. Manuskript, IfZ MS 408.

Die Begünstigungen …: Aussage Benjamin Murmelsteins zu Karl L. (o. D.), Akte Karl L., SA-L. – Karl L., »Aus der Hölle Minsk in das ›Paradies‹ Theresienstadt«, S. 177.

Reine Hände: Karl L., »Aus der Hölle Minsk in das ›Paradies‹ Theresienstadt«, S. 177 ff. – Vgl. Nobert Troller, *Theresienstadt: Hitler's gift to the Jews*, Chapel Hill 1991, S. 62 ff.

139 Ein fanatischer Anhänger der Gerechtigkeit

»Herr L. wird seiner Gerechtigkeit wegen zu sehr gefürchtet; denn er ist ein fanatischer Anhänger der Gerechtigkeit. Herr L. und seine Institution werden ihrer kompromißlosen Haltung, ihrer Konsequenz und ihrer durchgreifenden Gründlichkeit wegen gefürchtet.« Aus einem Schreiben des Theresienstädter Häftlings Paul R. über Karl L. (25. 5. 1943), zit. in: Karl L. »Aus der Hölle Minsk in das ›Paradies‹ Theresienstadt«, S. 270. Vgl. Abschrift des Schreibens in der Adler-Sammlung (250n), NWD. Adler-Sammlung (250n), NWD.

Nach seinem Dienstantritt ...: Karl L., »Aus der Hölle Minsk in das ›Paradies‹ Theresienstadt«, S. 209 f. – Adler (1960), a.a.O., S. 243 ff., 368 ff. – »An das Ghettogericht. Die Verteidigung des Dr. Karl L. stellt Antrag auf Wiederaufnahme des Verfahrens« (o. D.), Akte Karl L., SA-L, S. 5 ff., 10 ff. – »Anonymes Protokoll ohne Titel« (1945), zit. in: Adler (1960), a.a.O., S. 457 ff.

Zum Thema Diebstahl bzw. Korruption in Theresienstadt vgl.:

- Verschiedene Berichte und Briefe von ehemaligen Theresienstädter Häftlingen in der Adler-Sammlung (250n), NWD.
- Heinrich Klang, »Denkschrift über die Ausübung der Gerichtsbarkeit in Theresienstadt«, Adler-Sammlung (250n), NWD.
- Benjamin Murmelstein, »Geschichtlicher Überblick«, unveröff. Manuskript, BT.
- *The Terezin Diary of Gonda Redlich* (1992), a.a.O., S. 79, 82, 84.
- Bondy (1989), a.a.o., S. 276, 351; und »Jakob Edelstein – der erste Judenälteste von Theresienstadt«, in: *Theresienstadt in der »Endlösung der Judenfrage«*, Miroslav Kárný, Vojtêch Blodig und Margita Kárná (Hg.), Prag 1992, S. 83.
- Schreiben des Dr. Vladimir Weiss an den Judenältesten Eppstein (20. 8. 1943), zit. in: Adler (1960), a.a.O., S. 352 ff.
- »Anonymes Protokoll ohne Titel« (1945), zit. in: Adler (1960), a.a.O., S. 457 ff.

An der Krippe: Karl L., »Aus der Hölle Minsk in das ›Paradies‹ Theresienstadt«, S. 108.

Quellen der Korruption: Karl L., »Aus der Hölle Minsk in das ›Paradies‹ Theresienstadt«, S. 108 f., 205 f.

Weitere Herde: Schreiben Dr. Vladimir W.'s an den Judenältesten Eppstein (20. 8. 1943), zit. in: Adler (1960), a.a.O., S. 352. – Karl L., »Aus der Hölle Minsk in das ›Paradies‹ Theresienstadt«, S. 203, S. 114, S. 182 ff., S. 176. – Adler (1960), a.a.O., S. 269 ff., S. 356 ff., S. 570 ff.

141 »Mein Kampf gegen die Korruption«

»Mein Kampf gegen die Korruption«: Titel des IX. Kapitels in Karl L.'s unveröff. Manuskript »Aus der Hölle Minsk in das ›Paradies‹ Theresienstadt«.

L. entschließt sich …: Karl L., »Aus der Hölle Minsk in das ›Paradies‹ Theresienstadt«, IX. Kapitel »Mein Kampf gegen die Korruption«, S. 209 ff. – Adler (1960), a. a. O., S. 138 ff., 368 ff. (»Der aussichtlose Kampf um gerechte Verteilung der Nahrung«). – Gonda Redlichs Tagebucheintragung vom 3. 11. 1942, 7. 11. 1942, in: *The Terezin Diary of Gonda Redlich* (1992), a. a. O., S. 82, 83.

Küchenkampf: Bondy (1989), a. a. O, S. 351. – Karl L., »Aus der Hölle Minsk in das ›Paradies‹ Theresienstadt«, S. 200 f. – »An das Ghettogericht. Die Verteidigung des Dr. Karl L. stellt Antrag auf Wiederaufnahme des Verfahrens« (o. D.), Akte Karl L., SA-L, S. 8 ff. – Rechenschaftsbericht Karl L.'s, zit. in: Adler (1960), a. a. O., S. 365. – »Anonymes Protokoll ohne Titel« (1945), zit. in: Adler (1960), a. a. O., S. 457 ff. – Adler (1960), a. a. O., S. 365.

Maßnahmen: Karl L., »Aus der Hölle Minsk in das ›Paradies‹ Theresienstadt«, S. 110, 164 f., 201. – »Die persönliche Einstellung des Angeklagten,« in: »Berufungsbegründung Karl L.'s durch Dr. S. und Dr. W. an das Ghetto-Strafgericht in Theresienstadt« (o. D.), Adler-Sammlung (250n), NWD.

Razzia: Karl L., »Aus der Hölle Minsk in das ›Paradies‹ Theresienstadt«, S. 206 f., 212. – »An das Ghettogericht. Die Verteidigung des Dr. Karl L. stellt Antrag auf Wiederaufnahme des Verfahrens« (o. D.), Akte Karl L., SA-L, S. 9 f.

Wirtschaftsprüfstelle: Karl L., »Aus der Hölle Minsk in das ›Paradies‹ Theresienstadt«, S. 157 ff., 235. – Vgl. Schreiben Karl L.'s an den Leiter des Zentralsekretariats (1. 6. 1943), Abschrift, Adler-Sammlung (250n), NWD. – »An das Ghettogericht. Die Verteidigung des Dr. Karl L. stellt Antrag auf Wiederaufnahme des Verfahrens« (o. D.), Akte Karl L., SA-L, S. 4 ff. – Schreiben Dr. Vladimir W.'s an den Judenältesten Eppstein (20. 8. 1943), zit. in: Adler (1960), a. a. O., S. 349 f.

Weitere Maßnahmen: »An das Ghettogericht. Die Verteidigung des Dr. Karl L. stellt Antrag auf Wiederaufnahme des Verfahrens« (o. D.), Akte Karl L., SA-L, S. 10.

144 Im Dienste der Allgemeinheit

L. ist mit Leib und Seele …: Karl L., »Aus der Hölle Minsk in das ›Paradies‹ Theresienstadt«, S. 209 ff. – Vgl. Notizen H. G. Ad-

lers über Philipp Manes unveröff. Manuskript »Tatsachenbericht«. Adler-Sammlung (250n), NWD. – Aussage Leo Holzers
zu Karl L. (6. 12. 1946), Akte Karl L., SA-L [»Ich decke …«].
»Auf kurzem Weg«: Karl L., »Aus der Hölle Minsk in das ›Para-
dies‹ Theresienstadt«, S. 184 ff. – Vgl. Schreiben Max F.'s
(Krankenküche EIIIa) an Karl L. bezüglich Verteilung beschlag-
nahmter Lebensmittel (15. 9. 1943), Adler-Sammlung (250n),
NWD. – Vgl. Bestätigung Ruth S.'s (Oberschwester der Tbc
Abtlg. EIIIa), Adler-Sammlung (250n), NWD. – »An das Ghet-
togericht. Die Verteidigung des Dr. Karl L. stellt Antrag auf
Wiederaufnahme des Verfahrens« (o. D.), Akte Karl L., SA-L,
S. 10.
Kompetenzfragen: Karl L., »Aus der Hölle Minsk in das ›Paradies‹
Theresienstadt«, S. 99 ff., 171, 209. – Gonda Redlichs Tage-
bucheintragung vom 28. 2. 1943, in: *The Terezin Diary of
Gonda Redlich* (1992), a. a. O., S. 105.
Als L. ein Sitz …: Schreiben Karl L.'s an den Judenältesten Epp-
stein (7. 2. 1943), zit. in: »An das Ghettogericht. Die Verteidi-
gung des Dr. Karl L. stellt Antrag auf Wiederaufnahme des Ver-
fahrens« (o. D.), Akte Karl L., SA-L, S. 12.

146 **Allein und verlassen**
Trotz seines Einsatzes …: Aussage Benjamin Murmelsteins zu
Karl L. (o. D.). Akte Karl L., SA-L. – Schreiben Karl L.'s an
H. G. Adler (24. 4. 1947), Nachlaß H. G. Adler, DL/SN. – Karl
L., »Aus der Hölle Minsk in das ›Paradies‹ Theresienstadt«,
S. 62, 68, S. 103. – H. G. Adler (1960), a. a. O., S. 456.
Das Verhältnis zum …: H. G. Adler (1960), a. a. O., S. 115 ff., 139.
– Ruth Bondy (1989), a. a. O, S. 350 ff. – Karl L., »Aus der Hölle
Minsk in das ›Paradies‹ Theresienstadt«, S. 172, 224, 227 ff. –
Aussage Benjamin Murmelsteins über Karl L. (o. D.), Akte Karl
L., SA-L. – Schreiben Karl L.'s an den Judenältesten Eppstein
(9. 5. 1943), zit. in: »An das Ghettogericht. Die Verteidigung
des Dr. Karl L. stellt Antrag auf Wiederaufnahme des Verfah-
rens« (o. D.), Akte Karl L., SA-L.
Schmerzenskind: Karl L., »Aus der Hölle Minsk in das ›Paradies‹
Theresienstadt«, S. 151 f.
Angesichts fehlender Unterstützung …: Karl L., »Aus der Hölle
Minsk in das ›Paradies‹ Theresienstadt«, S. 215.

149 **Auf eigene Faust**

Von Anfang an …: Karl L., »Aus der Hölle Minsk in das ›Paradies‹ Theresienstadt«, S. 164 ff., 246. – Schreiben Karl L.'s an
den Judenältesten Eppstein (9. 5. 1943), Abschrift, Akte Karl L.,
BT.

Das dauert L. … und Zufrieden mit dem …: Karl L., »Aus der
Hölle Minsk in das ›Paradies‹ Theresienstadt«, S. 262 ff. – Spon-
tanes Gedicht von Ingr. Uri A., Akte Karl L., BT. – Aussage
Benjamin Murmelsteins über Karl L. (o. D.), Akte Karl L.,
SA-L. – »Die persönliche Einstellung des Angeklagten«, in:
»Berufungsbegründung Karl L.'s durch Dr. S. und Dr. W. an das
Ghetto-Strafgericht in Theresienstadt« (o. D.), Adler-Samm-
lung (250n), NWD. – »An das Ghettogericht. Die Verteidigung
des Dr. Karl L. stellt Antrag auf Wiederaufnahme des Verfah-
rens« (o. D.), Akte Karl L., SA-L, S. 10 f.

Am nächsten Tag …: Schreiben des Judenältesten Eppstein an
Karl L. (8. 5. 1943), in: Karl L., »Aus der Hölle Minsk in das
›Paradies‹ Theresienstadt«, S. 264 (a).

151 **Methodenstreit**

Besonders schwierig … und Wütend wendet sich L. …: Karl L.,
»Aus der Hölle Minsk in das ›Paradies‹ Theresienstadt«,
S. 249 ff. – Aussage Benjamin Murmelsteins über Karl L. (o. D.),
Akte Karl L., SA-L. – Adler (1960), a. a. O., S. 501 f.

Anfang Mai 1943 …: Schreiben Dr. Munks an den Judenältesten
betreffend einen Medikamentenkoffer (5. 5. 1943), Abschrift,
BT. – Aussage Benjamin Murmelsteins zu Karl L. (o. D.), Akte
Karl L., SA-L.

Der Judenälteste Eppstein …: Schreiben des Judenältesten Epp-
stein an Karl L. (5. 5. 1943), Abschrift, BT. – Schreiben Karl
L.'s an den Judenältesten Eppstein (14. 5. 1943), Abschrift,
BT.

Dr. Reinisch bestätigt …: Schreiben Dr. Reinischs an die jüdische
Leitung (19. 5. 1943), Abschrift, BT. – Vgl. Protokoll Dr. Rei-
nischs (1. 6. 1943), Adler-Sammlung (250n), Abschrift, NWD. –
Schreiben des Judenältesten Eppstein an Karl L. (22. 5. 1943),
Abschrift, BT.

Diese Zurückweisung …: Schreiben Karl L.'s an die jüdische Leitung (22. 5. 1943), Abschrift, BT.

Dazu ist Dr. Munk …: Schreiben Dr. Munks an die jüdische Leitung (25. 5. 1943), Abschrift, BT.

Diesem Standpunkt kann sich L. …: Schreiben Karl L.'s an die jüdische Leitung vom 16. 6. 1943 (nicht vorhanden, rekonstruiert nach Karl L.'s Brief vom 24. 6. 1943 und Erich Munks Brief vom 18. 6. 1943).

Dr. Munk (18. Juni 1943): Schreiben Dr. Munks an die jüdische Leitung (18. 6. 1943), Abschrift, BT.

L. bleibt bei …: Schreiben Karl L.'s an die jüdische Leitung (24. 6. 1943), Abschrift, BT.

Noch am selben Tag …: Aktenvermerk Dr. Munks über die Vorsprache von Dr. Munk bei Herrn Lagerkommandanten Dr. Seidl (24. 6. 1943), Abschrift, BT. – Schreiben Dr. Munks an die jüdische Leitung (24. 6. 1943), Abschrift, BT. – Besprechung bei der jüdischen Leitung (24. 6. 1943), Abschrift, BT.

Zweieinhalb Monate später …: Schreiben Karl L.'s an Dr. Munk (2. 9. 1943), Abschrift, Adler-Sammlung (250n), NWD.

159 **Vor dem Fall**

Öffentlichkeitsarbeit: Karl L., »Aus der Hölle Minsk in das ›Paradies‹ Theresienstadt«, S. 169ff., 150. – Bondy (1980), a.a.O., S. 370. – Gonda Redlichs Tagebucheintragung vom 24.–25. 3. 1943, in: *The Terezin Diary of Gonda Redlich* (1992), a.a.O., S. 109f. – Adler (1960), a.a.O., S. 596, 836.

Gipfel: Karl L., »Aus der Hölle Minsk in das ›Paradies‹ Theresienstadt«, S. 135, S. 138ff. – Tagebucheintragung vom 1. 1. 1943, in: *The Terezin Diary of Gonda Redlich* (1992), a.a.O., S. 94. – Programm für Veranstaltungen nach der Parade, Mitteilung Karl L.'s an H. G. Adler, Adler-Sammlung (250n), NWD. – Vgl. Notizen H. G. Adlers über Philipp Manes unveröff. Manuskript »Tatsachenbericht«, Adler-Sammlung (250n), NWD. – Adler (1960), a.a.O., S. 141.

Nicht bei allen …: Ruth Bandy (1989), a.a.O., S. 351. – Vgl. Notizen H. G. Adlers über Philipp Manes unveröff. Manuskript »Tatsachenbericht«, Adler-Sammlung (250n), NWD.

160 **Gestürzt**

Am 3. Juni 1943 …: Adler (1960), a.a.O., S. 138. – Gonda Redlichs Tagebucheintragung vom 22. 6. 1943, in: *The Terezin*

Diary of Gonda Redlich (1992), a. a. O., S. 122. – Vgl. Schreiben Karl L.'s an H. G. Adler (24. 2. 1961), Adler-Sammlung (250n), NWD. – Karl L., »Aus der Hölle Minsk in das ›Paradies‹ Theresienstadt«, S. 145 ff.

Intrige: Berufungsbegründung Karl L.'s durch Dr. S. und Dr. W. an das Ghetto-Strafgericht in Theresienstadt (o. D.), Adler-Sammlung (250n), NWD. – »An das Ghettogericht. Die Verteidigung des Dr. Karl L. stellt Antrag auf Wiederaufnahme des Verfahrens« (o. D.), Akte Karl L., SA-L. – H. G. Adler (1960), a. a. O., S. 141 f. – Karl L., »Aus der Hölle Minsk in das ›Paradies‹ Theresienstadt«, S. 270 ff. – Schreiben Dr. Vladimir W.'s an SS-Obersturmführer Karl Bergel (30. 10. 1943), Adler-Sammlung (250n), NWD.

Am 1. September 1943 …, Von folgenden Anklagepunkten … und *L. wird zu einer …*: »An das Ghettogericht. Die Verteidigung des Karl L. stellt Antrag auf Wiederaufnahme des Verfahrens« (o. D.), Akte Karl L., SA-L. – »Berufungsbegründung Karl L.'s durch Dr. S. und Dr. W. an das Ghetto-Strafgericht in Theresienstadt« (o. D.), Adler-Sammlung (250n), NWD. – Urteil des Ghettogerichts (30. 8. 1943), Abschrift, Adler-Sammlung (250n), NWD.

L. selbst bestreitet …, Hinsichtlich der Anklage … und *Unmittelbar nach dem Urteil …*: »Berufungsbegründung Karl L.'s durch Dr. S. und Dr. W. an das Ghetto-Strafgericht in Theresienstadt« (o. D.), Adler-Sammlung (250n), NWD. – »An das Ghettogericht. Die Verteidigung des Dr. Karl L. stellt Antrag auf Wiederaufnahme des Verfahrens« (o. D.), Akte Karl L. – Bianka H. (erste Schwiegermutter L.'s), Central Card Index, BT.

Berufung: »An das Ghettogericht. Die Verteidigung des Dr. Karl L. stellt Antrag auf Wiederaufnahme des Verfahrens« (o. D.), Akte Karl L., SA-L. – »Berufungsbegründung Karl L.'s durch Dr. S. und Dr. W. an das Ghetto-Strafgericht in Theresienstadt« (o. D.), Adler-Sammlung (250n), NWD. – Urteil der Berufungskammer des Ghettogerichts (13. 9. 1943), Adler-Sammlung (250n), NWD. – »Urteile und Strafverfügungen, Tagesbefehl des Ältestenrats« (17. 9. 1943), Akte Karl L., BT.

Über den Vorwurf …: »An das Ghettogericht. Die Verteidigung des Dr. Karl L. stellt Antrag auf Wiederaufnahme des Verfahrens« (o. D.), Akte Karl L., SA-L. – Vgl. Schreiben Karl L.'s an

Herrn Schliesser (3. 11. 1942), Akte Karl L., Adler-Sammlung (250n), NWD. – Vgl. Schreiben des Chefkochs F. (28. 8. 1943), Adler-Sammlung (250n), NWD.

L. will versuchen ...: Schreiben des Rechtsanwalts Dr. Georg S. an Karl L. (14. 9. 1943), Adler-Sammlung (250n), NWD. – Schreiben des Rechtsanwalts Dr. Georg S. an Karl L. (25. 9. 1943), Adler-Sammlung (250n), NWD. – »An das Ghettogericht. Die Verteidigung des Dr. Karl L. stellt Antrag auf Wiederaufnahme des Verfahrens« (o. D.), Akte Karl L., SA-L. – Aussage Benjamin Murmelsteins zu Karl L. (o. D.), Akte Karl L., SA-L.

Anfang Oktober 1943 ...: »An das Ghettogericht. Die Verteidigung des Dr. Karl L. stellt Antrag auf Wiederaufnahme des Verfahrens« (o. D.), Akte Karl L., SA-L. – Strafverfügung (24. 11. 1943), Adler-Sammlung (250n), NWD. – »Beschwerde Karl L.s, vertreten durch Dr. Ludwig F., gegen die Strafverfügung vom 24. 11. 1943«, Adler-Sammlung (250n), NWD. – Aussage Benjamin Murmelsteins zu Karl L. (o. D.), Akte Karl L., SA-L. – Gonda Redlichs Tagebucheintragung vom 19. 11. 1943, in: *The Terezin Diary of Gonda Redlich* (1992), a. a. O., S. 136.

Im Februar 1944 ...: Karl L., »Aus der Hölle Minsk in das ›Paradies‹ Theresienstadt«, S. 273 f. – Aussage Josef Kl. zu Karl L. (10. 12. 1945), BT. – Schreiben Karl L.'s an die Ermittlungsbehörden (2. 9. 1946), Akte Karl L., SA-L. – Handschriftlicher Vermerk über das Ehrengericht, Adler-Sammlung (250n), NWD. – »Gutachtliche Äußerung zum Prozesse gegen Dr. L. in Theresienstadt«, Dr. Otto St. (5. 2. 1945), Adler-Sammlung (250n), NWD. – »Gutachten des Oberlandesgerichtsrates Dr. Arthur G.« (10. 2. 1945), Adler-Sammlung (250n), NWD. – Karl L., »Aus der Hölle Minsk in das ›Paradies‹ Theresienstadt«, S. 273 f.

167 **Befreiung**

Nach seiner Entlassung ...: Aussage Benjamin Murmelsteins zu Karl L. (o. D.), Akte Karl L., SA-L. – Adler (1960), a. a. O., S. 165 ff., 181 ff. – Miroslav Kárný: »Die Theresienstädter Herbsttransporte 1944«, in: *Theresienstädter Studien und Dokumente*, Prag 1996. – Karl L., »Aus der Hölle Minsk in das ›Paradies‹ Theresienstadt«, S. 291 ff.

Nach den Herbsttransporten ...: Adler (1960), a. a. O., S. 188 ff.,

215 ff. – Kárný (1996), a. a. O. – Karl L., »Meine erneute Festnahme«, unveröff. Manuskript, IfZ. – Vgl. Schreiben Marianne
K.'s an Karl L. (7. 7. 1945), Adler-Sammlung (250n), NWD.
Von den tschechischen Behörden ...: Aussage Robert Prochníks
zu Karl L., aufgenommen vom Beauftragten des Nationalkomitees für Theresienstadt (12. 6. 1945), Abschrift, Akte Karl L.,
SA-L. – Aussage Jiří Vogels zu Karl L. (16. 10. 1946), Akte Karl
L., SA-L. – Schreiben des Beauftragten des Nationalenkomi-
tees für Theresienstadt an das Ministerium des Inneren in Prag
(17. 7. 1945), Akte Karl L., SA-L. – Aussage Miroslav K.'s zu
Karl L., Abschrift, Auszüge, o. D., Akte Karl L., SA-L. – Aussage
von Alice St., Hanus So. und Desider Ka. zu Karl L. (28. 9.
1945), Akte Karl L., SA-L. – Aussage Benjamin Murmelsteins
zu Karl L. (o. D.), Akte Karl L., SA-L. – Aussage Alice St.'s zu
Karl L. (24. 10. 1945), Akte Karl L., SA-L. – Aussage Desider
K.'s zu Karl L. (30. 10. 1945), Akte Karl L., SA-L. – Aussage
Hanus So.'s zu Karl L. (2. 11. 1945), Akte Karl L., SA-L. – Aussage Otto Ku.'s zu Karl L. (21. 2. 1946) , Abschrift, Auszüge,
Akte Karl L., SA-L. – Schreiben des Rabbis Leo Baeck über Karl
L. (28. 8. 1946), Akte Karl L., SA-L. – Schreiben der sieben ehe-
maligen Ghetto-Wachmänner zu Karl L. (o. D.), Akte Karl L.,
SA-L. – Schreiben Karl L.'s an die Ermittlungsbehörden (2. 9.
1946), Akte Karl L., SA-L. – Aussage Karl L.'s zu seiner Ver-
haftung (18. 9. 1946), Akte Karl L., SA-L. – Aussage Jiří Vogels
zu Karl L. (16. 10. 1946), Akte Karl L., SA-L. – Aussage Alice
St.'s zu Karl L. (18. 10. 1946), Akte Karl L., SA-L. – Aussage
Hanus So.'s zu Karl L. (18. 10. 1946), Akte Karl L., SA-L. –
Aussage Vilém C.'s zu Karl L. (o. D.), Akte Karl L., SA-L. – Aus-
sage Miroslav K.'s zu Karl L. (11. 11. 1946), Akte Karl L.,
SA-L. – Aussage Leo Holzers zu Karl L. (6. 12. 1946), Akte Karl
L., SA-L. – Vgl. Aussage Josef Kl.'s zu Karl L. (10. 12. 1945), BT.
Während der Ermittlungen ...: Karl L., »Meine erneute Fest-
nahme«, S. 2 ff. – Schreiben Karl L.'s an das Entschädigungs-
amt Berlin (12. 8. 1954), EntB, B88. – Bericht des Ermittlers an
den Direktor der Nationalen Sicherheit in Prag (28. 3. 1946),
Akte Karl L., SA-L. – Aussage Leopold G.'s zu Karl L. (2. 12.
1946), Akte Karl L., SA-L. – Aussage Dr. Richard P.'s zu Karl L.
(2. 12. 1946), Akte Karl L., SA-L. – Aussage Dr. Arnost M.'s zu
Karl L. (7. 1. 1947), Akte Karl L., SA-L. – Aussage Oskar H.'s

zu Karl L. (8. 1. 1947), Akte Karl L., SA-L. – Bestätigung des Kriegsgerichts in Litoměřice (13. 1. 1947), EntB, C3. – »Decision of the Chamber of the District Court in Litoměřice in its secret sitting in the criminal case against Charles L.«, Akte Karl L., SA-L.

169 **Heimatlos**

L. bleibt ...: Schreiben Karl L.'s an das Wiedergutmachungsamt, WiedB, 82 WGA 47/50, S. 16. – Reisepapiere Karl L.'s (vom tschechoslowakischen Innenministerium), EntB, D43. – Antrag Karl L.'s auf Aus- und Rückwanderungskosten (30. 11. 1954), EntB, D26.

Nach Australien zu kommen ...: Schreiben Karl L.'s an das Wiedergutmachungsamt, WiedB, 82 WGA 47/50, S. 16. – Antrag Karl L.'s auf Aus- und Rückwanderungskosten (30. 11. 1954), EntB, D26.

Melbourne: Formular B [Schaden an Körper und Gesundheit], EntB, B1. – Schreiben Karl L.'s an H. G. Adler (19. 6. 1948), Nachlaß H. G. Adler, DL/SN.

Ab 7 Uhr morgens ...: Schreiben Karl L.'s an H. G. Adler (1. 11. 1948), Nachlaß H. G. Adler, DL/SN. – Schreiben Karl L.'s an H. G. Adler (18. 7. 1949), Nachlaß H. G. Adler, DL/SN.

Trotzdem spielt L. ...: Schreiben Karl L.'s an H. G. Adler (24. 12. 1949), Nachlaß H. G. Adler, DL/SN. – Schreiben Karl L.'s an H. G. Adler (16. 9. 1950), Nachlaß H. G. Adler, DL/SN. – Schreiben Karl L.'s an H. G. Adler (8. 1. 1951), Nachlaß H. G. Adler, DL/SN. – Schreiben Karl L.'s an H. G. Adler (12. 9. 1951), Nachlaß H. G. Adler, DL/SN. – Schreiben Karl L.'s an H. G. Adler (9. 5. 1952), Nachlaß H. G. Adler, DL/SN. – Brief des Victorian Railroads Commissioner's Office an Sir Archie Michaelis (6. 5. 1952), EntB, M11. – Karl L., »Kurzer Lebenslauf zum Antrag auf Entschädigung«, EntB M5.

171 **Rückkehr**

Antrag Karl L.'s auf Aus- und Rückwanderungskosten (30. 11. 1954), EntB, D26. – Schreiben Karl L.'s an das Entschädigungsamt Berlin (23. 10. 1952), EntB, M25. – Schreiben Karl L.'s an das Entschädigungsamt Berlin (30. 7. 1953), EntB, M58. – Vermerk des Entschädigungsamts, EntB, PrV6.

Die Hoffnung auf schnelle Entschädigung ...: Schreiben Karl
L.'s an das Entschädigungsamt (26. 9. 1952), EntB, M14. –
Schreiben des Entschädigungsamts Berlin an Karl L. (1. 10.
1952), EntB, M13. – Schreiben des Entschädigungsamts Ber-
lin an Karl L. (15. 10. 1952), EntB, M20. – Schreiben Karl
L.'s an das Entschädigungsamt Berlin (23. 10. 1952), EntB,
M25.

Betreffend »B« [Schaden an Körper und Gesundheit]: Bescheid
(11. 6. 1953), EntB, B29. – Schreiben Karl L.'s an das Entschädigungsamt Berlin (12. 06. 1953), EntB, B30. – Ärztliche Gutachten von Dr. Sm., Facharzt für Chirurgie (August 1953),
EntB, B43. – Schreiben des Entschädigungsamts Berlin an Karl
L., EntB, B47. – Schreiben Karl L.'s an das Entschädigungsamt
Berlin (22. 6. 1954), EntB, B84. – Ablehnung des Antrages
durch das Entschädigungsamt Berlin (2. 8. 1954), EntB, B85. –
Schreiben Karl L.'s an das Entschädigungsamt Berlin (12. 8.
1954), EntB, M7/B88. – Ärztliche Bescheinigung von Dr. Felix
M. (18. 8. 1954), EntB, B92. – Ablehnender Bescheid (4. 11.
1954), EntB, B105. – Schreiben Karl L.'s an das Entschädi-
gungsamt Berlin (18. 1. 1955), EntB, B116. – Eidesstattliche Er-
klärung Dr. H.'s (13. 12. 1954), EntB, B123. – Gutachten Prof.
Dr. R.'s (6. 1. 1955), EntB, B118. – Schreiben Karl L.'s an das
Entschädigungsamt Berlin (18. 1. 1955), EntB, B116. – Be-
scheidänderung (18. 2. 1955), EntB, B132. – Bescheinigung von
Herrn F., Leiter der Unfallstation der United Wollen Mills in
Melbourne (5. 10. 1956), EntB, B209. – Bestätigung Dr. St.'s
(15. 10. 1956), EntB, B210. – Bericht von Dr. H. (9. 10. 1956),
EntB. – Stellungnahme des Entschädigungsamts Berlin (10. 4.
1970), EntB, B 238 ff.

Betreffend »C« [Schaden an Freiheit]: Formular C von Karl L.,
EntB, C1. – Schreiben des Entschädigungsamts Berlin (18. 2.
1953), EntB, C18.

Betreffend »D« [Schaden an Vermögen]: Mitteilung des Finanzamts Weissensee (27. 3. 1952), EntB, D5. – Eidesstattliche Versicherung Marthe W.'s (2. 10. 1952), EntB, M22. – Eidesstattliche Versicherung Eckart T.'s (25. 9. 1952 und 13. 10. 52),
EntB, M18, M23. – Eidesstattliche Versicherung von Pfarrer B.
(28. 9. 1952), EntB, M17. – Eidesstattliche Versicherung Char-

lotte M.'s (24.9.1952), EntB, PrV8. – Brief von Rabbi Leo
Baeck (27.5.1954), EntB, E21. – Eidesstattliche Erklärung Arthur K.'s (15.7.1954), EntB, E24. – Erklärung Arno R.'s
(10.10.1952), EntB, M24. – Erklärung Prof. Dr. D. Heinrich
V.'s und Irmgard V's., WiedB, 83 WGA 2176/51, Bd. 1, S. 39. –
Antrag Karl L.'s auf Aus- und Rückwanderungskosten (30.11.
1954), EntB, D26. – Teilbescheid vom 10.1.1954, EntB, D35. –
Bescheid vom 30.11.54, EntB, D44. – Schlußbescheid vom
19.11.1959, EntB, D82.

Betreffend »E« [Schaden im beruflichen Fortkommen]: Schreiben
des Finanzamts Weissensee (27.3.1952), EntB, D5. – Schreiben
Karl L.'s an das Entschädigungsamt (19.10.1953), EntB, B63.
– Bescheid (19.11.1957), EntB, E36.

176 Wiedergutmachung: materiell

Bis zum Jahr 1960 …: Wiedergutmachungsakte Karl L., WiedB.

L.'s Hauptbegehren …: Karl L., »Kurzer Lebenslauf zum Antrag
auf Entschädigung«, EntB, M5.

Häuser: Wiedergutmachungsakte Karl L., 3 WGA 78.50. – Schreiben Karl L.'s an die Wiedergutmachungsämter Berlin (11.11.
1952), WiedB, 83 WGA 2176/51, S. 15.

Herrenbekleidungsgesellschaft: Wiedergutmachungsakte Karl L.,
83 WGA 2177/51, 3 Bde. – Schreiben Karl L.'s an die Wiedergutmachungsämter Berlin-Schöneberg (6.1.1953), WiedB, 83
WGA 2177/51, Bd. 2, S. 28. – Teilbeschluß der Wiedergutmachungskammer (27.1.1956), WiedB, 83 WGA 2177/51, Bd.1,
S. 158. – Beschluß des 3. Zivilsenats des Kammergerichts (2.4.
1958), WiedB, 83 WGA 2177/51, Bd. 1, S. 231. – Beschluß des
Obersten Rückerstattungsgerichts (13.12.1962), WiedB, 83
WGA 2177/51, Bd. 2, S. 9. – Schlußbeschluß der Wiedergutmachungskammer (10.2.1966), WiedB, 83 WGA 2177/51,
Bd. 2, S. 75.

Busse & Co.: WiedB, 83 WGA 2176/51, 2 Bde. – Mitteilung Karl
L.'s an das Wiedergutmachungsamt betreffend Major S., Graf
von Mo., Korvettenkapitän A. und Margot M., WiedB, 83
WGA 2176/51, S. 77. Siehe auch EntB, M67R. – Schriftliche
Erklärung von Mitarbeitern der Firma Schm., WiedB, 83 WGA
2176/51, S. 120. – SS-Personalakte Leonhardt S.'s (geb. 5.9.
1877), BA-B. – Leitsatz des Urteils (16.11.1956), WiedB, 83

WGA 2176/51, S. 170. – Aussage Arno R.'s (1968), WiedB, 83
WGA 2177/51, Bd. 2., S. 191. – Endbeschluß (11. 2. 1960),
WiedB 83 WGA 2176/51, B1., S. 236 ff. – Beschluß (14. 12.
1960), WiedB, 83 WGA 3621/59, S. 21. – »A. Busse & Co.
Aktiengesellschaft in Berlin«, in: *Handbuch der Deutschen
Aktiengesellschaften*, 1923–1943.

180 **Wiedergutmachung: ideell**
Schreiben Karl L.'s an H. G. Adler (4. 7. 1957), Nachlaß H. G.
Adler, DL/SN. – Schreiben Karl L.'s an H. G. Adler (9. 6. 1958),
Nachlaß H. G. Adler, DL/SN. – Schreiben Karl L.'s an H. G.
Adler (16. 6. 1958), Nachlaß H. G. Adler, DL/SN. – Schreiben
Karl L.'s an H. G. Adler (1. 3. 1961), Nachlaß H. G. Adler,
DL/SN. – Schreiben Karl L.'s an H. G. Adler (8. 3. 1961), Nach-
laß H. G. Adler, DL/SN.

182 **Aufarbeitung der Vergangenheit**
L. setzt sich weiterhin …: Vgl. Schreiben R. K.'s an Karl L. (22. 2.
1959), Adler-Sammlung (250n), NWD. – Schreiben Karl L.'s an
H. G. Adler (25. 11. 1963), Nachlaß H. G. Adler, DL/SN.
Die Gefühle meistern: Vgl. Schreiben Karl L.'s an H. G. Adler
(1. 11. 48, 3. 4. 53), Nachlaß H. G. Adler, DL/SN. – Vgl. auch
Schreiben Karl L.'s an Grete S. (29. 11. 1957), Abschrift, Adler-
Sammlung (250n), NWD.
So leicht aber …: Lederer (1953), a. a. O., S. 59 f., S. 94. – Schrei-
ben Karl L.'s an H. G. Adler (12. 4. 1954), Nachlaß H. G. Ad-
ler, DL/SN. – Adler (1955), a. a. O., S. 136. – Schreiben Karl L.'s
an Prof. Dr. Emil U. (18. 6. 1956), Akte Karl L., BT.
Schonungslos …: Karl L., »Aus der Hölle in das ›Paradies‹ The-
resienstadt«, S. 224 ff. – Schreiben Karl L.'s an Dr. Helmut
Krausnick (19. 8. 1957), Akte Karl L., IfZ. – Beurteilung des
Manuskripts L.'s auf Veranlassung der Christlich-Jüdischen
Gesellschaft in Berlin (o. D.), Nachlaß H. G. Adler, DL/SN. –
Schreiben Yad Vashems an Karl L. (23. 1. 1963), Nachlaß
H. G. Adler, DL/SN. – Vgl. Schreiben Karl L.'s an H. G. Adler
(3. 4. 1953), Adler-Sammlung (250n), NWD.
1956 wird das Minsker Kapitel …: Karl L., »Minsk. Im Lager der
deutschen Juden«, in: »Aus Politik und Zeitgeschichte«. Bei-
lage zur Wochenzeitung »Das Parlament« (7. 11. 1956). – Karl

L., »Aus der Hölle Minsk in das ›Paradies‹ Theresienstadt«, in:
»Die Mahnung«, Organ des Bundes der Verfolgten des Naziregimes Berlin e. V. (1. 10. 1957–1. 4. 1958). – Karl L., »Meine
erneute Festnahme«, unveröff. Manuskript, IfZ.

186 Licht und Schatten

Grete Salus, »Eine Frau erzählt«, in: »Aus Politik und Zeitgeschichte«, Beilage zur Wochenzeitung »Das Parlament«
(30. 10. 1957), S. 700. – Schreiben Karl L.'s an H. G. Adler
(9. 11. 1957), Nachlaß H. G. Adler, DL/SN. – Schreiben Grete
S.'s an Karl L. (14. 11. 1957), (Abschrift), Adler-Sammlung
(250n), NWD. – Schreiben Karl L.'s an Grete S. (29. 11. 1957),
(Abschrift), Adler-Sammlung (250n), NWD.

189 Eine Frage des Prestiges

Stellungnahme des Entschädigungsamts (16. 4. 1970), EntB
B238 ff. – Schreiben des Entschädigungsamts (11. 2. 1971),
EntB, B249.

190 »Daß dem Gerechten auch Gerechtigkeit widerfährt …«

»Das dem Gerechten auch Gerechtigkeit widerfährt …«: Zitat aus
einem Brief vom 12. 3. 1954 H. G. Adlers an Karl L. für das
Wiedergutmachungsamt, WiedB.

Nach dem ablehnenden Endbeschluß …: Schreiben des Rechtsanwalts Dr. M. (9. 3. 1960), WiedB, 83 WGA 2176/51. – Beschluß des 3. Zivilsenats des Kammergerichts (2. 11. 1960),
WiedB, 83 WGA 2176/51, B1., S. 264. – Schreiben Karl L.'s
an den Vorsitzenden der 150. Wiedergutmachungskammer des
Landgerichts Berlin (2. 10. 1963), WiedB, 83 WGA 2176/51,
Bd. 2, S. 24.

Erster Erfolg: Beschluß (26. 1. 1965), WiedB, 83 WGA 2176/51,
Bd. 2, S. 70. – Beschwerden, WiedB, 83 WGA 2176/51, Bd. 2,
S. 90 f.

Zwei Jahre später …: Beschluß des 3. Zivilsenats (23. 1. 1967),
WiedB, 83 WGA 2176/51, Bd. 2, S. 142.

Zur gleichen Zeit …: Beschluß des 3. Zivilsenats des Kammergerichts Berlin (25. 1. 1967), WiedB, 83 WGA 2177/51, Bd. 2,
S. 126. – Vermerk zum Vergleich des Anteils Werner H.'s (14. 2.
1968), WiedB, 83 WGA 2177/51, Bd. 2, S. 200.

Ende Oktober 1968 ...: Antrag auf ein Sachverständigengutachten, WiedB, 83 WGA 2176/51 Bd. 2, S. 31. – Beweisbeschluß, WiedB, 83 WGA 2177/51, Bd. 2, S. 213.

Durch das Zusammentreffen ...: Korrespondenz zwischen dem Landgericht Berlin und verschiedenen Wirtschaftsprüfern (Prof. Dr. B. und Dipl.-Kfm. Kurt St., Heinz Be., Heinz Bor., Rudolf Grü., Prof. Dr. Heinz La., Dr. Dr. Bernhard We.), WiedB, 83 WGA 2177/51, Bd. 2, S. 216 ff. – Gutachten Prof. Dr. Bernhard Bel.'s (3. 8. 1973), WiedB 83 WGA 2177/51, Bd. 3, S. 10.

Anfang 1974 ...: Schreiben Karl L.'s an das Landgericht Berlin (28. 1. 1974), WiedB, 83 WGA 2177/51, Bd. 3, S. 38.

Im Juli 1974 ...: Mitteilung von Karl L.'s Anwalt an das Landgericht (3. 7. 1974), WiedB 83 WGA2176/51, Bd. 2, S. 196. – Vermerk über Vergleichswege, WiedB, 83 WGA 2177/51, Bd. 3, S. 54.

Max Schm. bietet ...: Mitteilung Max Schm. durch seinen Anwalt an das Landgericht Berlin, WiedB, 83 WGA 2176/51, Bd. 2, S. 205. – Vermerk über den H.-Nachlaß, WiedB, 83 WGA 2177/51, Bd. 3, S. 58.

Am 9. August 1975 ...: Todesurkunde Karl L.'s, Standesamt Bad Neuenahr-Ahrweiler.

Erst zwei Jahre später ...: Schreiben Horst L.'s an das Landgericht Berlin (23. 8. 1977), WiedB, 83 WGA 2177/51, Bd. 3, S. 72.

Am 11. Dezember 1979 ...: Schreiben Schw.'s (Richter am Landgericht) an die Erben L.'s (11. 12. 1979), WiedB, 83 WGA 2176/51, Bd. 2, S. 247a.

Da innerhalb ...: Beschluß, WiedB, 83 WGA 2176/51, Bd. 2, S. 260. – Beschluß (23. 10. 1981), WiedB, 83 WGA 2177/51, Bd. 3, S. 75.

VORSICHTSMASSNAHMEN

Monatsbericht der Gendarmerie-Station Reichenhall, Bezirk Berchtesgaden (29. 12. 1938), IfZ. – Sonderbericht der Gendarmerie-Station Reichenhall, Bezirk Berchtesgaden (15. 12. 1938), IfZ. Beide repr. in: Martin Broszat, Elke Fröhlich, Falk Wiesemann (Hg.), *Bayern in der NS-Zeit. Soziale Lage und politisches Ver-*

halten der Bevölkerung im Spiegel vertraulicher Berichte, München 1977, S. 476. Vgl. auch Wolfang Benz, Bericht über die Barbarei. Bericht über den Pogrom, in: Walter Pehle (Hg.), *Der Judenpogrom 1938. Von der »Reichskristallnacht« zum Völkermord*, Frankfurt a. M. 1992, S. 51.

ÖFFENTLICHE BEDÜRFNISSE

Ende August 1942 ...: Aussage Max R.'s (13. 11. 1942), Ermittlungsakte des Oberreichsanwaltes beim Volkgerichtshof gegen Wilhelm H., Bundesarchiv Zwischenarchiv Dahlwitz-Hoppegarten. – Vernehmung Wilhelm H.'s (13. 11. 1942), Ermittlungsakte des Oberreichsanwaltes beim Volkgerichtshof gegen Wilhelm H., Bundesarchiv Zwischenarchiv Dahlwitz-Hoppegarten. – Schreiben des Generalstaatsanwalts beim Landgericht an den Oberreichsanwalt beim Volksgerichtshof (24. 11. 1942), Strafprozeßakte gegen Wilhelm H., BA-B. – Urteil des Volksgerichtshofs (1. Senat) gegen Wilhelm H. wegen Vorbereitung zum Hochverrat u. a. (8. 3. 1943), Strafprozeßakte gegen Wilhelm H., BA-B. – Die Unterlagen zum Fall Wilhelm H. sind zum Teil repr. in: Günther Weisenborn (Hg.), *Der lautlose Aufstand. Berichte über die Widerstandsbewegung des deutschen Volkes 1933–1945*, Hamburg 1953, S. 333 ff. (Anhang »Ein alter Mann in der Maschinerie der NS-Justiz«).

195 In Gewahrsam
Verzögert und *Ernsthaft*: Bericht des 107. Polizeireviers (28. 10. 1942), Ermittlungsakte des Oberreichsanwaltes beim Volkgerichtshof gegen Wilhelm H., Bundesarchiv Zwischenarchiv Dahlwitz-Hoppegarten. – Vernehmung Wilhelm H.'s (13. 11. 1942), Ermittlungsakte des Oberreichsanwaltes beim Volkgerichtshof gegen Wilhelm H., Bundesarchiv Zwischenarchiv Dahlwitz-Hoppegarten. – Einlieferungsanzeige (13. 11. 1942), Ermittlungsakte des Oberreichsanwaltes beim Volkgerichtshof gegen Wilhelm H., Bundesarchiv Zwischenarchiv Dahlwitz-Hoppegarten. – Schlußbericht des Krim.-Oberass. Z. (14. 11. 1942), Ermittlungsakte des Oberreichsanwaltes beim Volkgerichtshof

gegen Wilhelm H., Bundesarchiv Zwischenarchiv Dahlwitz-Hoppegarten. – Schreiben des Generalstaatsanwalts bei dem Landgericht an den Oberreichsanwalt beim Volksgerichtshof (24. 11. 1942), Strafprozeßakte gegen Wilhelm H., BA-B.

196 Ermittelt

Lebenslauf: Vernehmung Wilhelm H.'s (13. 11. 1942), Ermittlungsakte des Oberreichsanwaltes beim Volkgerichtshof gegen Wilhelm H., Bundesarchiv Zwischenarchiv Dahlwitz-Hoppegarten. – Schreiben des Generalstaatsanwalts beim Landgericht an den Oberreichsanwalt beim Volksgerichtshof (24. 11. 1942), Strafprozeßakte gegen Wilhelm H., BA-B. – »Wesentliches Ergebnis der Ermittlungen«, in: Anklageschrift gegen Wilhelm H. vom Oberreichsanwalt beim Volksgerichtshof (25. 1. 1943), Strafprozeßakte gegen Wilhelm H., BA-B. – Urteil des Volksgerichtshofs (1. Senat) gegen Wilhelm H. wegen Vorbereitung zum Hochverrat u. a. (8. 3. 1943), Strafprozeßakte gegen Wilhelm H., BA-B.

Wirtschaftliche Verhältnisse: Bericht des Krim.-Oberass. Z. (23. 1. 1943), Strafprozeßakte gegen Wilhelm H., BA-B. – Urteil des Volksgerichtshofs (1. Senat) gegen Wilhelm H. wegen Vorbereitung zum Hochverrat u. a. (8. 3. 1943), Strafprozeßakte gegen Wilhelm H., BA-B.

Gesundheitszustand: Vernehmung Wilhelm H.'s (13. 11. 1942), Ermittlungsakte des Oberreichsanwaltes beim Volkgerichtshof gegen Wilhelm H., Bundesarchiv Zwischenarchiv Dahlwitz-Hoppegarten. – Vermerk des Staatanwalts Scher. (23. 1. 1943), Strafprozeßakte gegen Wilhelm H., BA-B.

Politische Gesinnung: Vernehmung Wilhelm H.'s (13. 11. 1942), Ermittlungsakte des Oberreichsanwaltes beim Volkgerichtshof gegen Wilhelm H., Bundesarchiv Zwischenarchiv Dahlwitz-Hoppegarten. – Bericht des Krim.-Oberass. Z. (23. 1. 1943), Strafprozeßakte gegen Wilhelm H., BA-B.

197 Aufgestanden

Vernehmung Wilhelm H.'s (13. 11. 1942), Ermittlungsakte des Oberreichsanwaltes beim Volksgerichtshof gegen Wilhelm H., Bundesarchiv Zwischenarchiv Dahlwitz-Hoppegarten. – »Wesentliches Ergebnis der Ermittlungen«, in: Anklageschrift gegen

Wilhelm H. vom Oberreichsanwalt beim Volksgerichtshof (25. 1.
1943), Strafprozeßakte gegen Wilhelm H., BA-B.

198 Volksjustiz
Vermerk des Staatsanwalts Scher. (23. 1. 1943), Strafprozeßakte
gegen Wilhelm H., BA-B.

198 Angeklagt
Anklageschrift gegen Wilhelm H. vom Oberreichsanwalt beim
Volksgerichtshof (25. 1. 1943), Strafprozeßakte gegen Wilhelm
H., BA-B.

199 Begutachtet
Vermerk des Staatsanwalts Scher. (23. 1. 1943), Strafprozeßakte
gegen Wilhelm H., BA-B. – »Gutachtliche Äußerung« (23. 2.
1943), Strafprozeßakte gegen Wilhelm H., BA-B.

200 Verurteilt
Urteil des Volksgerichtshofs (1. Senat) gegen Wilhelm H. wegen
Vorbereitung zum Hochverrat u. a. (8. 3. 1943), Strafprozeß-
akte gegen Wilhelm H., BA-B.

202 Geregelt
Schreiben des Vorstands des Strafgefängnisses Plötzensee an den
Oberreichsanwalt beim Volksgerichtshof (19. 3. 1943), Straf-
prozeßakte gegen Wilhelm H., BA-B. – Schreiben des Ober-
reichsanwalts beim Volksgerichtshof an den Reichsminister der
Justiz (1. 4. 1943), Strafprozeßakte gegen Wilhelm H., BA-B. –
Stellungnahme (Sachbearbeiter: EstA Dr. Fro., 13. 4. 1943),
Strafprozeßakte gegen Wilhelm H., BA-B. – Schreiben des
Reichsministers der Justiz (in Vertretung: Dr. R.) an den Ober-
reichsanwalt beim Volksgerichtshof (30. 4. 1943), Strafpro-
zeßakte gegen Wilhelm H., BA-B. – Schreiben des Rechtsanwalts Dr. Gerhardt R. an den Volksgerichtshof (2. 5. 1943),
Strafprozeßakte gegen Wilhelm H., BA-B.

203 Lautlos
Vollstreckung des Todesurteils gegen Wilhelm H. (13. 5. 1943),
Strafprozeßakte gegen Wilhelm H., BA-B. – Vermerk des Ober-

reichsanwalts beim Volksgerichtshof (6. 5. 1943), Strafprozeßakte gegen Wilhelm H., BA-B (Entwurf eines Schreibens an den
Leiter des Anatomisch-biologischen Instituts der Universität Berlin). – Entwurf einer Pressenotiz, Strafprozeßakte gegen Wilhelm H., BA-B. – Vermerk des Oberreichsanwalts beim Volksgerichtshof (6. 5. 1943), Strafprozeßakte gegen Wilhelm H.,
BA-B (von einer Bekanntmachung wurde abgesehen).

DIE UNFÄHIGKEIT ZU VERDAUEN

Am 25. Juni 1941 ...: Tagebucheintragungen vom 25., 26. und
27. 7. 1941, Kriegstagebuch Erich B., BA-B, Bestand R 20 (Chef
der Bandenkampfverbände), 45: Tagebuch des Chefs der Bandenkampfverbände (1941 bis Ende 1942 Höherer SS- und Polizeiführer Rußland Mitte), SS-Obergruppenführer und General
der Polizei Erich B.
Zum Kriegstagebuch B.'s: Am 23. August 1951, kurz nach seinem ersten Entnazifizierungsverfahren, reichte B. der Hauptkammer München ein schlecht erhaltenes, durchnäßtes Kriegstagebuch ein, das sechs Jahre lang in der Nähe von Salzburg
vergraben gewesen sei. Er fügte folgende Erklärung bei: »Im
April 45 erteilte ich in meiner Eigenschaft als Kommandierender
General des ›Oderkorps‹ dem zu meinem Stab kommandier-
ten Major der Panzertruppen Leopold von Sch. den Befehl, meine Privatakte in einem Blechkanister zu vergraben. Der Mann
kannte den Inhalt nicht, dagegen gab ich ihm den genauen Ver-
grabungsplatz bei Rielern im kleinen Walsertal an.« Die Hauptkammer München hegte keinen Zweifel an der Echtheit des
Tagebuchs, fand es jedoch – entgegen B.'s Behauptung – eher
belastend als entlastend. Im Jahr 1955 wurde das Tagebuch von
B. dem Bundesarchiv übergeben. Nur der zweite Teil des Tagebuchs findet sich im Bundesarchiv als Original (Mai 1943 bis
Januar 1945); der erste Teil liegt nur als Abschrift vor, die »unter Benutzung« einer von B. angefertigten Abschrift hergestellt
wurde. Nach Erkenntnissen des Bayerischen LKA ist es nicht
auszuschließen, daß B. den ersten Teil des Originals, der während
B.'s Spruchkammerverfahren in München verschwand, vernich-

tete und die Abschrift fälschte. Sicher wurden nach dem Krieg belastende Eintragungen eliminiert; die Abschrift ist jedoch keine reine Fälschung. Der Historiker Christian Gerlach schreibt dazu: »Viele Mitteilungen im Tagebuch sind aber durch andere Quellen verifizierbar, es ist ohne Zweifel streckenweise authentisch. Manche Datierungen sind allerdings um einen oder zwei Tage verschoben.« Gerlach (1999), a.a.O., S. 549.

204 Streber

Militarist: Aussage Erich B.'s als Kriegsgefangener in Nürnberg (1946), SA-N.

Habenichts: Aussage Erich B.'s als Kriegsgefangener in Nürnberg (1946), SA-N. – Aussage Erich B.'s (1. 5. 1960), Strafprozeß gegen Erich B. vor dem Landgericht Nürnberg, JS 228/60, KS 3/30, SA-N, Bd. VII, Bl. 1467.

Ein Hundertprozentiger: Personalakte Erich B., BA-B. – Vernehmung Erich Kochs zu Erich B. (30. 11. 1949), ZStL 202 AR-Z 52/59, Dok. Bd. 7.

Kommißhengst: Tagebucheintragungen vom 11. und 21. 3. 1937, Tagebuch Erich B. (1.1.1937–31.12.1937), repr. in: Acta Universitatis Wratislaviensis, Nr. 638 (1982). – Tagebucheintragung vom 27. Juni 1941, Kriegstagebuch Erich B., BA-B.

Herrenvolk: Tagebucheintragungen von 15. 4. und 19. 10. 1937, Tagebuch Erich B. (1.1.1937–31.12.1937), repr. in: Acta Universitatis Wratislaviensis, Nr. 638 (1982).

Nachkommenschaft: Tagebucheintragung vom 25. 11. 1941, Kriegstagebuch Erich B., BA-B. – Tagebucheintragung vom 6. Januar 1937, Tagebuch Erich B. (1.1.1937–31.12.1937), repr. in: Acta Universitatis Wratislaviensis, Nr. 638 (1982).

Machtkampf (1935): SS-Personalakte Erich B., BA-B. – Tagebucheintragung vom 27. 6. 1941, Kriegstagebuch Erich B., BA-B.

Voller Hingabe: »Niederschrift über die am 8. 11. 1939 stattgefundene Besprechung beim Generalgouverneur Polen in Krakau«, Abschrift, SS-Personalakte Erich B., BA-B., repr. in: Tuviah Friedman (Hg.), *Erich B., SS-Obergruppenführer und General der Polizei, Chef der Bandenkampf-Verbände der Waffen-SS. Dokumentensammlung*, Haifa 1996. – Schreiben Erich B.'s an Karl Wolff (13. 9. 1940), SS-Personalakte Erich B., BA-B. Repr. in: Friedman (1996), a.a.O.

Juli 1941: Kriegstagebuch Erich B., BA-B.

Besondere Heldentaten: »Bericht über den Verlauf der Pripjet-Aktion vom 27. 7.–11. 8. 1941« (12. 8. 1941, Abschrift von Abschrift), BA-B. Repr. in: *Unsere Ehre heißt Treue. Kriegstagebuch des Kommandostabes Reichsführer-SS Tätigkeitsberichte der 1. und 2. SS-Inf.-Brigade, der 1. SS-Kav.-Brigade und von Sonderkommandos der SS*, Wien 1965, S. 227 ff. – Tagebucheintragung vom 3. 8. 1941, Kriegstagebuch Erich B., BA-B. – Gerlach (1999), a. a. O., S. 542 f., 555 ff. – Ruth Bettina Birn, *Die Höheren SS- und Polizeiführer. Himmlers Vertreter im Reich und in den besetzten Gebieten*, Düsseldorf 1986, S. 275–290.

In derselben Woche: Lagebericht vom 7. 8. 41, zit. in: Tagebucheintragung vom 5. 8. 1941, Kriegstagebuch Erich B., BA-B.

Kulturvolk: Tagebucheintragung vom 16. 8. 1941, Kriegstagebuch Erich B., BA-B. – Gerlach (1999), a. a. O., S. 571 ff., 646 ff., 1067 ff. – Raul Hilberg, *Die Vernichtung der europäischen Juden*, durchges. und erw. Auflage, Frankfurt a. M. 1994, S. 347 f.

Erholung: Tagebucheintragung vom 19. 8. 1941, Kriegstagebuch Erich B., BA-B.

Zurück in Minsk: Tagebucheintragung vom 20. 8. 1941 und 24. 8. 1941, Kriegstagebuch Erich B., BA-B. – Aussage Hans G.'s bei der Staatsanwaltschaft beim Landgericht Nürnberg-Fürth (16. 6. 1962), StA Nürnberg-Fürth 1a Js 1409/60, ZStL.

Eine Ungerechtigkeit: Tagebucheintragung vom 5. 9. 1941, Kriegstagebuch Erich B., BA-B.

Kinderlieb: Tagebucheintragung vom 8. 9. 1941, Kriegstagebuch Erich B., BA-B.

Musterhaft: Tagebucheintragung vom 13. 9. 1941, Kriegstagebuch Erich B., BA-B.

Abendstunden: Tagebucheintragung vom 13. 9. 1941, Kriegstagebuch Erich B., BA-B.

Ausbildung: Birn (1986), a. a. O., S. 174.

209 Der Geist ist willig

Trotz seiner Erfolge …: Tagebucheintragung vom 29. 9. 1941, Kriegstagebuch Erich B., BA-B.

Sonderaktion: Gerlach (1999), a. a. O., S. 587 ff.

Leibweh: Tagebucheintragungen vom 5. 10. 1941, 6. 10. 1941,
7. 10. 1941 und 13. 10. 1941, Kriegstagebuch Erich B., BA-B.

An die Arbeit: Tagebucheintragung vom 14. 10. 1941, Kriegstagebuch Erich B., BA-B

Sittenbild: Schreiben Erich B.'s an seine Frau vom 26. 10. 1941,
zit. in: Tagebucheintragung vom 27. 10. 1941, Kriegstagebuch
Erich B., BA-B. – Gerlach (1999), a. a. O., S. 592 ff.

Außendienst: Tagebucheintragung vom 5. 11. 1941, Kriegstagebuch Erich B., BA-B.

Befördert: SS-Personalakte Erich B. BA-B. – Fernmeldung des
Reichsführers-SS Himmler an Erich B. (3. 11. 1941), zit. in:
Tagebucheintragung vom 5. 11. 1941, Kriegstagebuch Erich B.,
BA-B. – Tagebucheintragung vom 7. 11. 1941, Kriegstagebuch
Erich B., BA-B.

Wiederbelebt: Tagebucheintragung vom 17., 19., 21., 23. und
25. 11. 1941, Kriegstagebuch Erich B., BA-B.

Eiserner Wille: Tagebucheintragung vom 9. 12. 1941, Kriegstagebuch Erich B., BA-B. – Schreiben Erich B.'s an SS-Gruppenführer Hildebrandt (5. 12. 1941), SS-Personalakte Erich B., BA-B.

Ausgezeichnet: Tagebucheintragung vom 5. 12. 1941, Kriegstagebuch Erich B., BA-B.

Optimist: Tagebucheintragung vom 10. und 11. 12. 1941, Kriegstagebuch Erich B., BA-B.

Tatkräftig: Tagebucheintragung vom 17. 12. 1941, Kriegstagebuch Erich B., BA-B. – Reichsführer-SS Himmler an SS-Obergruppenführer Erich B., zit. in: Tagebucheintragung vom 19. 12.
1941, Kriegstagebuch Erich B., BA-B. – SS-Obergruppenführer
Erich B. an Reichsführer-SS Himmler, zit. in: Tagebucheintragung vom 19. 12. 1941, Kriegstagebuch Erich B., BA-B.

Weihnachten: Tagebucheintragung vom 20., 24. und 26. 12. 1941,
Kriegstagebuch Erich B., BA-B.

Neujahr: Tagebucheintragung vom 18. 1. 1942, Kriegstagebuch
Erich B., BA-B. – Vgl. Strafprozeßakte gegen Erich B., SA-N,
128KLs 23/61.

Hungerkur: Tagebucheintragung vom 22. 1. 1942, Kriegstagebuch Erich B., BA-B.

Schlappschwanz: Tagebucheintragung vom 28. 1. 1942, Kriegstagebuch Erich B., BA-B. – Vgl. Aussage Hans G.'s (26. 5. 1962),
StA Nürnberg-Fürth 1a Js 1409/60, ZStL.

213 **Heilverfahren**

Im Februar 1942 …: Aussage Karl Wolff zu Erich B. (2. 2. 1962, 10.55–12.00 Uhr), StA München 1 Ks 1/64 in: ZStL. – Schreiben des Reichsführers-SS an den Reichsarzt SS-Gruppenführer Dr. Grawitz (18. 3. 1942), SS-Personalakte Erich B., BA-B. – Schreiben des SS-Brigadeführers Pückler an Reichsführer-SS Himmler (11. 2. 1942), SS-Personalakte Erich B., BA-B.

Drei Tage nach dem Besuch …: Schreiben Erich B.'s an Reichsführer-SS Himmler (4. 3. 1942), SS-Personalakte Erich B., BA-B.

Am gleichen Tag …: Bericht des SS-Gruppenführers Dr. Grawitz an Reichsführer-SS Himmler (4. 3. 1942), Personalakte Erich B., BA-B. – Zwischenbericht des SS-Gruppenführers Dr. Grawitz an Reichsführer-SS Himmler (9. 3. 1942), Personalakte Erich B., BA-B. – Vgl. auch das Schreiben des Reichsführers-SS Himmler an SS-Gruppenführer Dr. Grawitz (18. 3. 1942), Personalakte Erich B., BA-B.

Fünf Tage später …: Schreiben des SS-Gruppenführers Dr. Grawitz an Reichsführer-SS Himmler (6. 3. 1942), Personalakte Erich B., BA–B.

Zwischenbericht …: Zwischenbericht des SS-Gruppenführers Dr. Grawitz an Reichsführer-SS Himmler (9. 3. 1942), Personalakte Erich B., BA-B.

In der dritten Märzwoche …: Schreiben des SS-Gruppenführers Dr. Grawitz an Reichsführer-SS Himmler (21. 3. 1942), Personalakte Erich B., BA-B. – Schreiben Erich B.'s an Reichsführer-SS Himmler (31. 3. 1942), Personalakte Erich B., BA-B. – Fernschreiben des Reichsführers-SS an Erich B. (6. 4. 1942), Personalakte Erich B., BA-B.

218 **Wiederhergestellt**

Zurück von der Erholungskur …, *Was B. am meisten …* und *Frage*: Tagebucheintragung (Datum unleserlich) vom Ende April 1942, Kriegstagebuch Erich B., BA-B.

Zurück in Mogilew und *Einsatzfähig*: Schreiben Erich B.'s an seine Frau (7. 5. 1942), zit. in: Tagebucheintragung vom 7. 5. 1942, Kriegstagebuch Erich B., BA-B.

B. muß scharf durchgreifen ...: Schreiben Erich B.'s an seine Frau (7.5.1942), zit. in: Tagebucheintragung vom 7.5.1942, Kriegstagebuch Erich B., BA-B.

Ordentlich aufgeräumt: Tagebucheintragung vom 11.8.1942, Kriegstagebuch Erich B., BA-B.

Taktik: HSSPF Rußland-Mitte (August 1942), BA-B, NS 19n8, zit. in: Birn (1986), a.a.O., S. 45.

Altes Leiden: Tagebucheintragung vom 31.8.1942, Kriegstagebuch Erich B., BA-B. – Schreiben Ruth B.'s an Erich B. (6.9.1942), zit. in: Tagebucheintragung vom 14.9.1942, Kriegstagebuch Erich B., BA-B. – Tagebucheintragung vom 7.10.1942, Kriegstagebuch Erich B., BA-B.

> »Am 5. abends um $^1/_2$ 10 Uhr hatte ich einen sehr merkwürdigen telefonischen Anruf. Als ich den Hörer abgenommen hatte und meinen Namen gesagt, sagte eine gebrochene Stimme sehr weit entfernt: ›Es kommt doch der Tod, es kommt doch der Tod!‹«
>
> Aus einem Schreiben Ruth B.'s an Erich B. (6.9.1942), zit. in: Tagebucheintragung vom 14.9.1942, Kriegstagebuch Erich B., BA-B

Selbstlose Kleinarbeit: Erich B. an Reichsführer-SS Himmler, zit. in: Tagebucheintragung vom 17.10.1942, Kriegstagebuch Erich B., BA-B. – Gerlach (1999), a.a.O., S. 680, 1076.

Am 18. August 1942 ...: Weisung Nr. 46: Richtlinien für die verstärkte Bekämpfung des Bandenunwesens im Osten (18.8.1942), Nürnberger Dokument 477-PS/NO-1666, HI. – Schreiben Erich B.'s an Himmler (5.9.1942), NS-19/1671, BA-B. – Weisung Reichsführers-SS Himmler (23.10.1942), Nürnberger Dokument NO-1661, HI. – Tagebucheintragung vom 10.9.1942 und vom 22.5.1943, Kriegstagebuch Erich B., BA-B. – Gerlach (1999), a.a.O., S. 922ff.

Unternehmungslustig: Gerlach (1999), a.a.O., S. 898ff. – Kriegstagebuch Erich B., BA-B.

Angesichts der zunehmend ...: Richtlinien für die Maßnahmen zur Bandenbekämpfung (26. 2. 1943), Bundesarchiv Zwischenarchiv Dahlwitz-Hoppegarten, ZM 1488 A.6. – Vgl. Gerlach (1999), a.a.O., S. 735 f., 906 ff., 955, 973.

Weitere Verantwortung (Juni 1943): Gerlach (1999), a.a.O., S. 951 ff., 917 f.

Leistungsdruck: Schreiben Eberhard Herfs an seinen Vetter Maximilian v. Herff (Chef des SS-Personalhauptamts) vom 19. 7. 1943, BA-B, NS 19 1214. – Schreiben Eberhard Herfs an Maximilian v. Herff (29. 7. 1943), BA-B, NS 19 1214. – Tagebucheintragung vom 28. 7. 1943, Kriegstagebuch Erich B., BA-B. – Vgl. Christian Gerlach (1999), a.a.O., S. 908, 952 ff.

224 Rückfall

Zu B.'s Entsetzen ...: Vgl. Christian Gerlach (1999), a.a.O., S. 980, 1100.

Himmlers Antwort (12. März 1944): Schreiben des Reichsführers-SS an Erich B. (12. 3. 1944), zit. in: Tagebucheintragung vom 18. 3. 1942, Kriegstagebuch Erich B., BA-B.

Karlsbad: Schreiben Dr. Grawitz' an Reichsführer-SS Himmler (24. 3. 1944), Personalakte Erich B., BA-B. – Schreiben Dr. med. Ernst R.'s (Facharzt für innere Krankheiten, Karlsbad) an Prof. U. (22. 3. 1944), Personalakte Erich B., BA-B. – Tagebucheintragung vom 18. 3. 1944, Kriegstagebuch Erich B., BA-B.

Nicht zu bremsen: Tagebucheintragung vom 20. 4. 1944 und 24. 4. 1944, Kriegstagebuch Erich B., BA-B.

226 »Pensionär« ohne Tätigkeit

Enttäuschungen: Tagebucheintragung vom 13. 5. 1944, Kriegstagebuch Erich B., BA-B. – Tagebucheintragung vom 3. 7. 1944, Kriegstagebuch Erich B., BA-B.

Treuester der Treuen (20. Juli 1944): Schreiben Erich B.'s an Ruth B., zit. in: Tagebucheintragung vom 20. 7. 1944, Kriegstagebuch Erich B., BA-B.

Aufruf: Tagebucheintragung vom 2. 8. 1944, Kriegstagebuch Erich B., BA-B.

227 Harte Einsätze

B. wird mit der Niederschlagung ...: Tagebucheintragung vom 15. 8. 1944, Kriegstagebuch Erich B., BA-B.

Tagebucheintrag B.'s (7. August 1944): Tagebucheintragung vom 7. 8. 1944, Kriegstagebuch Erich B., BA-B. – Tagebucheintragung vom 18. 8. 1944, Kriegstagebuch Erich B., BA-B.

Am 23. August 1944 ...: Tagebucheintragung vom 24. 8. 1944, Kriegstagebuch Erich B., BA-B.

Blutige Häuserkämpfe: Tagebucheintragungen vom 24. 8. bis zum 28. 9. 1944, Kriegstagebuch Erich B., BA-B.

Fieberndes Herz: Janusz Piekalkiewicz, *Kampf um Warschau. Stalins Verrat an der polnischen Heimatarmee 1944,* München 1994, S. 246 ff. – Tagebucheintragung vom 29. 9. 1944, Kriegstagebuch Erich B., BA-B.

Höchste Ehrung: Tagebucheintragung vom 11. 10. 1944, Kriegstagebuch Erich B., BA-B.

Unternehmen »Panzerfaust«: Raul Hilberg (1994), a.a.O., S. 922 ff. – Admiral Miklós Horthy, *Memoirs*, Historical Text Archive, *http://www.msstate.edu/Archives/History/hungary/horthy/21.html,* Kapitel 21. – Tagebucheintragung vom 15., 16. und 17. 10. 1944, Kriegstagebuch Erich B., BA-B.

Während B. nach Karlsbad ...: Tagebucheintragung vom 19. und 26. 10. 1944, Kriegstagebuch Erich B., BA-B. – Hilberg (1994), a.a.O., S. 922 ff.

Erholt: Schreiben des Dr. med. Ernst R. an Prof. U. (1. 11. 1944), Personalakte Erich B., BA-B.

229 Bis zum bitteren Ende

Bericht des Bayerischen Landesamts für Verfassungsschutz (22. 12. 1958), SA-N, Nr. 770. – Aussage B.'s als Kriegsgefangener in Nürnberg, SA-N. – Tagebucheintragung vom 22. 1. 1945, Kriegstagebuch Erich B., BA-B.

229 Reden und Schweigen

Im August 1945 ... und *Vorteil dieser Strategie* ...: Bericht des Bayerischen Landesamts für Verfassungschutz (22. 12. 1958), SA-N, Nr. 770. – Aussage Erich B.'s in Nürnberg (19. 11. 1947, 10.00–12.00), SA-N. Vgl. Gerlach (1999), a.a.O., S. 651. –

Schreiben Erich B.'s an die Hauptkammer Nürnberg (1. 5. 1949), in: ZStL 202 AR-Z 52/59, Dok. Bd. 7.
Nachteil und *Wiedergutmachung*: »Hitler-Mann B. erzählt«, in: Süddeutsche Zeitung (17. 1. 1961).

231 Entnazifiziert

Ende Januar 1949 ...: Bericht des Bayerischen Landesamts für Verfassungsschutz (22. 12. 1958), SA-N, Nr. 770. – Schreiben des Ministerialdirektors Camill Sachs an den Hauptkläger der Berufungskammer Nürnberg (5. 2. 1949), SA-N. – Schreiben Erich B.'s an die Hauptkammer Nürnberg (10. 5. 1949), in: ZStL 202 AR-Z 52/59, Dok. Bd. 7.

Krankheitsgewinn: »Mein Widerstand gegen Auswüchse der nationalsozialistischen Weltanschauung und gegen ihre Befehle« (22. 8. 1949), in: ZStL 202 AR-Z 52/59, Dok. Bd. 7.

Ende 1949 klagt die Lagerleitung ...: Bericht des Bayerischen Landesamts für Verfassungschutz (22. 12. 1958), SA-N, Nr. 770.

Im November 1950 ...: Anklageschrift des Generalanklägers beim Kassationshof an die Hauptkammer München (27. 11. 1950), in: ZStL 202 AR-Z 52/59, Dok. Bd. 7.

Zwei Wochen später ...: Schreiben Erich B.'s an die Hauptkammer München (12. 12. 1950), in: ZStL 202 AR-Z 52/59, Dok. Bd. 7. – Gerichtsprotokoll (14. 3. 1951), Hauptkammer München, in: ZStL 202 AR-Z 52/59, Dok. Bd. 7. Vgl. Christian Gerlach (1999), a.a.O., S. 1051 f.

Ende März 1951: Urteil der Hauptkammer München (30. 3. 1951, 15.00 Uhr), in: ZStL 202 AR-Z 52/59, Dok. Bd. 7.

Berufung: Schreiben Erich B.'s an die Hauptkammer München (23. 8. 1951), in: ZStL 202 AR-Z 52/59, Dok. Bd. 7. – Urteil der Berufungskammer München (Nürnberg, 22. 12. 1951) 199/51, H/Hi/9374/50, Amtsgericht München. – Schreiben Walter H. Rapps an Erich B. (19. 12. 1951), StA Nürnberg-Fürth 128 KLs 23/61, SA-N. – »Die Toten stehen auf«, in: Der Spiegel (7. 1. 1959), S. 24.

1954: Beschluß der I. Strafkammer beim Landgericht Nürnberg-Fürth (2. 12. 1954), StA Nürnberg-Fürth 3 c Js 1917/51, Amtsgericht München.

234 Glaubenssache
Schreiben des Landesbischofs der Evangelisch-Lutherischen Kirche
in Bayern an Herrn Staatssekretär Dr. M. (6. 10. 1954), ZStL
202 AR-Z52/59, Dok. Bd. 7. – Bericht des Bayerischen Landesamts für Verfassungsschutz (22. 12. 1958), SA-N, Nr. 770. –
»Die Toten stehen auf«, in: Der Spiegel (7. 1. 1959), S. 25.

235 Immer noch der alte
»Ich war immer der typische Kommißkopp«, in: Frankfurter Allgemeine Zeitung (17. 1. 1961).

236 Erinnerungslücken
1957 tritt B. als Zeuge ...: Bericht der Staatsanwaltschaft des Landgerichts Nürnberg-Fürth (30. 7. 1960), StA Nürnberg-Fürth
128 KLs 23/61, SA-N. – Urteil vom 14., 15. und 17. November
1961 des Landgerichts Nürnberg-Fürth, StA Nürnberg-Fürth
128 KLs 23/61, SA-N.
Am 18. August 1960 ...: Bericht des Reg. Med. Direktor Dr. Bitt.
(18. 8. 1960), StA Nürnberg-Fürth 128 KLs 23/61, SA-N.
Drei Monate später ...: Aussage Dr. F.'s zu Erich B. (16. 11. 1960),
StA Nürnberg-Fürth 128 KLs 23/61, SA-N. – Aussage Dr. Kö.'s
zu Erich B. (16. 11. 1960), StA Nürnberg-Fürth 128 KLs 23/61,
SA-N. – Aussage Dr. De.'s zu Erich B. (16. 11. 1960), StA Nürnberg-Fürth 128 KLs 23/61, SA-N.
Das Gericht weist ...: Urteil vom 14., 15. und 17. November 1961
vom Landgericht Nürnberg-Fürth, StA Nürnberg-Fürth 128 KLs
23/61, StA-N.

238 Unverdaut
Im Jahre 1958 ...: Bericht der Staatsanwaltschaft bei dem Landgericht Mannheim (30. 7. 1969), SA-N, Nr. 770.
1959: Schreiben Reinhold G.'s an die Staatsanwaltschaft Nürnberg
(9. 2. 1959), SA-N, Nr. 770. – Schreiben Dr. Otto W.'s an die
Staatsanwaltschaft Nürnberg (25. 2. 1959), SA-N, Nr. 770. –
Schreiben Harald K.'s an die Staatsanwaltschaft Nürnberg
(20. 5. 1959), SA-N, Nr. 770.
Eine aus fünf Beamten ...: Bericht der Staatsanwaltschaft Nürnberg (15. 9. 1959), SA-N, Nr. 770. – Vermerk der Sonderkommission »Erich B.« (2. 11. 1959), SA-N, Nr. 770.

In den nächsten Jahren …: Bericht der Staatsanwaltschaft Nürnberg (9. 3. 1962), SA-N, Nr. 770. – Bericht des Oberstaatsanwalts beim Landgericht Nürnberg-Fürth (10. 6. 1963), SA-N,
Nr. 770.

Im August 1962 …: Bericht der Staatsanwaltschaft beim Landge-
richt Mannheim (30. 7. 1969), SA-N, Nr. 770. – Vermerk der
Staatsanwalt beim Landgericht Nürnberg-Furth (10. 6. 1963),
SA-N, Nr. 770.

Sechs Jahre lang wird …: Bericht der Staatsanwaltschaft beim
Landgericht Mannheim (30. 7. 1969), SA-N, Nr. 770.

Trotz mehrerer Mitteilungen …: Vermerk des Staatsanwalts beim
Landgericht Nürnberg-Fürth (9. 4. 1965), StA Nürnberg-Fürth
128 KLs 23/61, SA-N. – Vermerk des Staatsanwalts beim
Landgericht Nürnberg-Fürth (6. 6. 1966), StA Nürnberg-Fürth
128 KLs 23/61, SA-N. – Bericht der Staatsanwaltschaft beim
Landgericht Mannheim (30. 7. 1969), SA-N, Nr. 770. – Perso-
nenakte Erich B., Justizvollzugsanstalt Straubing, StA Nürnberg-Fürth JS 228/60, KS 3/60, SA-N.

EINE AUTORITÄRE PERSÖNLICHKEIT

Ende 1942 wird R. … *und Ende November 1943* …: Urteil des
Landgerichts Düsseldorf (3. 9. 1965), Strafverfahren gegen Kurt
Franz vor der II. großen Strafkammer des Landgerichts Düsseldorf 8 Ks 2/64, Zentralstelle im Lande Nordrhein-Westfalen für
die Bearbeitung von nationalsozialistischen Massenverbrechen
bei der Staatsanwaltschaft Dortmund. Das Urteil des Landgerichts Düsseldorf ist veröff. in: Irene Sagel-Grande (et al.), *Justiz
und NS-Verbrechen. Sammlung Deutscher Strafurteile wegen
nationalsozialistischer Tötungsversuche 1945–1966*, Amsterdam
1981, Band XXII, S. 596 (a-39) ff.

243 Erklärungsversuch

Im Jahre 1965 …: Urteil des Landgerichts Düsseldorf (3. 9. 1965),
Strafverfahren gegen Kurt Franz vor der II. großen Strafkammer des Landgerichts Düsseldorf 8 Ks 2/64.

Ende Januar 1965 ... und *Das Landgericht Düsseldorf* ...: Ladung von Konrad Lorenz vor die II. große Strafkammer des Landgerichts Düsseldorf (29. 1. 1965), Strafverfahren gegen Kurt Franz vor der II. großen Strafkammer des Landgerichts Düsseldorf 8 Ks 2/64. – Am 1. 5. 1938, kurz nach dem »Anschluß« Österreichs, beantragte Konrad Lorenz seine Aufnahme in die NSDAP. Am 28. 6. 1938 wurde seinem Antrag stattgegeben (Mitgliedsnummer 6 170 554). Personalakte Konrad Lorenz, BA-B. – Es ist dem Verfasser nicht gelungen, eine vollständige Version des Lorenz-Gutachtens ausfindig zu machen. Das mündliche Gutachten wurde vor dem Landgericht Düsseldorf auf Tonband aufgenommen. Die Tonbänder des Verfahrens sind in den Strafprozeßakten nicht mehr vorhanden. Hingegen finden sich drei schriftliche Zusammenfassungen des Gutachtens in den Strafprozeßakten: eine sehr kurze, handschriftliche, eine etwas längere, mit Maschine geschriebene, und eine im Urteil des Landgerichts Düsseldorf. Unterlagen zu dem Gutachten konnten weder im Konrad-Lorenz-Nachlaß beim Konrad Lorenz Institut für Evolutions- und Kognitionsforschung noch im Archiv der Österreichischen Akademie der Wissenschaften oder im Archiv zur Geschichte der Max-Planck-Gesellschaft (Berlin-Dahlem) ermittelt werden. – Urteil des Landgerichts Düsseldorf (3. 9. 1965), Strafverfahren gegen Kurt Franz vor der II. großen Strafkammer des Landgerichts Düsseldorf 8 Ks 2/64.

»Der Weg zum Verständnis des Menschen führt genauso über das Verständnis des Tieres, wie ohne allen Zweifel der Weg zur Entstehung des Menschen über das Tier geführt hat.«

Konrad Lorenz in seinem »Russischen Manuskript«, geschrieben 1944–46 in der Kriegsgefangenschaft in Weißrußland

Im April 1939 ...: Entwurf an den Chef der Sicherheitspolizei und des SD. Betrifft Dr. Johann E., Leiter des ESW in Minsk (Mai 1943), IfZ MA-541. – Schreiben Dr. E.'s an Alfred Rosenberg (17. 1. 1944), IfZ MA-541. – Vermerk betr. Einheimisches Selbsthilfewerk Weißruthenien (8. 1. 1943), IfZ MA-541.

245 Selbsthilfe

Entwurf an den Chef der Sicherheitspolizei und des SD. Betrifft Dr. Johann E., Leiter des ESW in Minsk (Mai 1943), IfZ MA-541. – Schreiben Dr. E.'s an Alfred Rosenberg (17. 1. 1944), IfZ MA-541. – Christian Gerlach (1999), a.a.O., S. 209 ff.

246 Eine schwierige Lage

Das Land ist arm ...: Alexander Dallin (1957), a.a.O., S. 199 ff., 217 f. – Schreiben Dr. E.'s an Alfred Rosenberg (17. 1. 1944), IfZ MA-541. – Nicholas P. Vakar, *Belorussia. The Making of a Nation*, Cambridge Mass. 1956.

Auch die SS betrachtet ...: Vermerk betr. Einheimisches Selbsthilfewerk Weißruthenien (8. 1. 1943), IfZ MA-541. – Schreiben des SS-Brigadeführers Curt von Gottberg, IfZ MA-541.

Nur von der deutschen Zivilverwaltung ...: Vermerk betr.: Einheimisches Selbsthilfewerk Weißruthenien (8. 1. 1943), IfZ MA-541. – Vermerk betr.: Materielle Sicherstellung von Dr. E. in Prag (Entwurf, 24. 7. 1943), IfZ MA-541.

Die persönlichen Beziehungen Dr. E.'s ...: Schreiben des SS-Obersturmbannführers Dr. Eduard Strauch an SS-Obergruppenführer Erich von dem Bach betreffend Generalkommissar für Weißruthenien, Gauleiter K. (25. 7. 1943), Nürnberger Dokument NO-2262, HI. – Schreiben Dr. E.'s an Alfred Rosenberg (17. 1. 1944), IfZ MA-541.

248 Der Feind schläft nicht

Außerhalb der größeren Städte ...: Alexander Dallin (1957), a.a.O., S. 209 ff. – Schreiben Dr. E.'s an Alfred Rosenberg (17. 1. 1944), IfZ MA-541. – Vermerk v. M. betr. Dr. E., bisher Leiter des Weißruthenischen Selbsthilfewerkes (7. 7. 1943), IfZ MA-541.

Der SS ist schwerer zu entgehen: Schreiben des SS-Obersturmbannführers Dr. Eduard Strauch an SS-Obergruppenführer Erich
von dem Bach betreffend Generalkommissar für Weißruthenien, Gauleiter K. (25. 7. 1943), Nürnberger Dokument NO-
2262, HI. – Schreiben M.'s (11. 2. 1944), IfZ MA-541. – Schreiben Dr. E.'s an Alfred Rosenberg (17. 1. 1944), IfZ MA-541. –
Entwurf an den Chef der Sicherheitspolizei und des SD, betr.
Dr. Johann E., Leiter des ESW in Minsk (Mai 1943), IfZ MA-
541.
Eine Woche später ...: Schreiben Dr. E.'s an Alfred Rosenberg
(17. 1. 1944), IfZ MA-541.

249 Auf eigenen Füßen

Generalkommissar Kube beugt sich ...: Schreiben des SS-Standartenführers Dr. Ehrlich (17. 6. 1943), IfZ MA-541. – Vermerk
Prof. v. M. betr. Dr. E., bisher Leiter des Weißruthenischen
Selbsthilfewerkes (7. 7. 1943), IfZ MA-541. – Schreiben des
Generalkommissars in Minsk an den Herrn Reichsminister für
die besetzten Ostgebiete (20. 7. 1943), IfZ MA-541. – Vermerk
betr.: Materielle Sicherstellung von Dr. E. in Prag (Entwurf, 24. 7.
1943), IfZ MA-541. – Schreiben Dr. E.'s an Alfred Rosenberg
(17. 1. 1944), IfZ MA-541.
Die Vernehmungen wegen ...: Schreiben M.'s (11. 2. 1944), IfZ
MA-541. – Schreiben Dr. E.'s an Alfred Rosenberg (17. 1.
1944), IfZ MA-541. – Vermerk SS-Hauptsturmführer B. (6. 5.
1943), IfZ MA-541. – Vermerk (10. 6. 1943), IfZ MA-541.
Der Versuch ...: Vermerk Prof. v. M.'s betr. Dr. E., bisher Leiter
des Weißruthenischen Selbsthilfewerkes (7. 7. 1943), IfZ MA-
541. – Vermerk betr.: Materielle Sicherstellung von Dr. E. in
Prag (Entwurf, 24. 7. 1943), IfZ MA-541.
Mitte Juli 1943 darf E. ...: Schreiben des Generalkommissars
Weißrutheniens an den Herrn Reichsminister für die besetzten
Ostgebiete (16. 7. 1943), IfZ MA-541. – Schreiben des SS-Bri-
gadeführers Curt von Gottberg an SS-Obergruppenführer Erich
von dem Bach über Wilhelm K. (21. 7. 1943), Nürnberger Do-
kument NO-4316, HI.
Das Ostministerium entscheidet ...: Vermerk betr.: Materielle
Sicherstellung von Dr. E. in Prag (Entwurf, 24. 7. 1943), IfZ
MA-541.

251 **Letzter Versuch**
Schreiben Dr. E.'s an Alfred Rosenberg (17. 1. 1944), IfZ MA-541. – Dallin (1957), a. a. O., S. 220 ff.

251 **Unbegrenzte Möglichkeiten**
Im Januar 1948 ...: »Alien Passenger Manifest. SS Marine Flasher sailing from Bremen on January 18, 1948, arriving in New York on January 29, 1948«, United States National Archives.
In New York paßt Dr. E. ...: Dr. E.'s Antrag auf Aufnahme als Mitglied der »Medical Society of the County of Broome« (Medical Society of the State of New York), 5. 3. 1959.
Die Kunst des Schweigens: »The Aspirations of the White Ruthenians (A radio interview with Dr. John E.)«, in: »The Ukrainian Quarterly« (1948), S. 67 ff.
1949 wird E. eine Stelle ...: Dr. E.'s Antrag auf Aufnahme als Mitglied der »Medical Society of the County of Broome« (Medical Society of the State of New York), 5. 3. 1959. – Vgl. John Loftus (hg. v. Nathan Miller), *The Belarus Secret: The Nazi Connection in America*, New York 1989, S. 33, 91. – »Byelorussian Political Organization (File #: 105-15155 u. 105-89748)«, Federal Bureau of Investigations, Washington D.C.
Am 7. Mai 1956 wird E. ...: Schreiben des U.S. Department of Justice Immigration and Naturalization Service, Federal Center (Buffalo, New York) an den Verfasser (4. 5. 1999). – Dr. E.'s Antrag auf Aufnahme als Mitglied der »Medical Society of the County of Broome« (Medical Society of the State of New York), 5. 3. 1959. – Schreiben des U.S. Department of Justice, Federal Bureau of Investigation an den Verfasser (12. 8. 1999). – Schreiben des Department of the Army, United States Army Intelligence and Security Command an den Verfasser (8. 7. 1999, 23. 11. 1998 und 2. 10. 1998). – Schreiben der Central Intelligence Agency an den Verfasser (23. 7. 1999).
Mit 72 Jahren tritt E. ...: »Dr. John E.; Rites Saturday« (Todesanzeige), in: »Glen Cove Record« (Februar 1970).